Thomas von Mitschke-Collande
Schafft sich die katholische Kirche ab?

,

Thomas von Mitschke-Collande

Schafft sich die katholische Kirche ab?

Analysen und Lösungen
eines Unternehmensberaters

Mit einem Vorwort von Kardinal Karl Lehmann

Kösel

Verlagsgruppe Random House FSC-DEU-0100
Das für dieses Buch verwendete FSC®-zertifizierte Papier
Munken Premium Cream liefert Arctic Paper Munkedals AB, Schweden.

Copyright © 2012 Kösel-Verlag, München,
in der Verlagsgruppe Random House GmbH
Umschlag/-motiv: Oliver Weiss/oweiss.com
Textredaktion/Lektorat: Dr. Franziska Roosen
Satz: EDV-Fotosatz Huber / Verlagsservice G. Pfeifer, Germering
Druck und Bindung: GGP Media GmbH, Pößneck
Printed in Germany
ISBN 978-3-466-37054-2

www.koesel.de

Inhalt

Vorwort

Bücher über die Lage der Kirche sind reichlich auf dem Markt. Dieses Buch unterscheidet sich dadurch, dass ein Unternehmensberater einer weltweit tätigen Firma, der aber zugleich die Kirche von innen bestens kennt, eine Situationsanalyse versucht, die zudem in die Zukunft führt.

Thomas von Mitschke-Collande hat als McKinsey-Director das Sekretariat der Deutschen Bischofskonferenz und verschiedene deutsche Diözesen, darunter auch das Bistum Mainz, beraten. In der Kirche gab es nicht wenige Vorbehalte, sich bei ihrer Andersartigkeit einer solchen Durchleuchtung als »Unternehmen Kirche« voll zu stellen. Ich glaube, dass die Beratung beiden Partnern je auf ihre Weise genützt hat.

In dem konzentrierten Buch finden sich zunächst dichte Zusammenfassungen von Analysen und Umfrageergebnissen. Der Autor ist aber durch seine berufliche Erfahrung davor bewahrt, solche faktischen Stimmungsbilder rundweg zu übernehmen. Er kann gut unterscheiden, indem er eben auch die Quersummen solcher Erfahrungen sucht und beachtet. Man darf sich nicht täuschen lassen: Nicht alles, was der Autor wiedergibt, ist auch schon seine Meinung. Er benutzt in hohem Maß die professionelle Sprache des Unternehmensberaters, wenngleich das Buch sehr verständlich geschrieben ist. Aber gerade in der Zuspitzung mancher Erkenntnis, die manchen vielleicht ein Ärgernis bereitet, liegt natürlich eine verständliche Strategie: Denn Erkenntnisse, gerade wenn sie einem weniger liegen oder gar schmerzen, werden rasch wieder zugedeckt und ignoriert. Daher nimmt der Autor gelegentlich Schwarz-Weiß-Bilder in Kauf, um wirklich trennscharfe Alternativen herauszuarbeiten. Dies gilt z.B. für eine Wagenburgmentalität gegenüber dem Eintreten für eine offene missionarische Kirche als Grundoptionen des künftigen Weges.

Man darf sich jedoch durch die Sprache und Perspektive des Unternehmensberaters nicht täuschen lassen. Thomas von Mitschke-Collande kennt den kirchlichen Bereich nicht nur von den beruflichen Kontakten her, vielmehr ist sein Kirchenbild in vieler Hinsicht »geerdet«: Er lebt mit seiner Familie in einer konkreten Gemeinde und arbeitet dort mit. Hier redet nicht einfach ein Experte, sondern jemand, der wirklich von der alltäglichen »Basis« herkommt. Deswegen durchschaut er rasch falsche Lösungen, die nicht weiterführen. Wenn er Krisen beschreibt, leidet er selbst mit und sucht gerade deswegen nach gangbaren Auswegen. Deshalb legt er auch den Finger in die Wunden der gegenwärtigen Kirche: den starken Rückgang der Gottesdienstbesucher, die Halbierung der Taufen und Hochzeiten, den Vertrauensverlust der Kirche durch den lange vertuschten Missbrauchsskandal, die Hilflosigkeit im Umgang mit der Sexualität, die geringe Sensibilität für die Fragen nach der Stellung der Frau in der Kirche, die Unfähigkeit, mit menschlichem Scheitern und Lebensbrüchen umzugehen. Der Verfasser kennt die verführerischen Haltungen, mit diesen Verletzungen umzugehen, z.B. Realitätsverweigerung, Selbstmitleid und Selbsttäuschung, die aber chronisch zu echten Krankheiten werden können, wenn wir sie nicht bekämpfen.

Viele Vorschläge, die der Autor als Unternehmensberater formuliert, verstärken manche bereits diskutierten Ratschläge in der gegenwärtigen Situation. Dies gilt z.B. für eine neue Kultur des Miteinanders von Laien und Amtsträgern. Der Leser, der zugleich Theologe ist, muss Mut und Geduld haben, manche Erfahrungen ungeschminkt zur Kenntnis zu nehmen. Er muss auch manchen im wahrsten Sinn umstürzenden Vorschlag aushalten und darf nicht vorschnell zu fachlichen Totschlagargumenten greifen. Man muss sich notwendigerweise an manchen Aussagen reiben. Aber der Autor will die Situation der Kirche gründlich und unverstellt verstehen. Wer diesen Weg mitgeht, gewinnt aus dem Buch Einsichten, selbst wenn man manchen Befunden einiges entgegenhalten kann.

Das Buch spart nicht mit Zuspitzungen, die beim Titel »Schafft sich die katholische Kirche ab?« beginnen und auch im Zusammenhang hoch gespannter Erwartungen erscheinen: »Eigentlich müsste Kirche boomen!« Jedenfalls kann es uns helfen, in der gegenwärtigen Lage der Kirche wirklich Tritt zu fassen, sich nicht durch Moden von rechts oder links beruhigen zu lassen, sondern unentwegt Orientierung zu suchen und auch zu finden. Der Autor sieht in dem angelaufenen Erneuerungs- und Dialogprozess der katholischen Kirche die Chance eines Wendepunktes. Freilich hat er auch die Sorge, »dass der Dialogprozess ergebnislos bleibt«. Diese Gefahr möchte der Autor durch klare Erkenntnisse und fundierte Entscheidungen bannen. Darum wünsche ich diesem aufrüttelnden Buch viele aufmerksame Leser.

Mainz, im Juni 2012   *Karl Kardinal Lehmann*

I. Das Ende der Volkskirche

»Lieber breche ich ein Gesetz der Kirche ...«

»Lieber breche ich ein Gesetz der Kirche, als das Herz eines Menschen.« Das war die seelsorgerliche Handlungsmaxime meines inzwischen verstorbenen Gemeindepfarrers. Dieser stammte aus einer traditionell katholischen Familie in Schwaben und war ein glühender Anhänger von Papst Johannes XXIII. Das Zweite Vatikanische Konzil hatte ihn geprägt wie sonst nichts anderes. Sicherlich war er kein großer Prediger, kein Intellektueller, kein Reformer, schon gar nicht ein Revoluzzer – nein, er war ein ganz normaler Ortspfarrer, der seine Hauptaufgabe in der Seelsorge der ihm anvertrauten Menschen sah. Mit der Zeit aber litt dieser Mann zunehmend mit der Kirche und unter der Amtskirche. Immer weniger waren die rigiden und widersprüchlichen kirchlichen Dekrete und Anweisungen sein Maßstab, umso mehr dafür der Kern der Botschaft des Evangeliums: die Liebe und die Barmherzigkeit Gottes. Er sah im Christentum, um mit dem Münchner Theologen Eugen Biser zu sprechen, die Liebeserklärung Gottes an die Menschheit. Deshalb hatte er es schwer, dieser Dorfpfarrer. Häufig wurde er mit Denunziationen konfrontiert, sogar mit heimlichen Tonbandaufnahmen seiner Predigten, die an Bischof und Nuntius gingen und für die er sich zu rechtfertigen hatte. Es verbitterte ihn, dass seine Vorgesetzten diese Eingaben nicht an die Absender mit dem Hinweis zurückschickten, sich direkt an ihn zu wenden, sondern stattdessen diese akribisch verfolgten. Aber hatte nicht auch Jesus die überlieferten Gesetze des Judentums angepasst an die Erfordernisse einer konkreten Situation und sie notfalls übertreten, wenn es die Liebe Gottes zu den Menschen erforderlich machte?

Als ich den eingangs angeführten Ausspruch meines Dorfpfarrers Jahre später bei drei regionalen Konferenzen des Erzbistums München und Freising 2007 in Anwesenheit von Kardinal Friedrich Wetter im Vortrag zitierte, zollten die anwesenden Geistlichen spontan lang anhaltenden Beifall. Offensichtlich hat ihnen dieser einfache Seelsorger aus der Seele gesprochen.

Ich habe mich lange intensiv mit der Lage der Kirche in Deutschland und möglichen Lösungsansätzen für die offensichtlichen Krisenerscheinungen beschäftigt, sowohl beruflich als auch privat. Beruflich, in meiner Funktion als Direktor der Unternehmensberatung McKinsey, hatte ich erstmals um die Jahrtausendwende mit der Deutschen Bischofskonferenz zu tun; es ging um die Neuordnung ihres Sekretariats in Bonn. Aus diesen Aktivitäten ergab sich der Auftrag zur finanzwirtschaftlichen Beratung von mehreren Bistümern. Parallel dazu betreute ich für McKinsey die weltweit größte gesellschaftspolitische Online-Umfrage *Perspektive Deutschland*. In sie konnte ich das Thema Kirche integrieren, woraus sich tiefe Einblicke in die Einstellung der Deutschen zur katholischen Kirche ergaben. Die liegt mir als engagiertem Katholiken auch persönlich sehr am Herzen.

Ich werde mich dem Thema in diesem Buch – entsprechend meiner in 33 Berufsjahren bewährten Vorgehensweise – mit einer gründlichen, nichts beschönigenden Bestandsaufnahme, mit Zahlen und Fakten, Ergebnissen von Meinungsumfragen und Analysen nähern, ergänzt um eigene Erfahrungen und Einschätzungen. Gegen jede Analyse lässt sich – isoliert betrachtet – das eine oder andere einwenden. Zahlen und Analysen sind immer nur Indikatoren. Sie müssen hinterfragt, interpretiert und in einen Zusammenhang gebracht werden. Meinungsumfragen haben in all ihrer Begrenztheit jedoch den Vorteil, dass hier auch die große schweigende Mehrheit der Katholiken zu Wort kommt, nicht nur die Vertreter verschiedener, oft polarisierender Flügel, die das öffentliche Meinungsbild prägen. Auch wenn einige Umfragen zu teilweise leicht abweichenden Prozentergebnissen kommen: In der Gesamtschau ergeben alle Einzelbefunde ein in sich konsistentes, wenn auch bedauerliches Bild. »Die Kirche brennt lichterloh, während wir die Inneneinrichtung diskutieren«, so hat es Kardinal Walter Kasper im November 2011 in München treffend ausgedrückt. Es liegt mir nicht daran, die Kirche schlechtzureden oder sie herunterzumachen, wie mir gelegentlich vorgeworfen wird. Aber nur eine schonungslose Analyse kann eine sichere Basis für erfolgreiche Löscharbeiten sein, um im Bild von Kardinal Kasper zu bleiben. In der Sprache des Evangeliums ausgedrückt: »Nur die Wahrheit macht frei« (vgl. Joh 8,32).

Nicht alle Aspekte können in diesen Ausführungen berücksichtigt werden, manches mag überzeichnet erscheinen. Ich erhebe auch keinen Anspruch, alle Gesichtspunkte und Überlegungen berücksichtigt zu haben. Ebenso wenig habe ich ein Patentrezept. Ich bin weder Theologe noch Kirchenrechtler oder »Insider«. Ich will auch keine Protestantisierung, keinen deutschen Sonderweg, keine deutsche Nationalkirche. Ich bin durch und durch katholisch. Ich will, dass die Kirche blüht, gedeiht, dass die glühende Asche neu entfacht wieder Feuer fängt. Dass es wieder Spaß macht und man stolz ist, dieser Kirche anzugehören, und sie auch meinen Enkeln eine wertvolle, sinnstiftende Gemeinschaft sein wird.

Manche mögen mir vorhalten, dass ich mit der einen oder anderen Feststellung zu Papst Benedikt XVI. die rote Linie eines Katholiken übertrete und es am notwendigen Respekt gegenüber dem Stellvertreter Christi fehlen lasse. Ich erinnere mich sehr gut daran, dass der frisch gewählte Papst Benedikt XVI. in seiner ersten Generalaudienz am Tag nach seiner Inauguration am 25. April 2005 sinngemäß sagte: Ich bin auch nur ein Mensch, ich bleibe ein Mensch. Ich werde Fehler machen. Bitte verzeiht mir, korrigiert mich und helft mir. – Ich fand das großartig und überzeugend, als ich es hörte.

Oft wird mir von Vertretern der Amtskirche, vor allem aber von »konservativen« Katholiken vorgeworfen, mein Verhalten sei nicht katholisch. Als »echter« Katholik habe man sich nicht einzumischen, dürfe man die Kirche und ihre Vertreter nicht kritisieren, sondern habe ihr Verhalten und ihre Strukturen, so wie sie sind, zu akzeptieren und ihren Weisungen ohne Widerspruch und Reflexion zu gehorchen. Aber nimmt das kanonische Recht nicht alle Laien in die Pflicht? Im Gesetzbuch der katholischen Kirche, dem Codex Iuris Canonici (CIC), Canon 212, § 3, ist klar verankert: »Entsprechend ihrem Wissen, ihrer Zuständigkeit und hervorragenden Stellung haben sie [die Gläubigen] das Recht, bisweilen sogar die Pflicht, ihre Meinung, was das Wohl der Kirche angeht, den geistlichen Hirten mitzuteilen und … den übrigen Gläubigen kundzutun.« So lässt sich vielleicht auch die Entwicklung erklären, die ich selbst im Laufe der Zeit durchgemacht habe. Hatte ich zunächst die Kirche nur in organisatorischen und finanziellen Fragen beraten und mich aus den Inhalten – also kirchlich-theologischen Fragestellungen – völlig herausgehalten, verlor ich als engagierter Katholik zunehmend die Scheu davor, auch inhaltliche Überlegungen anzustellen. Heute geht es mir beim Thema Kirche nicht mehr vorrangig um die Strukturen, sondern vor allem darum, Denkweisen und Mentalitäten zu ändern. Dazu gibt es vielerlei Anlass.

Der »Missbrauchs-Tsunami«

Gerade in den letzten Jahren sahen sich die Katholiken in Deutschland vor erhebliche Herausforderungen gestellt. Vor allem der Missbrauchsskandal – die sexuellen Übergriffe Geistlicher auf Schutzbefohlene – schlug im Jahr 2010 hohe Wellen. Zwar war bereits bekannt, dass es zu Missbrauchsfällen in der Kirche gekommen war; vom Ausmaß der Verfehlungen aber hatte sich kein Außenstehender eine Vorstellung gemacht. So ließen auch die Schlagzeilen an Deutlichkeit nichts zu wünschen übrig und zeigten, wie stark das Ansehen von Kirche und Klerus beschädigt wurde: »Warum hat sie keiner gestoppt?« (BZ, 01.02.2010); »Wie tief ist der Sex-Sumpf noch?« (Bild, 09.03.2010); »Hölle ohne Ende« (FAZ, 25.04.2010). Über Jahrzehnte hinweg hat die Amtskirche systematisch weggesehen und geschwiegen. Vielerorts konnte der Eindruck entstehen, dass der »Schutz« der Institution und die Sorge um die Täter im Vordergrund standen, nicht aber die Not und die Verletzungen der Opfer. Ziel der Vorgesetzten war es oftmals, die Vorkommnisse »intern zu regeln«, als wäre die Kirche ein eigener Rechtsraum. Zwar wurden im Jahr 2002 einheitliche Leitlinien »Zum Vorgehen bei sexuellem Missbrauch Minderjähriger durch Geistliche im Bereich der Deutschen Bischofskonferenz« verabschiedet und Präventionsmaßnahmen ergriffen, diese wurden und werden jedoch zum Teil sehr unterschiedlich in den einzelnen Bistümern umgesetzt.

Zum Skandal entwickelte sich ferner die Art und Weise, wie die Missbrauchsvorwürfe nach Bekanntwerden im Januar 2010 von den Verantwortlichen aufgearbeitet wurden: mit großer zeitlicher Verzögerung, teils widerstrebend, intransparent, uneinsichtig, obwohl man eigentlich durch die Vorkommnisse in den USA und anderen Ländern hätte darauf vorbereitet sein müssen. Von einem professionellen Krisenmanagement, wie wir es z.B. von Unternehmen kennen, kann – bei allen guten Absichten – in keinster Weise gesprochen werden. Engagierte Aufklärer wie der Jesuitenpater Klaus Mertes, damals Rektor des Berliner Canisius-Kollegs, wurden als Nestbeschmutzer beschimpft. Auch der Münchner Kardinal Reinhard Marx, der mit aller Konsequenz tatkräftig und schnell den Vorgängen in Kloster Ettal auf den Grund zu gehen suchte, musste sich innerkirchlich Kritik gefallen lassen. Zu oft wurde als Entschuldigung angeführt, auch in der Kirche gebe es Sünder. Auf ein rasches und klares Wort des Papstes zu den Geschehnissen in Deutschland hofften indes die Menschen in seiner Heimat zunächst vergeblich. Je länger er schwieg, desto lauter wurde die Frage gestellt, was genau er über die Fehltritte an katholischen Einrichtungen im Erzbistum München und Freising wusste – schließlich fielen auch Missbrauchsfälle just in die Jahre, in denen er hier als Erzbischof gewirkt hatte. »Der Unfehlbare. Die gescheiterte Mission des Joseph Ratzinger«, titelte das Nachrichtenmagazin *Der Spiegel* in diesem Zusammenhang und zeichnete in einem seitenlangen Bericht nach, wie der zögerliche Umgang des Kirchenoberhauptes mit den »Sündenfällen seiner Priester« zu einer veritablen Kirchenkrise geführt hat (14/2010).

Es kann also kaum verwundern, dass auch nach anderthalb Jahren Aufklärungsarbeit laut einer Forsa-Umfrage im Magazin *Der Spiegel* (38/2011) noch 77 Prozent der Bevölkerung sagen, dass die katholische Kirche nicht angemessen reagiert habe. Der Wiener Pastoraltheologe Paul M. Zulehner hat unter österreichischen Geistlichen eine umfassende, wissenschaftliche Umfrage angestrengt (Wie geht's, Herr Pfarrer?, 2010), aus der hervorgeht, dass nur 23 Prozent der Befragten meinen, die Kirchenleitung in Österreich sei mit dem Problem gut umgegangen; über das Verhalten Roms sagen dies nur neun Prozent.

In der Zwischenzeit hat sich Papst Benedikt XVI. klar und überzeugend positioniert, erst in Irland, dann auch auf seiner Deutschlandreise. Er hat mit aller Konsequenz einen Verhaltenswandel initiiert und im Februar 2012 ein viertägiges Symposium »Auf dem Weg zur Heilung und Erneuerung« unter der Leitung des deutschen Jesuiten und Psychologen Hans Zollner veranlasst. Keinen Zweifel hat er aufkommen lassen, dass dessen

Ergebnisse für die gesamte Weltkirche uneingeschränkt Geltung haben. Die katholische Kirche hat also ihre Richtlinien bezüglich Sexualdelikten deutlich verschärft, die Präventionsmaßnahmen verbessert, den Opfern Gespräche und Entschädigungen, auch finanzieller Art, angeboten. Dennoch werden mögliche tiefer liegende, strukturelle Ursachen für das Missbrauchsproblem der Kirche bis heute kaum systematisch diskutiert, geschweige denn werden Konsequenzen daraus abgeleitet. Eine sorgfältige Überprüfung etwa von innerkirchlichen Strukturfragen, von Binnenkultur, Sexualmoral und Rechtssystem steht noch aus.

Zu den verheerenden Folgen dieser abwartenden Strategie zählt wohl an erster Stelle, dass die Kirche dramatisch an Glaubwürdigkeit verloren hat. Die Zweifel unter den Gläubigen wuchsen und wachsen ebenso wie die Verunsicherung unter den Mitarbeitern; katholische Seelsorger und Einrichtungen stehen bei vielen Zeitgenossen unter Generalverdacht. Obwohl nur eine kleine Minderheit von Geistlichen teilweise vor mehreren Jahrzehnten in Missbrauchsfälle verwickelt war, halten im Sommer 2011 nach einer Allensbach-Umfrage 47 Prozent aller Deutschen den Missbrauch von Kindern durch katholische Priester für ein häufiges Phänomen, nur 36 Prozent gehen vom Fehlverhalten einer Minderheit aus. Bei Katholiken sei die Einstellung zwar positiver, wie Professorin Renate Köcher in der FAZ am 23.06.2011 berichtet: Das durch Naherfahrung geprägte Bild des Ortspfarrers sei ungetrübt, generell könne man es sich aber schon vorstellen.

68 Prozent der Befragten (und 63 Prozent der Katholiken) gaben bei einer Umfrage von OmniQuest an, dass die Kirche nicht konstruktiv zur Aufklärung der Missbrauchsfälle beitrage. Aussagekräftig ist ebenso die »Abstimmung mit den Füßen«, also der Anstieg der Kirchenaustritte. 2000 bis 2007 verließen pro Jahr durchschnittlich etwa 90.000 Menschen die katholische Kirche, 2008 und 2009 waren es über 120.000. Im Jahr 2010 erreichte die Zahl der Austritte ihren bisherigen Höhepunkt: Etwa 180.000 Katholiken kehrten ihrer Kirche den Rücken. Damit lag die Zahl der Austritte erstmals über der Zahl der Taufen (170.000). 2011 pendelte sich die Zahl mit 126.000 Austritten wieder auf dem Niveau vor dem Bekanntwerden der Missbrauchsfälle ein.

Mit Blick auf die Austrittszahlen wird häufig argumentiert, es würden nur Katholiken austreten, die ohnehin die Bindung zu ihrer Kirche ver-

1 Austrittszahlen haben sich in 2010 nahezu verdoppelt

Anzahl der Austritte aus der katholischen Kirche
in Tsd.

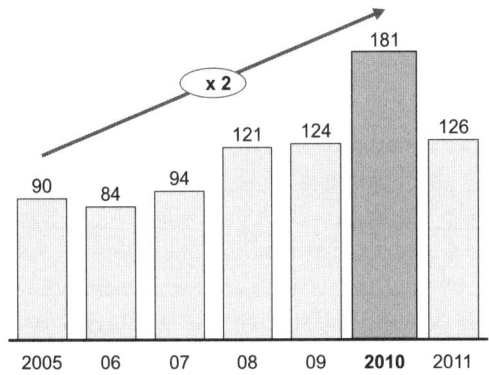

- Sogar der Kern der Gläubigen zweifelt an der Kirche.
- Gefahr eines anhaltenden Substanzverlustes (kein »reinigendes Gewitter«)
- Diese Krise ist in ihrer Art einmalig.

Quelle: Deutsche Bischofskonferenz

loren hätten, also sozusagen bereits am Rande stünden. Es ist aber ehrlich zu fragen, wie viele Katholiken der Kirche nur noch auf dem Papier die Treue halten, dabei aber schon längst in die innere Emigration gegangen sind. Gerade die Engagierten leiden unter den Entwicklungen in ihrer Kirche. Viele von ihnen haben sich enttäuscht aus der aktiven Beteiligung innerhalb ihrer Gemeinde und der Kirche zurückgezogen und leben ihr religiöses Leben nunmehr privat. Dies ist umso bedauerlicher, da ihr Rückzug die Schar derer schwächt, die für eine Erneuerung der Kirche eintreten. Zunehmend klagen Pfarrer, dass sie Probleme hätten, für verschiedenste Aufgaben vor Ort ehrenamtliche Helfer zu finden. Heribert Prantl, Chefredakteur bei der Süddeutschen Zeitung, spitzte diesen Gedanken zu: Das »Grundvertrauen« in die Kirche habe sich in ein »Grundmisstrauen« gewandelt (SZ, 02.04.2010). Meinungsforschungen bestätigen diese Stimmungslage. Laut einer Forsa-Umfrage, die im März 2010, also etwa zum Höhepunkt des Missbrauchsskandals, durchgeführt wurde, vertrauten nur noch 17 Prozent der Deutschen (sechs Prozent der Nichtkatholiken) der katholischen Kirche und nur noch 24 Prozent dem Papst. Im Januar 2010 waren es noch 29 bzw. 38 Prozent gewesen. Der Vertrauensverlust unter den Katholiken fiel erheblich gravierender aus: Das Vertrauen in ihr Oberhaupt sank von 62 auf 39 Prozent, das in die katholische Kirche von 56 auf 34 Prozent (Tab. 20, S. 235). In einer Folgeumfrage vom April 2010 sagten zwei von drei Befragten, dass die Missbrauchsaffäre der Kirche dauerhaft geschadet habe. Drei Viertel hielten die Aufarbeitung der Affäre durch die Kirche für nicht transparent (Tab. 21, S. 235).

Nach der oben genannten Forsa-Umfrage dachten immerhin 20 Prozent derjenigen, die sich als weitgehend oder sehr gläubig bezeichnen, auf dem Höhepunkt der Krise über einen Austritt aus der Kirche nach. Aktuell dürften die Zahlen kaum erfreulicher sein. Zwar ist nun Ruhe um die Missbrauchsaffäre eingetreten, doch missfällt vielen der Kurs, den die Kirche offenbar eingeschlagen hat: weiter wie bisher. In diesem Sinne meldeten sich 240 katholische Theologinnen und Theologen aus dem deutschsprachigen Raum im Februar 2011 mit einem Memorandum unter dem Titel »Kirche 2011: Ein notwendiger Aufbruch« zu Wort. »Vieles ist begonnen worden«, heißt es dort. Aber: »Zukunftsweisende Reformen lassen sich trotzdem kaum erkennen.«

Das Ende eines erfolgreichen »Geschäftsmodells«

Die genannten Fakten sind besorgniserregend, besonders vor dem Hintergrund, dass die aktuelle Krise mit einer Entwicklung zusammentrifft, die in ihren Dimensionen noch weitaus tiefgreifender und folgenschwerer ist als der Missbrauchsskandal: dem Ende der Volkskirche. Der Begriff *Volkskirche* ist hierbei nicht nur quantitativ zu verstehen, also als Kirche, die größere Teile der Bevölkerung repräsentiert, sondern auch historisch. Geschichtlich gesehen zeichnete sich Kirche seit der sogenannten konstantinischen Wende im vierten Jahrhundert durch die Übereinstimmung von gesellschaftlicher und kirchlicher Norm aus: Wer nicht an der Kirche partizipierte, stand automatisch außerhalb der Gesellschaft, oder salopp formuliert: Der Pfarrer musste nur seine Kirchentüren öffnen, die Normen füllten ihm die Kirche. Persönlicher Glaube und Frömmigkeit der Menschen spielten hierbei keine Rolle. Damit ist es heute vorbei. Spätestens mit der Auflösung der traditionell katholischen Milieus und dem Einzug der Moderne Mitte des 20. Jahrhunderts setzte der Monopolverlust kirchlich-religiöser Orientierungsinstanzen auch bei ihren eigenen Mitgliedern ein. Seither zwingen weder soziales Ansehen bzw. gesellschaftliche Ächtung noch die Drohung mit dem Verlust des Seelenheils zu Kirchenzugehörigkeit und zur Partizipation an ihren Vollzügen. Das konstantinische Modell, auf das in weiten Teilen Selbstverständnis, Strukturen und Prozesse der katholischen Kirche nach wie vor ausgerichtet sind, existiert heute nicht mehr. Der katholische Bischof Gerhard Feige sagte bei der jüngst in Magdeburg tagenden Synode der evangelischen Kirche mit Realitätssinn: »Der herkömmliche Weg des Christwerdens und Christbleibens entspricht nicht mehr den Bedingungen einer pluralen Gesellschaft. Der christliche Glaube ist kein Erbe mehr, das sich der Einzelne in der Kindheit und Jugend aneignet … Er wird immer mehr zu einem Angebot, das der Einzelne prüft und dann bewusst annimmt oder ablehnt« (CiG 48/2011). Darauf muss reagiert werden.

Auch der missionarische Gedanke der Volkskirche – die zum Volk gesandte (und gewandte) Kirche – scheint abhandenzukommen. So mehren sich die Stimmen, die fordern, das Augenmerk wieder verstärkt auf den Menschen in seiner lebensweltlichen Realität zu richten, das heißt unter anderem auch auf den geschiedenen, wiederverheirateten oder alleinerziehenden Menschen, auf diejenigen, die am Rand stehen, die eher Kirchenfernen. Auch Kardinal Walter Kasper macht keinen Hehl daraus, dass die Zeit der volkskirchlich geprägten Gestalt der Kirche sich ihrem Ende zuneigt und »unter Geburtsschmerzen« etwas Neues entsteht. Dennoch bleibt der Eindruck, dass die gegenwärtig in allen Bistümern durchgeführten sogenannten Strukturreformen nicht den Übergang wachstumsorientiert, nach vorne gewandt gestalten, sondern eher mit einem fantasielosen Bürokratie-Katholizismus den Untergang verwalten.

Tatsächlich befindet sich die Kirche in einer tiefen Identitätskrise, die sich auf sechs Ebenen manifestiert: als Glaubens-, Vertrauens-, Autoritäts-, Führungs-, Struktur- und Vermittlungskrise. Kerninhalte des christlichen Credos sind nicht mehr bekannt und/oder werden nicht mehr geglaubt; elementares Wissen über kirchliche Zusammenhänge ist nur noch in Ansätzen vorhanden; die Säkularisierung schreitet voran. Mehr als ein Drittel der Bevölkerung in Deutschland gehört heute keiner christlichen Konfession mehr an – Tendenz rasant wachsend; die Zahl der Gottesdienstbesucher und auch die Zahl der Kasualien wie Taufen, Trauungen oder Beerdigungen sinken jährlich; die Zahl der Priesterweihen ist um 73 Prozent im Vergleich zu den Weihen vor 20 Jahren zurückgegangen, und es werden immer weniger. In der Summe hat die katholische Kirche 3,7 Mio. Mitglieder verloren. Das sind fast doppelt so viele Mitglieder als zum größten deutschsprachigen Bistum, dem Erzbistum Köln, gehören. Das bisherige volkskirchliche Modell ist nicht die zukunftsweisende Lösung für das 21. Jahrhundert. Aber es fehlt eine tragfähige, von Rom und den Ortskirchen erarbeitete und getragene Vision für ein neues Blühen. »Ohne Vision verkommt das Volk« (Sprüche 27,11).

Verstärkt wird diese Entwicklung durch den demografischen Faktor: Es sterben mehr Menschen, als getauft werden. Schreibt man diese Entwicklung fort, könnte es in 20 Jahren deutlich weniger als 20 Mio. Katholiken in Deutschland geben. Manche sprechen von einer Implosion. Kardinal Kasper sieht eine Diasporasituation auf uns zukommen: katholische und evangelische Gemeinden als Minderheiten in einer konfessionslosen, säkularen Gesellschaft. Vor diesem Hintergrund haben Piratenpartei und Grüne versucht, das Tanzverbot an Karfreitag zu kippen, und lösten damit eine Diskussion aus, inwieweit die »Stillen Feiertage« wie Karfreitag oder Allerheiligen noch zeitgemäß sind und dass diese bald nur noch für eine Minderheit der Bevölkerung von Bedeutung sein könnten (FR, 04.04.2012).

Der Bedeutungsverlust der Kirche ist enorm. Mittelfristig dürfte auch ihre Funktion als starker, einflussreicher Anwalt der Schwachen und Verlierer unserer Gesellschaft nicht mehr spürbar sein. Obwohl gerade unsere Zivilgesellschaft mehr denn je einer kraftvollen und glaubwürdigen moralischen Autorität bedarf.

Die Kirche steht – kurz gesagt – vor ihrer größten Herausforderung seit der Säkularisation, dem Ende der alten feudalen Reichskirche. Die erste Welle der Entchristlichung und Säkularisierung, die am Ende des 18. Jahrhunderts über Deutschland hinwegschwappte, überstand die

2 Rückgang der Katholikenzahl im Laufe von 20 Jahren entspricht fast dem Doppelten des Erzbistums Köln

in Mio.

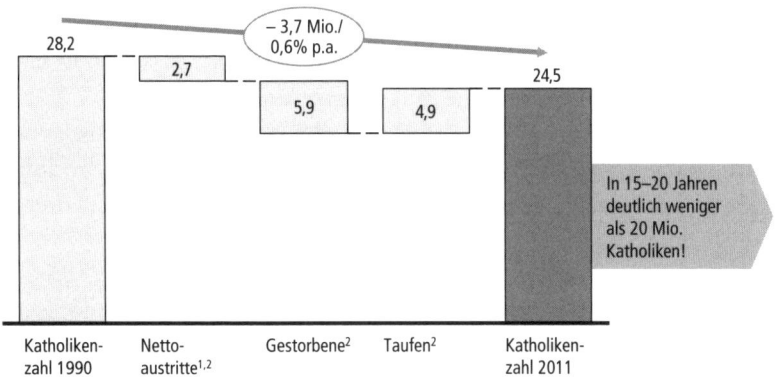

| Katholiken-zahl 1990 | Netto-austritte[1,2] | Gestorbene[2] | Taufen[2] | Katholiken-zahl 2011 |

1 Austritte minus Übertritte und Wiedereintritte
2 Rundungen

Quelle: Deutsche Bischofskonferenz

Kirche verhältnismäßig gut, vor allem dank einer tiefen Volksfrömmigkeit, die sich teilweise heftig sowohl gegen die weltliche als auch kirchliche Obrigkeit zur Wehr setzte. Diese Volksfrömmigkeit ist hier und heute jedoch kaum mehr lebendig. Zwar gibt es auch in unseren Großstädten noch Fronleichnamsprozessionen, doch steht dann vielerorts ein Häuflein von Gläubigen einer Mehrheit gegenüber, die diese als »Folklore« im besten Falle noch toleriert.

Daher stellt sich die Frage, welchen Weg die Kirche einschlagen und wie sie aus der Krise finden wird. Bisher hat die Amtskirche lediglich auf akute Krisenerscheinungen reagiert und sich dabei – obwohl die bischöflichen Verwaltungen Wert darauf legen, nicht mit anderen gesellschaftlichen Institutionen, Non-Profit-Organisationen oder gar Dienstleistungsunternehmen vergleichbar zu sein – genau wie ein normales mittelmäßiges Wirtschaftsunternehmen – exzellent geführte würden anders handeln – verhalten: Die Gläubigen werden mehr oder weniger als Kunden betrachtet, die zu versorgen sind, wobei aus einer »Unternehmensperspektive« entschieden wird, was für die Gläubigen als »Kunden« richtig ist; man zieht sich unter anderem aus Effizienzüberlegungen aus der Fläche zurück und aufgrund von Personalmangel und rückläufigen Finanzmitteln folgen zwangsläufig Verkleinerung und Zurückstutzen von Strukturen, die als »Reform« verkauft werden. Auf diese Weise wird der anstehende Wandel jedoch nicht aktiv gestaltet. Es wird allzu schnell darüber hinweggegangen, dass diese »Kunden« als Gläubige Teil eben dieser zu erneuernden Kirche sind, dass sie – Stichwort: Weitergabe des Glaubens – zu den »Glaubensproduzenten« zu zählen sind, dass Kirche niemals Selbstzweck sein darf, sondern nur und immer mit Blick auf die Menschen, für die sie da ist, Berechtigung hat.

Aus der Sicht eines Unternehmensberaters ist also schon längst der Zeitpunkt für ein umfassendes Krisenmanagement gekommen. Denn wer sich als Institution, ob kirchlicher, politischer oder wirtschaftlicher Art, mit schrumpfenden Mitgliederzahlen und rückläufiger Bedeutung zufriedengibt, hat bereits verloren. Drei Schritte würden zwangsläufig erfolgen: Das Unternehmen würde erstens eine umfassende, schonungslose Positionsbestimmung vornehmen, zweitens eine zukunftsfähige Gesamtvision ohne Tabus und Einschränkungen mit einem Maßnahmenplan entwickeln und sich drittens an die stufenweise Umsetzung machen.

Worauf es jetzt ankommt, ist, den vielerorts erwünschten, häufig angemahnten und vielfach versprochenen Erneuerungsprozess einzuleiten bzw. fortzusetzen. Mit diesem Buch hoffe ich, einige Anregungen dazu beisteuern zu können. Wie meinte sinngemäß Papst Johannes XXIII. anlässlich des Zweiten Vatikanums? »Wir wagen jetzt diesen Aufbruch und dann wird der Heilige Geist uns schon leiten, sodass die richtigen Ergebnisse dabei herauskommen.«

II. Die Kirche in der Krise

»Eine Krise ist auch eine Zeit der Klärung ...
Sie ist ein Impuls des Heiligen Geistes,
eine privilegierte Periode der Scheidung der Geister.«
(Erzbischof Robert Zollitsch, Impulsreferat zur Eröffnung
der Herbstvollversammlung der DBK, September 2011)

Glaubens-, Vertrauens-, Autoritäts-, Führungs-, Struktur- und Vermittlungskrise: Das sind die sechs Krisen, die der katholischen Kirche zu
schaffen machen und die ihre Identität infrage stellen. Sie möchte ich im
Folgenden einer detaillierten Analyse unterziehen.

3 Die Krise der Kirche erfasst alle Dimensionen in einer Abwärtsspirale

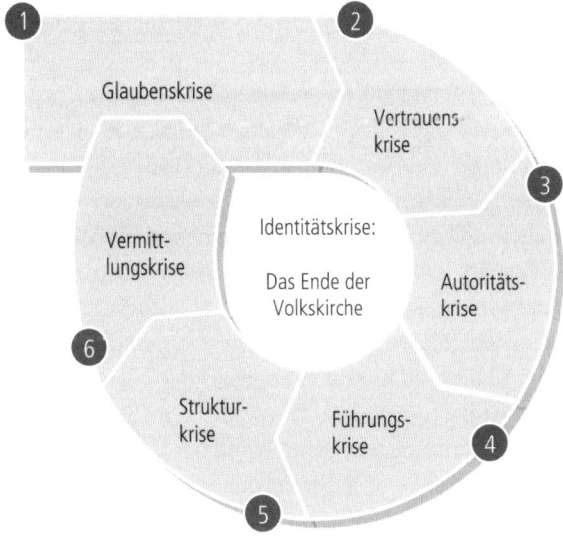

1. Die Glaubenskrise

>*»Wer an nichts glaubt, glaubt alles.«*
>(Kardinal Reinhard Marx)

»Die eigentliche Krise der Kirche in der westlichen Welt ist eine Krise des Glaubens«, stellte Papst Benedikt XVI. fest, als er im September 2011 Freiburg besuchte. »Wenn wir nicht zu einer wirklichen Erneuerung des Glaubens finden, wird alle strukturelle Reform wirkungslos bleiben.« Mit diesen wenigen Worten hat der Papst eine der Hauptursachen und gleichzeitig Hauptherausforderungen der gegenwärtigen Kirchenkrise benannt. Oder, wie Kardinal Joachim Meisner es im September 2006 formulierte: »Die katholische Kirche in Deutschland hatte noch nie so viel Geld wie in den letzten fünfzig Jahren – und trotzdem hat sie nie so viel an Glaubenssubstanz wie in den letzten Jahrzehnten verloren.« Die Glaubenskrise ist auch ein kulturelles, gesellschaftliches Drama. Zum ersten Mal in der Menschheitsgeschichte ist es nicht selbstverständlich, an Gott oder ein höheres Wesen zu glauben, ist es eher schon die Ausnahme.

Die Krise des Glaubens ist umfassend: Sie hat die Praxis des Glaubens und hat zentrale Inhalte der christlichen Lehre erfasst. Gegenüber früheren Jahrhunderten ist Gott als Erklärungsgröße von Ereignissen und als Lückenfüller für bisher unerklärliche Beobachtungen überflüssig geworden. Vor allem die Naturwissenschaften haben die Wirkungszusammenhänge erforscht und damit einen Beitrag zur Säkularisation geleistet. Bedauerlicherweise hat es keine erfolgreichen Strategien seitens der Kirche gegeben, dieses zudem falsche Gottesverständnis zu ersetzen. Auch die markant formulierte Erkenntnis des Nobelpreisträgers Werner Heisenberg, wonach der erste Trunk aus dem Becher der Naturwissenschaft atheistisch mache, auf dem Grund des Bechers aber Gott warte, ist bei Weitem nicht allen zuteilgeworden. Dabei ist die Glaubenskrise als Folge der Aufklärung nicht notwendigerweise in der Säkularisierung begründet, sondern vor allem in der Individualisierung. *Cogito ergo sum* – ich denke, also bin ich. Der individuelle Mensch macht sich sein eigenes Bild vom Leben und der Welt, von Gott und den Menschen; die Kirchen haben ihr Definitionsmonopol längst verloren. Der individuelle Mensch sucht sich seine Sicht der Wahrheiten zusammen. Die Erosion des Glaubens, lange Zeit ein städtisches Phänomen, erfasst zunehmend und beschleunigt auch den ländlichen Raum, da hier durch steigendes Selbstbewusstsein sichtbare soziale Kontrolle nicht mehr greift.

Wir alle kennen die Straßenumfragen, die jährlich vor den großen kirchlichen Feiertagen durchgeführt werden und, so mein Eindruck, weniger demonstrieren als vielmehr persiflieren sollen, wie wenig die Menschen heute über den christlichen Festtagskalender, christliche Bräuche und überhaupt Jesus Christus wissen. Was an Ostern gefeiert wird, lautet eine der regelmäßig wiederkehrenden Fragen. Viele Menschen – laut einer Forsa-Umfrage 83 Prozent der Deutschen – wissen, dass es die Auferstehung Jesu Christi ist. Doch auch Antworten wie »Beginn des Frühlings« oder »germanisches Fruchtbarkeitsfest« sind keine Ausnahme. Dagegen herrscht bei weniger populären bzw. vom Handel nicht aufgegriffenen Festen wie Pfingsten meistens große Ratlosigkeit. Unsere Gesellschaft hat die Wirklichkeit Gottes verdrängt, verdunkelt, vergessen. Wir scheinen bestens ohne diesen Rückbezug auszukommen.

Glauben ist nicht mehr »in«

Freilich darf man bei derlei Umfragen nicht außer Acht lassen, dass die Befragten längst nicht alles Christen und daher mit der christlichen Kultur oftmals nur geringfügig vertraut sind – im Jahr 2010 gehörten drei von fünf Menschen nominell noch den beiden großen Kirchen Deutschlands an. Wie also schaut es bei den Katholiken mit dem Glauben an eine Auferstehung von den Toten aus?

Laut einer Allensbach-Umfrage aus dem Jahr 2002 glaubt nur jeder zweite Katholik an ein Leben nach dem Tod; an die Auferstehung Jesu Christi und der Toten, dem zentralen Element des Glaubensbekenntnisses, gar nur jeder Dritte. Immerhin gaben 83 Prozent der Katholiken an, an Gott zu glauben, doch weichen die Vorstellungen, die sich der einzelne von ihm macht, zum Teil erheblich von dem personalen Gott des Alten

4 Umfragen zeigen das Ausmaß des Verlusts an Glaubenssubstanz

in Prozent der Katholiken

Es glauben …	Insgesamt	Altersgruppen in Jahren	
		16 – 29	≥ 60
• an Gott	83	68	94
• daran, dass Gott die Welt geschaffen hat	55	39	68
• an den dreifaltigen Gott der Christen – Vater, Sohn und Heiliger Geist	54	44	65
• an ein Leben nach dem Tod	52	46	60
• an die Auferstehung der Toten – so wie Christus auferstanden ist	36	29	44

Quelle: Allensbacher Archiv; IfD-Umfrage 7032, Oktober 2002, vgl. auch Spiegel 2007

und Neuen Testaments ab. Wie diffus die Vorstellungen von Gott sind, zeigt eine Untersuchung der Sozialwissenschaftlerin Petra-Angela Ahrens unter Über-60-jährigen Protestanten. Deutlich wird daran, dass der a-personale Gott mit 38 Prozent mit Abstand die höchste Zustimmung erfährt. Nur 20 Prozent stimmen einem personalen Gottesbild »Gott befasst sich mit jedem Menschen persönlich« zu; dieses Bild findet erheblich weniger Zustimmung als das diffuse »Da ist irgendetwas, aber ich kann es nicht beschreiben« mit 26 Prozent. Ablehnende negative Aussagen wie »Mir ist das egal« (fünf Prozent), »Es gibt keinen Gott« (vier Prozent) oder »Über Gott kann ich nichts sagen« (zehn Prozent) sind hingegen in der Minderheit. Insgesamt lässt sich festhalten, dass der weit überwiegende Teil der Befragten einen transzendenten Bezug hat, auf den sich aufbauen ließe, während nur ein Teil mit dem personalen Gott der Bibel etwas anfangen kann.

Es entsteht der Eindruck, als glaubte jeder ein bisschen das, was ihm gerade recht ist, ja, als schaffe so mancher sich seinen eigenen Gott. Hierzu passt, dass insbesondere junge Menschen die Lehre der Kirche als nicht mehr bindend empfinden oder falsch interpretieren, sei es in Fragen der Sexualmoral oder auf wissenschaftlichem Gebiet wie der Schöpfungsgeschichte. »Mein Gott ist nicht so, wie ihn die Kirche darstellt. Die Kirche hat ein genaues Bild von Gott. Er hat die Erde in sieben Tagen geschaffen. Woher wollen sie das wissen? Das kann ja jeder erzählen«, räsoniert beispielsweise die 15-jährige Olivia in dem Buch *Ansichten vom Göttlichen. 22 Jugendliche*. Der Theologe und Psychologe Dominik Schlenker spricht in diesem Kontext von einer bei Jugendlichen verbreiteten Minimumreligion, die den Glauben an eine nicht näher definierte höhere Macht ohne Dogmen und Bekenntnisse beinhalte, die Halt und Sicherheit im Alltag schaffe, die dabei aber selbst möglichst beliebig bleibe. Diese Form von Religiosität finde unter anderem deshalb Anklang, weil sie das gesellschaftlich akzeptierte Minimum nicht überschreite, die Jugendlichen also nicht in Erklärungsnot oder unter Rechtfertigungsdruck gerieten. »Man kann agnostisch, katholisch, reformiert, neuheidnisch, buddhistisch oder sonst was sein, wenn man nur nicht zu überzeugt ist«, resümiert Schlenker.

Hinzu kommt – wie das Beispiel oben zeigt –, dass aufgrund des immer geringeren Wissens tatsächlich die biblischen Schöpfungserzählungen für die offizielle Lehrmeinung der katholischen Kirche über die Entstehung der Welt und der Lebewesen gehalten werden. Dies führt zu der Schlussfolgerung: So war es nicht, also ist auch alles andere, was die Kirche sagt, falsch.

Nach einer Allensbach-Untersuchung aus dem Jahr 2005 halten nur 45 Prozent der Bevölkerung den Glauben in unserer Zeit für wichtig, immerhin mehr als 58 Prozent der Katholiken. Alarmierend ist das Altersgefälle. Finden 62 Prozent der 60-Jährigen und Älteren den Glauben wichtig, sind es bei den 16- bis 22-Jährigen nur noch 20 Prozent. Es ist leider nicht davon auszugehen, dass mit dem Älterwerden der Jüngeren der Glaube aufgrund von Lebens- und Glaubenserfahrungen an Bedeutung zunimmt – vermutlich werden sie deutlich unter den Werten der heute Sechzigjährigen bleiben. Wie weit der Glaube in seiner Funktion als Sinnstiftung und Lebenshilfe zurückgefallen ist, zeigt die gleiche Untersuchung. Die Frage, was für sie persönlich Glück bedeutet, wurde von den Befragten mit »Gesundheit« (83 Prozent) bzw. »Partnerschaft und Familie« (71 Prozent) beantwortet. »Schönes Haus« (51 Prozent),

»Erfolg« (35 Prozent) und »Freiheit« (43 Prozent) liegen im Mittelfeld. »Glaube, religiöse Überzeugung« wurde hingegen nur von 17 Prozent der Teilnehmer als Quelle für persönliches Glück genannt (Tab. 22, S. 236). Der Glaube, so lässt sich daraus schließen, ist für viele nicht mehr relevant für ein gelingendes Leben. Folgerichtig sehen 68 Prozent der Katholiken den Sinn des Lebens darin, vor sich selbst zu bestehen, immerhin 25 Prozent auch in dem Ziel, vor Gott bestehen zu können, wie Allensbach 2006 ermittelte.

Der MDG-Trendmonitor *Religiöse Kommunikation 2010* untersuchte die Bedeutung Gottes in den verschiedenen gesellschaftlichen Milieus. Nur in zwei von zehn Milieus (Konservative und Traditionsverwurzelte, vgl. S. 54 und Tab. 23, S. 236) spielt Gott eine größere Rolle für das eigene Leben, ist Gott ein wichtiger Ansprechpartner und eine Stütze im Leben. Das andere Extrem bilden die Milieus der modernen Performer und Experimentalisten. Hier liegt das Augenmerk eher auf kurzlebiger Spiritualität als in einer längerfristigen Gottesbeziehung. Man möchte in seiner Einstellung flexibel bleiben und diese in jeder neuen Situation überdenken und jeweils neu definieren. »Gott ist nicht cool.«
Gläubig zu sein und für den Glauben womöglich noch einzutreten, ist also nicht angesagt. Heute ist derjenige, der sich zu seinem Glauben öffentlich bekennt, eher ein Außenseiter. Dies mag insbesondere bei Religionsgemeinschaften wie der katholischen Kirche so empfunden werden, die unbequeme, nicht dem Zeitgeist entsprechende Positionen vertritt und (daher) als rückständig gilt. Inzwischen gehört fast schon Mut dazu, sich zu seinem Glauben oder zur katholischen Kirche zu bekennen. Gerade jungen Menschen fehlt es an Vorbildern, an denen sie sich orientieren könnten. Viel zu selten finden sich im Rampenlicht stehende Menschen wie der 1971 in Mannheim geborene Xavier Naidoo, die ihren Glauben an Gott öffentlich bekunden. Naidoo ist Katholik, vor allem aber gefeierter und mit Auszeichnungen wie dem *best german act*« (MTV Europe Music Award) und »bester nationaler Künstler« (Echo) überhäufter Musiker. Aufgrund von religiösen Anleihen in seinen Liedtexten und eindeutigen Aussagen in Interviews wurde er bereits als »Gottes PR-Agent« (Max) oder »Jesus der Hitparaden« (Spiegel) bezeichnet. – Papst Benedikt XVI. hat in der eingangs zitierten Ansprache, die er in Freiburg vor 30.000 Ju-

gendlichen hielt, das Dilemma benannt: »Der Schaden der Kirche kommt nicht von ihren Gegnern, sondern von den lauen Christen.« Sein Aufruf an die katholische Jugend: »Lasst es zu, dass Christus in euch brennt, auch wenn das manchmal Opfer und Verzicht bedeuten kann.«

Mit dem Glauben haben sich schon viele schwergetan, denn: »Niemand hat Gott je geschaut« (1 Joh 4,12). Für den heiligen Augustinus, den viele Theologen als den letzten antiken und den ersten modernen Gelehrten bezeichneten, der das antike philosophische Ideengerüst mit dem christlichen Glauben verwob, musste auch der christliche Glaube prinzipiell mit den Mitteln des Verstandes nachvollziehbar sein. »Liebe die Vernunft sehr«, war seine Devise. Als er am Ufer des Mittelmeeres, so erzählt die Legende, versucht, das Geheimnis der Trinität rational zu erfassen, sagte ein kleines Mädchen zu ihm: »Eher gelingt es dir, mit einer Muschel das Meer auszuschöpfen, als die Trinität zu verstehen.«

Der Friedenspreisträger und Philosoph Jürgen Habermas hat im Jahr 2004 in seinem Diskurs mit dem damaligen Kardinal Joseph Ratzinger von der Wichtigkeit des Glaubens auch in einer wissenschaftlich modernen und säkularen Gesellschaft gesprochen: Die Personalität des Menschen und seine Würde brauchten eine religiöse Begründung und die Botschaft des Evangeliums sei rational zu entschlüsseln. Zwischen dem Säkularen in einer Welt ohne Glauben, ohne tieferen Sinn und einem auch christlichen Fundamentalismus, der die Welt der Wissenschaft und die Vielfalt möglicher Weltanschauungen nicht zur Kenntnis nimmt, sei ein dritter Weg zu suchen. Papst Benedikts XVI. großes Anliegen ist es, diesen Zwiespalt zu überwinden und Glaube und Vernunft zu versöhnen. Der Glaube braucht die Vernunft, die Vernunft braucht den Glauben. Der Essener Bischof Franz-Josef Overbeck formulierte es auf einem Vortrag an der Universität Bochum im Januar 2012 so: »Glauben ohne Denken ist kein Glaube, Denken ohne Heute ist kein Denken.«

Alle kirchlichen Lehraussagen, Dogmen, Gebote und Verbote müssen also im Licht der Vernunft nachvollziehbar sein, vor allem in ihrer Rückkoppelung zu Wort und Geist des Evangeliums. »Für den heiligen Benedikt ist beides kennzeichnend: die vernünftige Ordnung des Irdischen, die seine Regel prägende *discretio*, die Suche nach dem rechten Maß und die Suche nach dem Unendlichen, nach Gott, nach einer letzten Einheit,

die unser endliches Begreifen übersteigt«, schreibt der Benediktiner
Odilo Lechner, Alt-Abt von St. Bonifaz in München und Andechs. Bundespräsident Joachim Gauck löst für sich den vermeintlichen Widerspruch so auf: »Ich lernte, dass das kritische Denken nicht das Wichtigste, nicht die letzte Wahrheit ist in meinem Leben. Das kritische Denken
mag damit nicht zufrieden sein, aber es zieht oft gegenüber der Kraft, die
aus Glaube und Liebe erwächst, den Kürzeren.« Nicht »blind« zu glauben, sondern den Glauben »sehend« anzunehmen, ist die Herausforderung. Dabei bleibt die Existenz Gottes das »Geheimnis des Glaubens«,
mysterium fidei. Sie und andere Glaubenswahrheiten lassen sich allein mit
der Vernunft nicht abschließend nachvollziehen oder »beweisen.«

Der Religionssoziologe Franz-Xaver Kaufmann weist in seinem Beitrag »Dimensionen der Kirchenkrise« (2011) auf eine weitere Ursache
hin, nämlich den Zusammenhang zwischen Glaubenskrise und Struktur
der katholischen Kirche, wie Norbert Mette in den Hirschberger Gesprächen (1/2012) ausführt: Denn es sei ihre für viele Zeitgenossen nicht
mehr nachvollziehbare organisatorische Gestalt, die sie nicht nur von der
Kirche entfremde, sondern ihnen auch einen Zugang zum Eigentlichen,
dem Glauben, verwehre. Wenn die Kirche den Anschein erwecke, sie
würde sich vor »zentralen kulturellen Selbstverständlichkeiten wie
Rechtsstaatlichkeit und Autonomie der Persönlichkeit« abschotten, sei es
nicht verwunderlich, wenn eine solche Einstellung direkt mit dem Glauben selbst in Verbindung gebracht werde und dieser so nicht nachvoll-
zogen werden könne. Die Frage stehe im Raum, ob eine absolutistisch
geführte Klerikerkirche im Horizont einer auch religiösen Weltvergesell-
schaftung dem Willen Gottes für unsere Zeit noch entspreche. Die Got-
tes- und Glaubenskrise werde auch durch die Glaubwürdigkeitskrise
verstärkt. »Wie soll eine reformresistente und unglaubwürdige Kirche
ein glaubwürdiges und überzeugendes Gottesbild vermitteln?«, fragt der
Theologe Karl Schlemmer zu Recht. Eine Argumentationskette, mit der
ich in der Diskussion mit Gymnasiasten ebenfalls konfrontiert wurde.

Bewährte, aber auslaufende Modelle der Glaubensweitergabe

Wie aber lässt sich das Feuer wieder entfachen? Im Idealfall beginnt die
Glaubensvermittlung bereits im Elternhaus, oftmals durch die Großeltern. Wer schon als Kind mit Gott in Berührung gekommen ist, wer im

Kreis der Familie die Messe besucht hat, wem die Mutter vor dem Einschlafen ein Kreuz auf die Stirn gezeichnet hat, der wird als Erwachsener leichter eine lebendige Beziehung zu Gott pflegen. Heute wachsen Kinder zunehmend in Familien auf, die im Alltag auf die Instanz der Großeltern verzichten müssen. Für die Eltern indes spielt die religiöse Erziehung ihrer Kinder eine eher nebensächliche Rolle. Und so wird durch die Abnahme christlich geprägter Elternhäuser die Kirchenbindung zunehmend lockerer, das traditionelle religiöse Segment erodiert.

Lange Zeit besuchten die meisten Schüler den schulischen Religionsunterricht, nur wenige Eltern ließen ihre Kinder von der Teilnahme daran befreien. Im Zuge einer fortschreitenden Säkularisierung und der immer größer werdenden religiösen Vielfalt unter den Schülern wurde in den 1970er-Jahren der Ethikunterricht als »Ersatzfach« eingeführt, der religiös-weltanschaulich neutral zu halten ist. Die Ziele beschreibt die Kultusministerkonferenz in einem Papier aus dem Jahr 2008 wie folgt: »Im Fach Ethik soll kritisches Verständnis für die in der Gesellschaft wirksamen Wertvorstellungen und Normen sowie der Zugang zu philosophischen, weltanschaulichen und religiösen Fragestellungen eröffnet werden. In einzelnen Ländern gehören dazu auch religionskundliche Kenntnisse. Ziel des Ethikunterrichtes ist die Vermittlung einer ethischen Grundbildung und die Befähigung der Schülerinnen und Schüler zu begründeter Urteilsbildung und zu verantwortlichem Handeln.« Und der Berliner Senat fasst die Ziele des Unterrichts folgendermaßen zusammen: »Friedlich zusammenleben, gemeinsam über Werte nachdenken, Respekt für den anderen entwickeln«. Berlin hat im Jahr 2006 als erstes Bundesland den Ethikunterricht für alle Schüler in den Jahrgangsstufen sieben bis zehn verpflichtend gemacht, während die Teilnahme am Religionsunterricht freiwillig bleibt.

Die Einführung des Ethikunterrichts unterstreicht die gesellschaftliche Entwicklung hin zu einer weltanschaulich und religiös neutralen Haltung. Das sogenannte Kruzifix-Urteil des Bundesverfassungsgerichts aus dem Jahr 1995 mag ein weiteres Beispiel für diesen Trend sein, wenngleich das Urteil gegen das Kreuz in den Klassenzimmern es immerhin vermochte, endlich wieder Christen auf die Straße zu bringen, die dort öffentlich für das Symbol ihres Glaubens eintraten. Allein in München demonstrierten 30.000 Menschen gegen das Urteil unter dem

Slogan: »Das Kreuz bleibt!« Vielerorts gab es Lichterketten und Schwei-
gemärsche. Offenbar muss erst etwas radikal verändert oder sogar abge-
schafft werden, um die Menschen wachzurütteln. Man denke in der
jüngeren Geschichte nur an das Desaster der Rechtschreibereform oder
an »Stuttgart 21« – beides von langer Hand geplante und der Öffentlichkeit bekannt gemachte Unternehmungen, die jedoch erst in dem
Moment, als es an ihre Realisierung ging, das Bewusstsein der breiten
Masse erreichten und dann bekämpft wurden. Gleiches wünscht man
sich für die Glaubens- oder auch »Gotteskrise«, wie Kardinal Walter
Kasper sie nennt. »Wenn in Deutschland im Schnitt der Prozentsatz
regelmäßiger Kirchgänger seit 1950 um über zwei Drittel zurückgegangen ist, dann ist das für mich eine Zahl, die längst aufrütteln müsste«,
schreibt Kardinal Kasper auf der Website seiner Stiftung. Und ruft zu
einer »radikalen Glaubenserneuerung« auf.

Eine solche Glaubenserneuerung wird auch zu einer Kirchenerneuerung führen müssen – oder umgekehrt: Ohne Kirchenerneuerung wird
eine Glaubenserneuerung kaum gelingen. Denn »Glaubenskrise« und
»Kirchenkrise« lassen sich nicht voneinander abkoppeln, wie es gerade
Vertreter des traditionalistischen Flügels gerne tun. Vielmehr sind klare
Zusammenhänge und Verbindungen zu konstatieren, die sich gegenseitig verstärken.

2. Die Vertrauenskrise

»Im Kern geht es darum,
Vertrauen zurückzugewinnen.«
(Alois Glück)

Ihr Anliegen glaubhaft darlegen, ihre Botschaft vermitteln und ihren Auftrag erfüllen kann die Kirche nur, wenn sie das Vertrauen der Menschen genießt oder es wieder aufbauen kann. Dies gilt umso mehr für sie als Institution, die ethisch-moralische Aussagen tätigt und entsprechende Ansprüche stellt. Gerade für eine Institution, die Vertrauen stiften will, muss dies der Kern ihres Selbstverständnisses sein. Tatsächlich aber hat die katholische Kirche in verschiedener Hinsicht mit einem Glaubwürdigkeitsproblem zu kämpfen, ob es nun um den Vertrauensverlust infolge des Missbrauchsskandals, zur Schau getragener Prunksucht einzelner Kirchenvertreter, Finanzaffären der Kirchenbehörden oder Doppelmoral in den eigenen Reihen geht.

Alarmierendes Misstrauen in die Institution Kirche

Am schwersten belastet die Kirche nach wie vor der Missbrauchsskandal, durch den sie nicht nur bei der Bevölkerung generell, sondern auch bei ihren eigenen Mitgliedern massiv an Vertrauen verloren hat. Auf dem Höhepunkt der Missbrauchskrise im Sommer 2010 rangierte die katholische Kirche nach dem Ethikmonitor – einer sozialwissenschaftlichen Wertestudie, die regelmäßig von der Hamburger Stiftung für Wirtschaftsethik durchgeführt wird – auf einer Skala von 1 bis 4 mit einem Wert von 1,9 an letzter Stelle. Die Frage lautete: »Wie viel Vertrauen haben Sie zu …?« Wirtschaftsunternehmen, Parteien, Aufsichtsräte, selbst Großbanken schnitten besser ab als die katholische Kirche. Die evangelische Kirche hielt sich mit einem Wert von 2,7 im Mittelfeld. Deutlich die besten Ergebnisse erzielten Arbeitskollegen, mittelständische und kleine Banken und die Kommunalverwaltung des jeweiligen Wohnsitzes.

5 Die katholische Kirche verliert die »Vertrauensfrage«

»Wie viel Vertrauen haben Sie zu …?«
(Skala von 1–4)

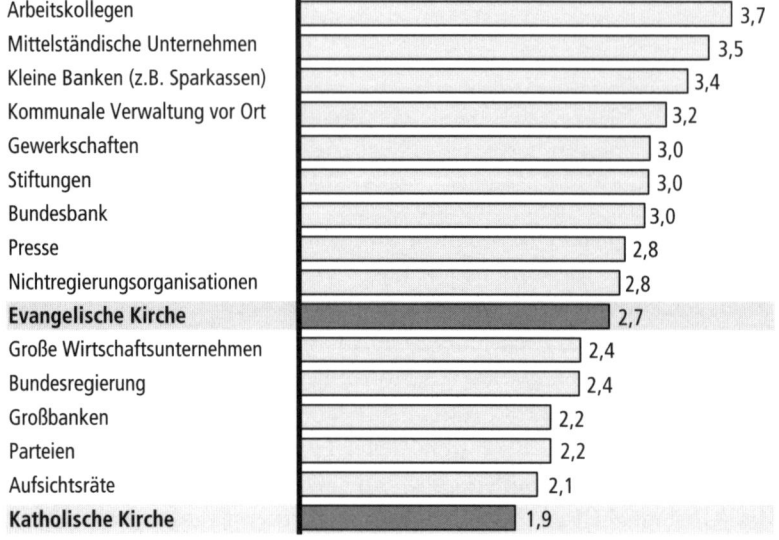

Arbeitskollegen	3,7
Mittelständische Unternehmen	3,5
Kleine Banken (z.B. Sparkassen)	3,4
Kommunale Verwaltung vor Ort	3,2
Gewerkschaften	3,0
Stiftungen	3,0
Bundesbank	3,0
Presse	2,8
Nichtregierungsorganisationen	2,8
Evangelische Kirche	2,7
Große Wirtschaftsunternehmen	2,4
Bundesregierung	2,4
Großbanken	2,2
Parteien	2,2
Aufsichtsräte	2,1
Katholische Kirche	1,9

Quelle: Ethikmonitor, Hamburger Stiftung Wirtschaftsethik, 2010

Forsa-Umfragen aus dem Januar 2012 zeigen, dass sich die Situation zwischenzeitlich leicht verbessert hat, die katholische Kirche in ihrem Ansehen als Institution jedoch noch immer im unteren Viertel rangiert. Polizei, Ärzte und der eigene Arbeitgeber führen mit 83, 74 und 73 Prozent die Liste an, Wirtschaft, Bundestag, Gewerkschaften, Presse liegen zwischen 50 und 40 Prozent. Die katholische Kirche rangiert mit 21 Prozent deutlich nach den Banken, aber noch vor politischen Parteien und Managern.

Neu ist dieser schlechte Vertrauenswert allerdings nicht. In der Studie *Perspektive Deutschland* von 2002 wurde die katholische Kirche erstmals in dieser Form vor allem im Gegenüber zur protestantischen Kirche und zu anderen Institutionen wie Bundestag, Gewerkschaften, Arbeitgeberverbänden, Parteien u.a., aber auch zu Caritas, Deutschem Roten Kreuz, ADAC und weiteren analytisch erfasst und in der Öffentlichkeit diskutiert. Die Untersuchung brachte zutage, dass das Misstrauen gegenüber der Kirche vor allem bei den Mitgliedern anderer Konfessionen und der konfessionslosen Bevölkerung stark ausgeprägt ist. Dieser Personenkreis gab der Kirche auf einer Skala von 1 bis 6 zu 52 Prozent die Note 5 bis 6, das heißt: klar durchgefallen. Selbst knapp ein Viertel der Katholiken erteilte der eigenen Kirche die Note 5 bis 6. Lediglich die Katholiken, die angaben, eine hohe Kirchenbindung zu haben und regelmäßig den Gottesdienst zu besuchen, waren positiver gestimmt. Bei dieser Gruppe fällt der Wert mit fünf Prozent (Note 5 oder 6) deutlich besser aus. Neuere Umfragen zeigen, dass das Misstrauen von Nicht-Katholiken gegenüber der katholischen Kirche noch gewachsen ist: Nur noch neun Prozent halten sie für vertrauenswürdig; bei den Katholiken sind es immerhin 34 Prozent (Tab. 24, S. 237). Auffallend ist auch, dass die Vertrauenswerte in den Bundesgebieten, in denen die katholische Kirche sich tendenziell in der Minderheit befindet, noch am besten sind. Die schlechtesten Vertrauenswerte erhält sie in Bayern, im Westen und Südwesten der Republik, während sie im Norden und Osten deutlich besser abschneidet. Dies liegt vermutlich daran, dass hier eine Minderheit ihrer eigenen Institution einen Vertrauensvorschuss gibt.

Die protestantische Kirche genießt deutlich größeres Vertrauen. Zwar haben laut *Perspektive Deutschland 2005* 23 Prozent der Katholiken kein Vertrauen zu ihrer eigenen Kirche, aber nur 14 Prozent der Katholiken sagen, dass sie auch kein Vertrauen zur evangelischen Kirche haben. Anders schaut es bei den Protestanten aus: Zwölf Prozent haben kein Vertrauen zu ihrer eigenen Kirche, doch ist das gemessen an den 42 Prozent, die bekunden, der katholischen Kirche kein Vertrauen zu schenken, nur eine kleine Gruppe. Hier schwingt vielleicht noch etwas Kulturkampf mit. Vergleicht man die beiden Institutionen hinsichtlich ihrer Veränderungsfähigkeit und Durchschaubarkeit, so halten zehn Prozent der Bevölkerung die protestantische Kirche für nicht veränderungsfähig und 13 Prozent für nicht durchschaubar, dagegen 38 Prozent die katholische Kirche für nicht veränderungsfähig und 37 Prozent für nicht durchschaubar (Tab. 25, S. 237). Wer nicht durchschaubar ist, dem schenkt man auch kein Vertrauen!

Misstrauen auch gegenüber kirchlichen Mitarbeitern

Über lange Zeit konnte man sehr klar unterscheiden zwischen dem Ansehen, das auf der einen Seite die Institution und auf der anderen Seite die Repräsentanten vor Ort genossen. Geistliche und Pfarrer zählten viele Jahrzehnte lang in allen Umfragen zu dem Personenkreis, dem die höchste Wertschätzung, das größte Vertrauen entgegengebracht wurde. Dies hat sich signifikant geändert, vor allem infolge der Missbrauchsfälle. Entsprechend einer Allensbach-Untersuchung vom Februar 2011 führen die Ärzte mit einem Wert von 82 Prozent die Berufsprestigeskala an, gefolgt von Krankenschwestern mit 67 Prozent und Lehrern mit 42 Prozent. Mit 28 Prozent rangieren Geistliche und Pfarrer im Mittelfeld, gemeinsam mit Anwälten und Unternehmern. Ganz unten stehen Politiker, Banker und Bankangestellte. Jedoch lagen die Pfarrer jahrzehntelang an zweiter Stelle, gleich nach den Ärzten. Im Jahr 1975 beispielsweise kamen sie noch auf einen Wert von 49 Prozent. Dieser Wert ist bis 2008 auf 39 Prozent gesunken und im letzten Jahr auf die genannten 28 Prozent abgestürzt. Im Osten von Deutschland, wo nur noch eine Minderheit der Kirche angehört, liegt der Anteil mit 22 Prozent noch deutlich niedriger als im Westen (29 Prozent).

An diesen Zahlen und Entwicklungen lässt sich ablesen, dass die Vertrauenskrise der Institution, auf die man jahrelang nicht reagiert hat, zunehmend auf das Personal übergreift, wobei das Bild, das man sich vom eigenen Pfarrer macht, deutlich vom Bild über den gesamten Priesterstand abweicht. Dabei schnitt die Kirche vor Ort traditionell immer besser ab als die Institution Kirche. Wie *Perspektive Deutschland 2005* ergab, trauten damals 26 Prozent der Katholiken ihrer Kirche als Institution, immerhin aber 36 Prozent ihrer Kirchengemeinde. Noch größer fällt dieser Unterschied bei aktiven Katholiken aus: 56 Prozent versus 70 Prozent. Von generell schlechten Noten für das »Bodenpersonal Gottes« kann daher keine Rede sein, schon eher für seine »Vorstände und Führungskräfte«.

Glaubwürdigkeit ist eine Überlebensfrage

Die Kirche ist eine Institution, die von ihrer Glaubwürdigkeit lebt. Diese ist nicht nur wichtig für das Verhältnis zu den Gläubigen, sondern ebenso für die Gewinnung neuer bzw. die Motivation aktiver Mitarbeiter. Wer arbeitet schon gerne für eine Institution, die in der Öffentlichkeit mit einem Glaubwürdigkeitsproblem zu kämpfen hat? Dies gilt desgleichen für Menschen, die sich ehrenamtlich engagieren oder die Kirche auf finanzielle Weise unterstützen. Wer investiert denn Zeit oder Geld in eine Organisation, der der überwiegende Teil der Bevölkerung die Redlichkeit abspricht? Der eine oder andere Kirchenaustritt ist sicherlich auf den Vertrauensverlust zurückzuführen, ebenso der Rückgang der Spenden. Nach der Missbrauchsaffäre ist bei der katholischen Kirche das Spendenvolumen im Vergleich zur evangelischen Kirche deutlich stärker eingebrochen als in den Jahren zuvor. Auch das groß proklamierte Projekt einer Reevangelisierung oder ein »Jahr des Glaubens« haben nur dann eine Erfolgschance, wenn zuerst eine tragfähige Vertrauensbasis wieder aufgebaut worden ist. Aber auch für die moralische Position, die man im gesellschaftlichen und politischen Diskurs einnimmt, ist Glaubwürdigkeit eine zwingende Voraussetzung. Das Matthäus-Evangelium gibt dazu mit auf den Weg: »Wenn das Salz seinen Geschmack verliert, womit kann man es wieder salzig machen? Es taugt zu nichts mehr; es wird weggeworfen und von den Leuten zertreten« (Mt 5,13).

Für eine Institution, die Vertrauen und Glaubwürdigkeit stiften will, ist der Vertrauensverlust ein vernichtendes Urteil. Es geht ja nicht unbedingt darum, dass die gesamte Gesellschaft an katholische Vorgaben und Aussagen glauben soll. Entscheidend ist aber, dass man der Kirche wenigstens zugesteht, glaubwürdig und vertrauenswürdig zu handeln. Auf die Veröffentlichung der Ergebnisse der Umfrage *Perspektive Deutschland* im Jahr 2003 reagierte der Mainzer Bischof Kardinal Karl Lehmann, damals Vorsitzender der Deutschen Bischofskonferenz, mit Sorge: »Es tut weh, an Bedeutung zu verlieren.« Nach seiner Einschätzung hat die Kirche »im persönlichen Bereich, bei Ehe, Familie, Sexualität offensichtlich nicht mehr viel zu melden«. Im Interview mit der Zeitschrift *Stern* räumte er ein, dass die Kirche »zweifellos in hohem Maße Vertrauen zurückgewinnen« müsse (Stern, 24.04.2003).

Neben betroffenen meldeten sich alsbald auch kritische Stimmen, die der Diagnose von *Perspektive Deutschland* heftig widersprachen. So wurden unter anderem Aussagefähigkeit und Zuverlässigkeit der angewandten Methode in Zweifel gezogen. Darüber hinaus wurden z.B. durch die Pressesprecher der (Erz-)Bistümer Augsburg und München-Freising Analysen und mögliche Konsequenzen als schwarzmalerisch und nicht relevant abgetan. Das Problem war und ist also, dass einige wichtige Vertreter der Kirche Ergebnisse von Umfragen als gegenstandslos abtun, ihre Augen vor der Wirklichkeit verschließen, anstatt die berechtigte Kritik an und Sorge um die Kirche als konstruktiv anzusehen und nach Lösungen zu suchen.

Gründe für die Vertrauenskrise

Eine Ursache für die enttäuschend geringen Vertrauenswerte liegt sicherlich in einer generellen Kritik an den traditionellen Einrichtungen in Deutschland. Auch der Bundestag, Gewerkschaften und Arbeitgeberverbände haben massiv an Vertrauen eingebüßt. Darüber hinaus gilt die katholische Kirche sehr viel stärker als die evangelische als streitbar, unbequem, fordernd. Sie mischt sich in das tägliche Leben ein, maßregelt in ihrer offiziellen Lehre die Menschen bis in das Schlafzimmer hinein. Daher wird sie selbst auch mit einem sehr viel strengeren Maßstab gemessen als etwa die evangelische Kirche und kann keine Nachsicht erwarten. Insofern sind die geringen Vertrauenswerte sicher auch der Preis für ein scharfes Profil.

Entschuldigungen wie: »Auch die Kirche besteht nur aus Menschen und wo Menschen sind, geschehen Fehler« sind in dieser Form nicht akzeptabel. Offizielle Kirchenvertreter, die Fehlentwicklungen gerne damit entschuldigen, dass die Kirche eben eine Kirche von Sündern sei, und um Nachsicht und ein milderes Urteil bitten, kann man nur an Apostel Paulus erinnern, der im Epheser-Brief fordert: »So will er [Christus] die Kirche herrlich vor sich erscheinen lassen, ohne Flecken ...; heilig soll sie sein und makellos« (Eph 5,21–33). Zu häufig wird ein selbstgerechter moralischer Rigorismus gepredigt, ohne den ethischen Ansprüchen selbst zu genügen. Außenstehende können den Eindruck gewinnen, dass den Gläubigen – überspitzt formuliert – bei Fehltritten gleichsam Höllenstrafen drohen, bei »gefallenen Mitbrüdern« aber Nachsicht geübt wird. Sie könnten meinen, es würde mit zweierlei Maß gemessen, was in keiner Weise durch kirchliche Lehre oder Kirchenrecht gedeckt wäre.

Nur wenn Selbstbild und Fremdbild übereinstimmen, entsteht Vertrauen, wächst Glaubwürdigkeit. Wie die Theologieprofessorinnen und -professoren in ihrem Memorandum zur Krise der katholischen Kirche 2011 treffend festhielten, bildet die Freiheitsbotschaft des Evangeliums den Maßstab für eine glaubwürdige Kirche: »Unbedingter Respekt vor jeder menschlichen Person, Achtung vor der Freiheit des Gewissens, Einsatz für Recht und Gerechtigkeit, Solidarität mit den Armen und Bedrängten: Das sind theologisch grundlegende Maßstäbe, die sich aus der Verpflichtung der Kirche auf das Evangelium ergeben.« Zu oft aber klaffen Selbstdarstellung und Wirklichkeit auseinander, wird von vielen Katholiken diese Freiheitsbotschaft im kirchlichen Handeln und in den Strukturen vermisst.

Alois Glück, Präsident des Zentralkomitees der deutschen Katholiken, formulierte es so: »Vertrauen ist unauflöslich mit Glaubwürdigkeit verbunden, Glaubwürdigkeit geht verloren, wenn die Diskrepanzen zwischen Anspruch und Wirklichkeit zu groß werden. Voraussetzung für Vertrauen sind ebenso Transparenz, Nachvollziehbarkeit von Entscheidungen und der richtige Umgang mit Macht und Machtausübung« (SZ, 25.02.2011).

Immer mit gutem Beispiel voran?

Wie lassen sich der Demutsgedanke, das Armutsideal, die Option für die Armen auf der einen Seite und die üppige Prachtentfaltung mit höfischem Gebaren im Umfeld des Vatikans und Teilen der kirchlichen Hierarchie auf der anderen Seite in Einklang bringen? Es gibt beides: bescheidene, überzeugende Kirchenvertreter und machtbewusste, geltungssüchtige. Ich erinnere mich an eine Begegnung mit Kardinal Friedrich Wetter am Münchner Flughafen, wo er allein, in ein dünnes, abgewetztes Mäntelchen gehüllt, eine alte Ledertasche in der Hand, etwas hilflos vor dem Ticketautomaten stand. Ein sehr liebenswürdiger, glaubwürdiger Vertreter der Sache Jesu Christi. Kurz danach, auf dem Rückflug von Köln nach München, traf ich in der Businessclass auf einen anderen bayrischen Bischof, der, als wir unsere Außenposition am Flughafen erreicht hatten, nicht mit dem Bus oder dem Senatorservice zum Terminal fuhr, sondern direkt am Flugzeug von seinem Chauffeur abgeholt wurde – ein Privileg, das normalerweise nur der bayrische Ministerpräsident genießt. Was für ein Unterschied! So mancher Würdenträger scheint Gefallen daran zu finden, am fürstbischöflichen Charakter des Amtes aus vergangenen Zeiten anzuknüpfen. Man denke an Bischöfe, die mit Designerbrille auftreten, sich in einer abgedunkelten Luxuslimousine zum Hochamt fahren lassen, den Bischofssitz in ihrer Kirche, um besser sichtbar zu sein, für über 100.000 Euro erhöhen lassen, ihre Dienstwohnung prunkvoll mit Kunstwerken aus dem Diözesanmuseum bestücken – und zusehen, wie die Gläubigen auf den Dörfern mühsam Spenden zusammentragen, um ihre Kirchen notdürftig instand zu halten.

Dies sind gewiss Ausnahmen und sie sollen nicht vergessen lassen, dass die weitaus überwiegende Zahl der Bischöfe bescheiden lebt. So hat der neu ernannte Erzbischof von Berlin, Kardinal Rainer Maria Woelki, nicht die traditionelle Bischofswohnung übernommen, sondern bewusst einen Wohnsitz im Arbeiterviertel Wedding bezogen und fährt häufig mit öffentlichen Verkehrsmitteln und Fahrrad ins Ordinariat. Von Franz Kamphaus, dem ehemaligen Bischof von Limburg, ist bekannt, dass er mit einem alten Golf durch die Stadt fuhr, seinen angestammten bischöflichen Wohnsitz Asylbewerbern überließ und bescheiden im Priesterseminar lebte. Die Mitra trug er ungern: »Es fällt mir schwer, darunter Mensch zu sein«, zitierte ihn *Der Spiegel* (15.11.2010). Welch ein Kontrast zu seinem Nachfolger, für den die Forderung des Zweiten Vatikanums nach apostolischer Einfachheit aller Hirten nur bedingt zu gelten scheint. Ein anderer Fall des Auseinanderklaffens von Anspruch und Fehlverhalten, von Wasser predigen und Wein trinken, dürfte die hinlänglich bekannte Causa des 2010 zurückgetretenen Augsburger Bischofs Walter Mixa sein. Da in unserer heutigen Mediengesellschaft das Verhalten von einigen wenigen, mögen sie auch Einzelfälle sein, sehr stark das Image der gesamten Kaste bestimmt, gilt das Schlagwort analog für die Kirche: Ein einziger schlechter Hamburger verdirbt die ganze Marke.

Alles eine »Frage des Geldes«?

Immer wieder wird die Meinung geäußert, die Kirche könne ihre Glaubwürdigkeit nur als arme Kirche zurückgewinnen. In der Bibel findet man hierzu widersprüchliche Aussagen. Die Vertreter des Armutsgedankens berufen sich auf Bibelstellen wie: »Denn die Wurzel aller Übel ist die Habsucht. Nicht wenige, die ihr verfielen, sind vom Glauben abgeirrt und haben sich viele Qualen bereitet« (1 Tim 6,10) oder: »Ihr könnt nicht beiden dienen, Gott und dem Mammon« (Lk 16,13) und: »Wer sich auf seinen Reichtum verlässt, der wird untergehen« (Spr 11,28).

Bekannt ist auch das Zitat aus dem Matthäus-Evangelium: »Eher geht ein Kamel durch ein Nadelöhr, als dass ein Reicher in das Reich Gottes gelangt« (Mt 19,24). Doch es gibt ebenso Bibelstellen, die den Wohlstand und materiellen Erfolg als erstrebenswert hinstellen – etwa die Zusage an Abraham, dass er mit Wohlstand gesegnet wird (Gen 12,2.15f.), oder die Ermahnung: »Den Faulen wird es mangeln an Hab und Gut, die Fleißigen aber erlangen Reichtum« (Spr 11,16). So wird auch der Reichtum Salomons als Folge eines gottgefälligen Lebens dargestellt.

Insofern geht es nicht um eine Entscheidung für oder gegen Geld, Reichtum, Wohlstand, sondern darum, *wie* die Kirche mit dem Geld umgeht, *wie* sie es einsetzt. Das Finanzgebaren einiger Bistümer vor etwa zehn Jahren, der Finanzskandal der Vatikanbank IOR und Banco Ambrosiano (1980er-Jahre), der Quasi-Konkurs des Deutschen Ordens (1990er-Jahre) und der Vorwurf der Geldwäsche im Vatikan (2009/2010) schüren dieses Misstrauen. Als Bischof Carlo Maria Viganò 2009 als Generalsekretär eingesetzt wird, um die vatikanischen Finanzen in Ordnung zu bringen, schreibt er in einem verzweifelten Brief 2011 an Papst Benedikt XVI.: »Ich hätte nie gedacht, so eine desaströse Situation vorzufinden« (SZ, 27.01.2012). Kurze Zeit später wurde er als Nuntius nach Washington entsandt. Die Vorgänge, die unter dem Begriff »Vatileaks« im Frühsommer 2012 bekannt wurden, tragen nicht zur Vertrauensbildung gegenüber Kirche und Vatikan bei.

So jedenfalls wird Glaubwürdigkeit nicht gefördert, vielmehr werden Vorurteile geschürt, ja, auch noch bestätigt. Selbst wenn die Diözesen in Deutschland ihre Haushalte veröffentlichten – Einblick in sonstige Haushalte wie die Finanzen des bischöflichen Stuhls oder in andere mit der Kirche direkt oder indirekt finanziell verbundene Institutionen hat die breite Öffentlichkeit nicht. Um ihre Glaubwürdigkeit wieder zu stärken und Vorbehalten entgegenzuwirken, ist eine noch sehr viel stärkere Transparenz und eine sehr viel bessere Öffentlichkeitsarbeit hinsichtlich finanzieller Aspekte als bisher unabdingbar.

Der Umgang mit Sexualität

Als eine weitere wesentliche Ursache des Vertrauensverlustes in die Kirche möchte ich die Diskrepanz zwischen offizieller Glaubenslehre, klar geforderte Anspruch und Lebenswirklichkeit vieler Katholiken benennen. Wie sollen Gläubige beispielsweise mit der Tatsache umgehen, dass ein Viertel aller Kinder in Familienformen aufwächst, die mit den Vorstellungen einer katholischen Ehe nicht mehr übereinstimmen? Kann man diesen Kindern im katholischen Kindergarten allen Ernstes sagen: Deine Eltern leben in der Sünde?

Im Mittelpunkt der Diskussion steht hier vor allem die Glaubwürdigkeit der katholischen Sexualmoral. Lehramt und Bischöfe sind gebunden an den Glauben der Kirche, der sich aus den Quellen der Heiligen Schrift und der Tradition speist, aber auch an den *sensus fidelium*. Das ist gewissermaßen der gesunde Menschenverstand der Kirche, also das, »was immer, überall, von allen geglaubt wurde« (Vincenz von Lerin, nach: Youcat 142f.). Wird dieser Glaubenssinn aller Gläubigen nicht mit den Füßen getreten, wenn man (z.B. im Katechismus der Katholischen Kirche von 1993) Geschlechtsverkehr außerhalb der Ehe als Unzucht und schwere Sünde verteufelt? Keine Frage: Die Verpflichtung zum verantwortlichen Umgang miteinander und mit der eigenen Sexualität ist unbestreitbar. Aber kann ernsthaft angenommen werden, dass das, was der KKK vorlegt, heute, hier, von allen noch geglaubt bzw. man es als gottgewollte Verhaltensnorm akzeptiert und danach gelebt wird? Innerkirchlich leiden wir unter einer Sprachlosigkeit in Bezug auf alles, was mit Sexualmoral zu tun hat. Katholiken tolerieren immer weniger die furchtbare Doppelmoral, die innerkirchlich öffentliche, gemeinschaftlich gepflegte Doppelmoral, die die Worte selbst da, wo sie ernst gemeint sind, Lügen straft. Und Katholiken werden bei ihrem ernsten Bemühen, verantwortlich mit ihrer Sexualität umzugehen, von ihrer Kirche schlicht alleingelassen.

Auch viele Priester teilen die kirchlichen Ansichten zur Sexualmoral nicht mehr. So antworteten in der Befragung unter österreichischen Geistlichen 58 Prozent, dass sie die kirchliche Sexuallehre als negativ oder eher negativ ansehen. Nur elf Prozent sahen sie als positiv an (Zulehner, Wie geht's Herr Pfarrer?). Vielleicht ist es typisch katholisch, dass der moralische Rigorismus der offiziellen Amtskirche und des Katechismus auf der einen Seite und die tatsächlich gelebte, tagtägliche Seelsorge und Pastoral auf der anderen Seite so weit auseinanderklaffen. Vielleicht ist es zudem so, dass wir Deutsche uns mit diesem typisch katholischen Widerspruch erheblich schwerer tun als z.B. unsere südländischen

Nachbarn. Tatsache ist jedenfalls, dass u.a. der Umgang mit Fragen zur Sexualität die Kirche ins Abseits geführt hat.

Für mich ist das Thema »Zölibat« weniger unter dem Aspekt Priestermangel, sondern vielmehr unter dem Glaubwürdigkeitsaspekt zu hinterfragen. Viele Geistliche leben, was menschlich verständlich und kaum zu verurteilen ist, nicht zölibatär. Ihre Umgebung weiß das, findet dies oftmals sympathisch und unterstützt die betroffenen Personen. Das Unterlaufen des Versprechens, in Ehelosigkeit zu leben, dient freilich nicht der Glaubwürdigkeit der Institution. Denn nicht in der Situation, in der ein Pfarrer Frau und Kind hat, sondern dann, wenn er offiziell zu seiner Familie steht, muss er aus dem Amt scheiden. Mir berichtete ein südamerikanischer Bischof davon, dass ein Großteil seines Klerus im Konkubinat lebt. Würde er durchgreifen, würde er diesen Teil seiner Priester verlieren und die Seelsorge würde zusammenbrechen. Der Bischof sieht also die Not (der Priester, der Frauen, der Gemeinden), weiß aber auch, dass sein Handeln bzw. Nichthandeln nicht konsequent ist.

Zu mehr Glaubwürdigkeit würde auch ein offener Umgang mit dem Thema »Homosexualität« beitragen. Bisher stellt die Kirche praktizierte Homosexualität einerseits als sündhaft an den Pranger, andererseits aber wird diese innerhalb des Klerus bis hinauf in die höchsten Spitzen im mindestens gleichen Umfang wie im Rest der Bevölkerung gelebt. Dabei müsste die Kirche aus theologischen Gründen an einer Verurteilung einer gelebten homosexuellen Veranlagung keineswegs festhalten. Nicht erst neueste theologische Veröffentlichungen sehen in homosexuellen Menschen ebenso wie in heterosexuell veranlagten Gottes so gewollte Geschöpfe. Die starre lehramtliche Haltung wird zudem von der überwiegenden Zahl der Gläubigen nicht geteilt. So stimmten laut Forsa nur neun Prozent der Befragten der Aussage zu, die katholische Kirche bezeichnet praktizierende Homosexuelle zu Recht als Sünder, 87 Prozent lehnten diese Aussage ab (Der Spiegel, 38/2011).

Ein Glaubwürdigkeitsverlust ist in diesem Zusammenhang auch darin gesehen, dass man die Anforderungen, die man an die römisch-katholische Kirche stellt, in der ganzen Weltkirche nicht konsequent vertritt. So können z.B. innerhalb der zu Rom gehörenden, unierten Kirche Geistliche heiraten. Ein Übertritt zur katholischen Kirche ist für anglikanische Geistliche auch dann möglich, wenn sie verheiratet sind. Diese pragmatische Flexibilität regelt die apostolische Konstitution *Anglicanorum coetibus* vom 09.11.2009. Und weil sie auch für Bischöfe gilt, standen drei anglikanische Bischöfe bei ihrer offiziellen Aufnahme in die katholische Kirche mit ihren Frauen vor dem Altar. Dieses Bild flimmerte über die Fernsehschirme der ganzen Welt. Es geht also doch! Oder ist dies ein Teil der Widersprüche, die Vertrauen und Glaubwürdigkeit zerstören? Ließe sich nicht das katholische »et – et«, das »Sowohl-als-auch-Prinzip« als lebendige Vielfalt viel stärker etablieren?

Auch der Umgang mit wiederverheirateten Geschiedenen ist so ein Beispiel der Unglaubwürdigkeit, und eines, das so viele Menschen schmerzlich trifft: Wenn Geschiedene einfach mit einem neuen Partner zusammenleben, ist das für Katholiken nur eine Sache für den Beichtstuhl. Gehen sie aber eine neue Ehe ein, dann gelten sie als öffentliche Sünder und sind von den Sakramenten ausgeschlossen, obwohl sie damit die Verbindlichkeit ihrer Beziehung erhöhen und womöglich gemeinsam ihre Kinder im Glauben erziehen.

Unterwegs zu neuem Vertrauen?

Glaubwürdigkeit ist notwendige Basis für alles kirchliche Handeln. Die Kirche setzt sich zu Recht für demokratische Entscheidungsprozesse, für Partizipation und Transparenz, für Beachtung des Subsidiaritätsprinzips in der Gesellschaft ein. Als auch soziale Institution kann sie sich nicht selbst von ihren postulierten Anforderungen an gesellschaftliche Institutionen dispensieren. Sie hat diesen Anforderungen in der Glaubwürdigkeit des Zeugnisses des Evangeliums weitgehend selbst Rechnung zu tragen, wenn sie dem Anspruch der Kirchenkonstitution des Zweiten Vatikanums, *Lumen gentium*, Sakrament und Zeugnis des Heils aller Menschen zu sein, gerecht werden will.

Für den Erzbischof von Freiburg und Vorsitzenden der deutschen Bischofskonferenz, Robert Zollitsch, sind neben anderen Faktoren die Hauptursachen des Vertrauensmangels vor allem die Überschätzung des Menschen und Überforderung der Priester, eine mangelnde Lernbereitschaft in der Kirche und mangelnde Transparenz auf Gott hin. Er fährt fort: »Man sagt über die Kirche – und meint oft konkret uns Bischöfe –, wir würden zu sehr als Wissende und Lehrende und zu wenig als Lernende auftreten; meist als Sprechende und selten als Hörende … Ich will aber auch nicht bestreiten, dass wir uns die Nachfrage gefallen lassen müssen, ob wir in ausreichendem Maße Lernende sind, die bescheiden und demütig in die Schule des Lebens gehen und nicht in allem immer schon Bescheid wissen. Verschlossenheit und Realitätsferne aus Voreingenommenheit können zu Hartherzigkeit führen. Die aber vertieft die Krise des Vertrauens und den Mangel an Glaubwürdigkeit, denen wir begegnen« (Impulsreferat zur Herbstvollversammlung der DBK, September 2010).

Was ist zu tun? Die Vertrauenslücke, die schon vor dem Missbrauchsskandal bestand, wurde jahrelang nicht beachtet oder verdrängt. Wenn das Vertrauen in eine Organisation, ihre Führungskräfte und Mitarbeiter, ihre Produkte und Dienstleistungen nicht mehr vorhanden wäre, würden in einem Unternehmen die Alarmglocken klingen und eine Krisensitzung die nächste jagen. Das Wiederherstellen der Glaubwürdigkeit hätte höchste Priorität. Alles Handeln wäre darauf ausgerichtet, wobei man sich bewusst wäre, dass Vertrauen zwar schnell verspielt werden kann, es aber sehr lange dauert, bis es wiederhergestellt ist. Dies erfordert Konsequenz, einen festen Willen, Durchhaltevermögen und vor allem Geduld.

Ein Großteil der Menschen traut der katholischen Kirche nicht mehr über den Weg. Die Kirche muss daher alles versuchen, um ihrem Ziel »Glaubwürdigkeit« wieder gerecht zu werden, und in diesem Sinne größtmögliche Transparenz und Übereinstimmung von eigenem Anspruch und Realität in all ihren Tätigkeitsfeldern an den Tag legen. Dazu gehört auch die Kommunikationsfähigkeit der Verantwortlichen. Diese ist entscheidend dafür, das Vertrauen in die Kirche wieder herzustellen, nicht zuerst durch Verordnungen und Dekrete, sondern durch Vorbildhaftigkeit, durch Überzeugungsarbeit – mit und ohne Worte. Erzbischof Zollitsch gehört zu den führenden kirchlichen Vertretern, die mit großer Ernsthaftigkeit darum kämpfen, das Vertrauen der Menschen zurückzugewinnen. Er nimmt kein Blatt vor den Mund, wenn es darum geht, die Defizite seiner Institution und ihrer Mitarbeiter klar anzusprechen, und er tut das gegebenenfalls auch öffentlich; so in seiner oben zitierten Rede vor der deutschen Bischofskonferenz und bei der Rede zum Dialogprozess mit dem Zentralrat der Katholiken im März 2011. Auch Papst Johannes Paul II. hat sich überzeugend zu dieser Problematik geäußert, als er im Jahr 2000 eingestand, dass die Kirche im Laufe der Geschichte in vielen Situationen hinter ihren eigenen Anspruch zurückgefallen ist. Er anerkannte die Schuld der Kirche und bat dafür um Vergebung. Ähnlich äußerte sich im Frühjahr 2011 Papst Benedikt XVI., als er die Missbrauchsfälle als den Teufel innerhalb der Kirche bezeichnete und eine konsequente Verfolgung anmahnte. Ein erster Schritt, verloren gegangenes Vertrauen zurückzugewinnen, ist getan. Das wird auf Dauer aber nicht genügen.

3. Die Autoritätskrise

»Wenn der Priester im Namen Christi und der Kirche die Gläubigen leitet,
dann geht es nicht um ein Herrschen, ein Durchsetzen seines eigenen Willens
oder irgendeiner Ideologie, sondern dann sollte es ein Dienen sein.«
(Benedikt XVI., 26.10.2010, Katechese zum Ende des Priesterjahres)

Als am 19. April 2005 von der Loggia des Petersdoms in Rom verkündet wurde, dass nach 482 Jahren wieder ein Deutscher zum Papst gewählt worden war, kannte die Begeisterung hierzulande keine Grenzen. Die Schlagzeile der Bild-Zeitung »Wir sind Papst!« erreichte binnen kürzester Zeit Kultstatus. Die darin enthaltene Suggestion, dass die Deutschen sich mit »ihrem« Papst identifizieren, fand offensichtlich Anklang. Während des Weltjugendtags einige Monate später bereiteten Hunderttausende junge Menschen Papst Benedikt XVI. in Köln einen triumphalen Empfang. »Nun bebt das Land unter den Begeisterungsstürmen der katholischen Jugend«, jubelte die *Welt am Sonntag.*

Grassierender Autoritätsverfall

Jahrhundertelang galten die Päpste den deutschen Katholiken als Autorität, ihre Papsttreue war sogar begriffsbildend: Von den »Ultramontanen« sprach man im 19. Jahrhundert, vor allem in der Zeit des Kulturkampfes, von jenen also, die man pauschal verdächtigte, sich an die Weisungen des »jenseits der Berge« (gemeint sind die Alpen) liegenden Vatikans zu halten. Papst Johannes XXIII., der Konzilspapst, aber auch Johannes Paul II., auf jeden Fall in der ersten Hälfte seines Pontifikats, waren authentische Führungspersönlichkeiten, an denen man sich orientierte. Auch für Papst Benedikt XVI. galt dies zunächst, doch ist von der anfänglichen Begeisterung nach sieben Jahren wenig übrig geblieben. Die Zeitschrift *Stern* fragte im Januar 2012, wer für die Deutschen ein Vorbild sei (Tab. 26, S. 238). Die erste Stelle belegte Nelson Mandela (82 Prozent), gefolgt von Helmut Schmidt (74 Prozent). Nach weiteren

Politikern, Entertainern und Sportlern folgte weit hinten Papst Benedikt XVI. (32 Prozent) vor dem damaligen Bundespräsidenten Christian Wulff (21 Prozent).

Glaubt man an die Repräsentativität dieser Umfrage, ist der Papst nur noch für ein Drittel der deutschen Bevölkerung eine Orientierungsgröße, wohingegen mehr als zwei Drittel den Dalai Lama (69 Prozent) als Vorbild ansehen, obwohl sie die religiösen Ansichten und Überzeugungen des geistlichen Führers der Buddhisten nicht alle teilen. Fragt man die Menschen, ob ihnen das, was der Papst sagt, wichtig oder unwichtig ist, so geben in der Gesamtbevölkerung ohne Katholiken 14 Prozent an, die Meinung des Papstes sei ihnen wichtig; 85 Prozent dagegen sagen, sie sei ihnen unwichtig. Ein durchaus nachvollziehbarer Befund für Nichtkatholiken. Aber selbst bei der Mehrheit der befragten Katholiken schneidet Papst Benedikt XVI. eher unbefriedigend ab. Nur für 37 Prozent war im August 2011 die Meinung des Papstes wichtig, 54 Prozent sagten dagegen, die Meinung des Papstes sei ihnen nicht wichtig (s. S. 49).

Eine weitere Untersuchung zeigt, wie wenig stark die Bedeutung und die Autorität des Papstes für die Katholiken noch sind. Gaben wenigstens 25 Prozent der befragten Katholiken an, sich dafür zu interessieren, was in ihrer Kirchengemeinde passiert, waren es nur 14 Prozent der gleichen Katholiken, die sich für Stellungnahmen und Aussagen von Vatikan und Papst interessieren: Rom rückt zunehmend aus dem Blickfeld.

Auch gegenüber den Bischöfen ist ein gravierender Autoritätsverlust zu beobachten. Die Öffentlichkeit nimmt einige von ihnen zunehmend als Sachwalter des Vatikans wahr, die in ihren Bistümern dafür sorgen, dass die konservative römische Linie klar verfolgt und durchgesetzt wird; als Brückenbauer zwischen den Bedürfnissen und Interessen ihrer Ortskirchen und der Weltkirche sehen die meisten sie nicht. Der Loyalitätsdruck aus dem Vatikan – wirklich oder im vorauseilenden Gehorsam wahrgenommen – lässt bei vielen die sichtbare theologische und pastorale Eigenständigkeit vermissen. In wichtigen Fragen klaffen die Vorstellungen von Gläubigen einerseits und Kirchenleitung andererseits immer weiter auseinander.

6 Für mehr als die Hälfte der Katholiken ist die Meinung des Papstes unwichtig

Autorität des Papstes (vor seinem Deutschlandbesuch 2011)
in Prozent

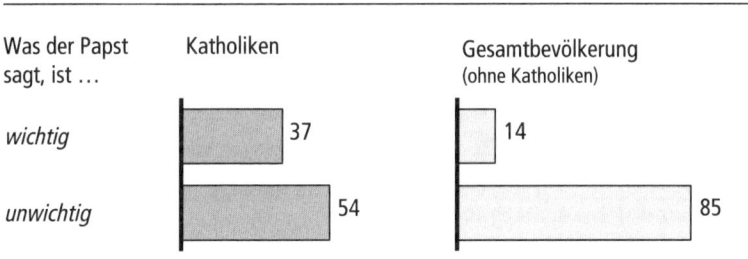

Quelle: Umfrage Bertelsmann Stiftung, August 2011

Aber nicht nur bei ihren Gläubigen büßen die Kirchenoberen an Autorität ein, sondern auch bei ihren Mitarbeitern, den Seelsorgern vor Ort. Mehr als die Hälfte der österreichischen Pfarrer gaben in der Untersuchung *Wie geht's, Herr Pfarrer?* von Paul M. Zulehner an, dass sie in zentralen theologischen Fragen anders denken als die Kirchenleitung, sogar 74 Prozent sagen, sie stimmten in vielen wichtigen Fragen nicht mit ihren Oberen überein. Und mehr als 59 Prozent von ihnen erleben die Kirchenleitung als visions- und hilflos. Wohl auch aus diesem Grund schloss sich jeder Zehnte der 4.200 österreichischen Pfarrer einer Initiative unter dem Motto »Aufruf zum Ungehorsam« an. Das Manifest, das konkrete Maßnahmen wie die Zulassung aller »gutwilligen Gläubigen« zur Eucharistie und »Wortgottesdienste mit Kommunionspendung« ankündigt, wird eingeleitet mit den Worten: »Die römische Verweigerung einer längst notwendigen Kirchenreform und die Untätigkeit der Bischöfe erlauben uns nicht nur, sondern sie zwingen uns, dem Gewissen zu folgen und selbstständig tätig zu werden.« Hier könnte – wie Zulehner in der o.g. Untersuchung verdeutlicht – ein Entfremdungsprozess zwischen Führung, Basis und Mitarbeitern zu immer gravierenderen Folgen führen. Denn 72 Prozent aller österreichischen Geistlichen stehen laut einer ORF-Umfrage vom Februar 2012 diesem »Ungehorsam aus Gewissensgründen« wohlwollend und mit Verständnis gegenüber. Wie lange könnte sich wohl ein Unternehmensvorstand halten, wenn ein Großteil seiner Führungskräfte ihm die Gefolgschaft in zentralen Fragen aufgekündigt hätte?

Vor allem die Kirche ist betroffen

Grundsätzlich hat es in den letzten 50 Jahren die Entwicklung gegeben, dass klassische Autoritäten wie Lehrer, Eltern, Polizisten und eben auch Geistliche immer weniger fraglos akzeptiert bzw. immer stärker hinterfragt werden. Als die Kirche noch Volkskirche war, orientierte sich die Gesellschaft an ihr und ihren Vertretern. Die Institution des Dorfpfarrers war in vielen Fragen die höchste Instanz. In der Zwischenzeit hat die Kirche zweifelsohne an Autorität verloren und spielt in der Meinungsbildung eine vergleichsweise untergeordnete Rolle. So nannten in der Umfrage *Perspektive Deutschland 2005/2006* auf die Frage: »An wem orientieren Sie sich, wenn Sie sich eine Meinung zu gesellschaftlichen Themen bilden?« 48 Prozent der Befragten an erster Stelle Experten und Wissenschaftler, 40 Prozent Freunde und Bekannte. Selbst Politiker rangierten mit elf Prozent noch vor den Vertretern beider Kirchen – zwischen Protestanten und Katholiken bestand bei dieser Aussage kaum ein Unterschied –, die mit einem Wert von drei Prozent das Schlusslicht bildeten (Tab. 27, S. 238). Dies ist umso ernüchternder, da Mehrfachnennungen erlaubt waren. Nur Katholiken, die regelmäßig den Gottesdienst besuchen, orientieren sich zu 20 Prozent auch an den Aussagen ihrer Kirche. Ein überraschender Befund der Umfrage war, dass zwischen den Kirchen als Institution und ihren Vertretern lediglich ein geringer Unterschied gemacht wurde. Geistliche und Pfarrer erreichten einen ähnlich schwachen Wert wie Mutter Kirche insgesamt. Bisher war man der Ansicht, dass zwar die Institution durchaus kritisch gesehen wurde, nicht dagegen ihre Vertreter vor Ort.

Den Autoritätsverfall der Kirchen verdeutlicht weiterhin ein Zehnjahresvergleich des Instituts für Demoskopie Allensbach (2009). Gaben 1999 noch zwölf Prozent der Katholiken an, sich sehr für Themen der Kirche zu interessieren, waren es 2009 nur noch neun Prozent. Dagegen stieg der Wert derjenigen, die sagten, sie würden sich etwas interessieren, aber nicht besonders, von 47 auf 50 Prozent an. Die Orientierung an christlichen Werten ist noch für knapp die Hälfte der Katholiken von Bedeutung: Auf die Frage, ob es ihnen ganz besonders wichtig sei, ein auf christlichen Werten gründendes Leben zu führen, antworteten laut der Untersuchung von 2009 nur 44 Prozent der Katholiken, dass dies der Fall sei. Bei den 17 Prozent der Katholiken, die sich als gläubig und kirchennah einstuften, lag der Wert bei 84 Prozent, bei den 37 Prozent, die der Kirche kritisch verbunden sind, bei immerhin noch 58 Prozent. Für die restlichen knapp 50 Prozent liegen die Werte in der Größenordnung zwischen 23 und drei Prozent. Das heißt, für knapp die Hälfte der Katholiken ist ein an christlichen Werten ausgerichtetes Leben von geringer Bedeutung.

Ähnlich sieht es bei der Frage aus, inwieweit die katholische Kirche moralische Orientierung geben kann. Hier ist der Wert laut Allensbach von 35 Prozent in 2005 auf 23 Prozent im Sommer 2010 gesunken. 2005 war noch die Hälfte der Bevölkerung überzeugt, dass die Kirchen Antworten auf Sinnfragen geben, im Sommer 2010 waren es nur noch 38 Prozent. Der Autoritätsverfall – auch eine Folge des Missbrauchs-skandals – schreite rapide voran, analysiert Professorin Köcher von Allensbach (FAZ, 23.06.2011).

Die katholische Kirche sieht sich demnach zunehmend einer Situation gegenüber, in der der Einzelne in seiner individuellen Verantwortung lediglich die Lehrsätze und Handlungsanweisungen akzeptiert, die er rational nachvollziehen und die er mit seinen eigenen Vorstellungen und seinem individuellen Lebensplan in Einklang bringen kann. Am eklatantesten wurde dies deutlich an der generellen Ablehnung der Enzyklika *Humanae Vitae*, der sogenannten Pillenenzyklika von Papst Paul VI. (1968). Meines Wissens ist es in der Kirchengeschichte einmalig, dass eine päpstliche Enzyklika von der weit überwiegenden Anzahl der Gläubigen, vor allem von Frauen, schlichtweg abgelehnt oder ignoriert wurde.

Auf der anderen Seite ist ein Phänomen zu beobachten, das zu diesen empirischen Befunden erst einmal im Widerspruch zu stehen scheint. Denn obwohl nur noch wenige Katholiken die Meinung der katholischen Kirche achten, diese also faktisch nur noch einen geringen Einfluss auf die Gesellschaft ausübt, plädieren 50 Prozent für einen noch geringeren (!) Einfluss der Kirche; nur acht Prozent wünschten sich eine Stärkung ihres Einflusses (Der Spiegel 38/2011).

7 Die Hälfte der Bevölkerung wünscht sich noch geringeren Einfluss der Kirche

»Sollte die katholische Kirche in Deutschland künftig mehr oder weniger Einfluss auf Politik und Gesellschaft haben?«
in Prozent der Bevölkerung

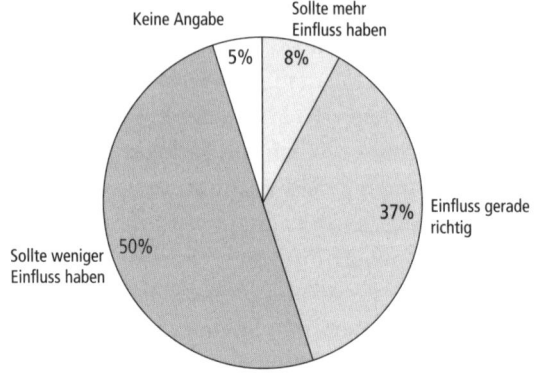

Keine Angabe

Sollte mehr Einfluss haben

5%   8%

Einfluss gerade richtig

37%

Sollte weniger Einfluss haben   50%

Quelle: Spiegel-Umfrage 38/2011

Ähnlich fiel das Ergebnis der Umfrage von *Perspektive Deutschland 2006* aus. Auf die Frage, welche Rolle die Kirchen in der Öffentlichkeit spielen sollten, entgegneten drei Viertel der Bevölkerung (76 Prozent), sie sollten sich stärker sozial engagieren. Nur knapp die Hälfte (52 Prozent) der Bevölkerung indes befürwortete, in der Öffentlichkeit die christlichen Werte stärker zu vertreten. Die Ansicht, dass es in den Kindergärten eine christlich-religiöse Erziehung geben bzw. der Religionsunterricht in der Schule verpflichtend sein sollte, wird nur von einem guten Drittel der Bevölkerung (38 Prozent) geteilt. Ähnlich sehen auch die überwiegende Zahl der Katholiken in der Verbesserung der Hilfe für sozial Schwache, dem Engagement für Kindergärten und Schulen die Haupthandlungs-felder der Kirche vor Ort. Nur Katholiken mit höherer Kirchenbindung wünschen sich vor allem eine bessere individuelle Seelsorge und ein intensiveres Gemeindeleben (Tab. 28, S. 239). Diese Aussagen unterstreichen meiner Meinung nach, dass die Kirche nicht mehr als Autorität, auch nicht als vielleicht hilfreiches oder notwendiges Korrektiv für gesellschaftliche Ungerechtigkeit anerkannt ist, sondern beim Großteil der Bevölkerung auf ihr karitatives, soziales Engagement reduziert wird.

Darauf deutet auch eine Allensbach-Untersuchung aus den Jahren 2009/10 hin, die sich mit der Zustimmung bzw. Ablehnung von Engagements und Positionen der katholischen Kirche beschäftigte. Befragt wurden Katholiken. Von der großen Mehrheit wird das karitative Engagement in der Alten- und Krankenpflege, mit einem gewissen Abstand das Engagement für Frieden, für Menschenrechte, für den Wert der menschlichen Arbeit und humane Arbeitsbedingungen gutgeheißen. Mit der kirchlichen Werteerziehung sind immerhin noch 54 Prozent einverstanden. Was hingegen die katholische Position zu den Themen Abtreibung, Rolle der Frau, Umgang mit Homosexualität, Umgang mit Kritikern innerhalb der katholischen Kirche, Haltung zur Sexualität allgemein, zum Zölibat und zur Empfängnisverhütung betrifft, ist die Mehrheit sehr reserviert. Die offizielle Haltung der katholischen Kirche zum Thema Empfängnisverhütung beispielsweise wird von 85 Prozent der Katholiken abgelehnt und von nur neun Prozent befürwortet. Was die Sexualität anbelangt, so lehnen 79 Prozent der Katholiken die offizielle Lehrmeinung ab, nur 13 Prozent stützen sie (Tab. 29, S. 240). Wobei sich die Ablehnung im Vergleich zur letzten Untersuchung von 2002 mit einem deutlichen Negativtrend weiterentwickelt hat. Auffallend ist, dass besonders die Verhaltensgebote der Kirche, die die freie Selbstbestimmung des Einzelnen einschränken, auf große Ablehnung stoßen.

Ein Blick auf die Bevölkerungsmilieus

Wer sind die Katholiken, die sich eher an der Kirche orientieren, die eine höhere Kirchenbindung haben, die von sich angeben, regelmäßig – also mindestens einmal im Monat – den Gottesdienst zu besuchen? Demografisch lassen sie sich laut *Perspektive Deutschland 2005/2006* als überproportional in der Altersgruppe 50 und vor allem 60 plus beheimatet beschreiben. Ebenso zeigt der empirische Befund überraschenderweise, dass auch bei den 16- bis 29-Jährigen aktive Katholiken überproportional vertreten sind. Aktive Katholiken haben in der Regel einen höheren Bildungsabschluss und verfügen über ein deutlich höheres Nettoeinkommen als die tendenziell eher inaktiven Katholiken. Im unteren Drittel der Bevölkerung sind sie unterrepräsentativ vertreten.

Diese demografische Segmentierung ist bedingt aussagefähig. Zu besseren, zielgruppengenaueren Ergebnissen kommt man, wenn man versucht, die Bevölkerung in Gruppen und Cluster aufzuteilen, die sich in ihren Wertvorstellungen, in ihren Lebensgewohnheiten, in ihrem Konsum- und Kommunikationsverhalten ähneln und sich in diesen Punkten auffallend von anderen Gruppierungen abheben. Mithilfe der Faktorenanalyse lassen sich so gesellschaftliche Milieus herauskristallisieren. Die bekannteste Segmentierung dieser Art beruht auf der *Sinus-Milieu-Studie*, die die Gesellschaft der Bundesrepublik in zehn Milieus einstuft. Demnach werden rund 30 Prozent der Gesellschaft abgebildet durch die drei gesellschaftlichen Leitmilieus der »Etablierten«, der »Postmateriellen« und der »modernen Performer«. 23 Prozent, also knapp ein Viertel der Bevölkerung, sind den drei traditionellen Milieus zuzurechnen: den »Konservativen«, den »Traditionsverwurzelten« und den »DDR-Nostalgikern« als der kleinsten Gruppe. 37 Prozent gehören den beiden großen Mainstream-Milieus an, der »bürgerlichen Mitte« und den »Konsum-Materialisten«. Und 20 Prozent zählen schließlich zu den »Experimentalisten« und den »Hedonisten«.

Fragt man alle Katholiken, ob ihre Kirche in unsere Zeit sehr gut bzw. gut passt, so wird diese Frage von 21 Prozent mit »Ja« beantwortet, während knapp 80 Prozent diese Frage entweder unentschieden oder negativ beantworten. Eine überdurchschnittliche Zustimmung kommt nur aus drei Milieus, die insgesamt 29 Prozent der Gesellschaft mit abnehmender Tendenz repräsentieren: von den Konservativen mit 43 Prozent, von den Traditionsverwurzelten mit 38 Prozent und von den Etablierten mit 31 Prozent Zustimmung. Bei allen anderen Milieus, vor allem bei den beiden größten Milieus, der bürgerlichen Mitte und den Konsummaterialisten, liegt die Zustimmung bei 19 bzw. 13 Prozent deutlich unter dem ohnehin schon niedrigen Durchschnittswert. Dieser Befund ist ernüchternd. Man muss leider feststellen, dass die katholische Kirche nur noch auf niedrigem Niveau in drei von zehn gesellschaftlichen Milieus verwurzelt ist – zudem in Milieus, die tendenziell kleiner werden.
Deprimierend sind die Antworten, die die Befragten einer *Allensbach-Untersuchung* aus dem Jahr 2005 auf die Frage gaben, auf wen man setze, wenn es darum gehe, die Gesellschaft voranzubringen: auf junge Men-

8 Nur noch in drei Milieus ist die Kirche ausreichend verankert

Wie gut passt die Kirche in unsere Zeit: sehr gut/gut
Sinus-Milieu/Katholiken

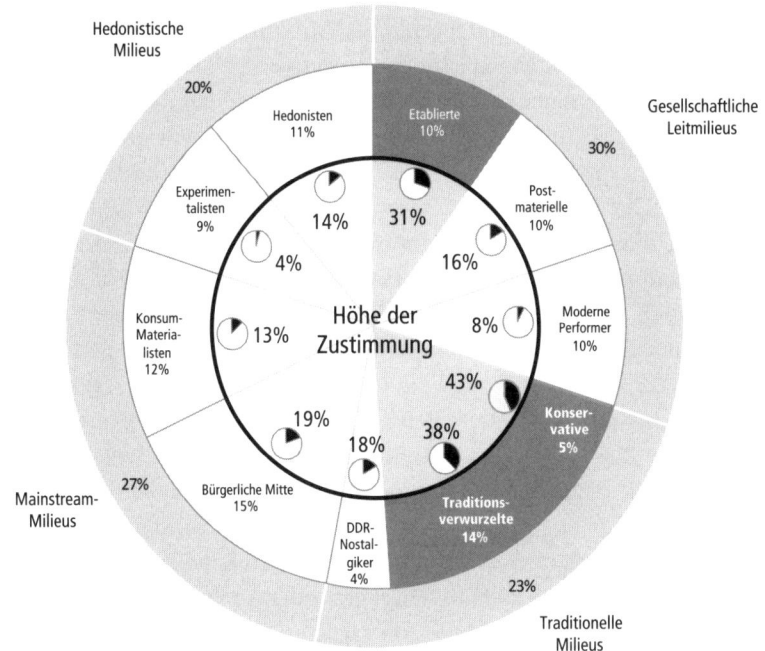

Quelle: Sinus Sociovision, MDG-Trendmonitor Religiöse Kommunikation 2010 (IfD Allensbach)

schen (43 Prozent), Unternehmer und Wissenschaftler (39 Prozent), Gewerkschaften (13 Prozent), Manager von großen Unternehmen (elf Prozent) – und, ganz hinten, die beiden Kirchen (sechs Prozent). Vor diesem Hintergrund kann man durchaus nachvollziehen, dass so mancher eine Entweltlichung der Kirche und ihren Rückzug aus dem gesellschaftlichen Diskurs predigt mit der Begründung: Dies sei nicht mehr ihre Welt. Dies würde jedoch weder dem biblischen und kirchlichen Sendungsauftrag noch dem Geist des Zweiten Vatikanums entsprechen, ganz im Gegenteil.

Die Macht des Arguments, statt: das Argument der Macht

Wie kann es gelingen, die Autorität wieder auszubauen? An den Stellen, an denen gearbeitet werden muss – ich denke etwa an die Rückgewinnung von Glaubwürdigkeit, die ernsthafte Beschäftigung mit Reformanliegen von Gläubigen und kirchlichen Mitarbeitern, die Verbesserung der Kommunikationsfähigkeit, helfende Antworten auf die Fragen unserer Zeit –, ist vor allem zu überdenken, inwieweit man nicht stärker fokussiert, ein Profil entwickelt. Vergleichbar wäre dies mit der Kindererziehung, in der man wenige Verbote ausspricht, diese aber konsequent durchhält. Der Verhaltenskodex der katholischen Kirche sollte nicht versuchen, alles zu regeln und vorzuschreiben. So umfasst der Katechismus der katholischen Kirche, von Papst Johannes Paul II. 1992 in Kraft gesetzt, allein 800 Seiten. Die vier Evangelien kommen – je nach Schriftgröße – auf weniger als 100 Seiten. Wichtiger wäre, sich auf die Einhaltung von Werten zu konzentrieren und weniger Details auszugestalten. Die Autorität der Kirche hat sich früher oft auf Drohungen, auf eine Pastoral der Angst gestützt. In unserer heutigen Zeit jedoch gewinnt man Autorität nicht durch Machtgebaren (lat. *potestas*), sondern durch natürliche Autorität, durch Überzeugung, durch Kompetenz, durch Vorbildhaftigkeit (lat. *auctoritas*). Dem steht freilich das kirchenrechtlich untermauerte Amtsverständnis entgegen oder auch im Weg: Im Kirchenrecht ist allenthalben von *potestas* (*ordinaria*, *suprema*, *plena*, *immediata* und *universalis*) die Rede.

Zu berücksichtigen ist auch, dass es, wenn man über eine Fokussierung des Verhaltenskodexes nachdenkt, nicht darum geht, sich dem Zeitgeist anzupassen. Dies würde zu Beliebigkeit führen, in eine Wellnesskonfession münden und wäre nicht im Sinne des Evangeliums. Man würde damit zudem eines der Wesensmerkmale der katholischen Kirche aufgeben, nämlich eine gewisse Verbindlichkeit zu bestimmten Themen zu haben. Die Kirche sollte also durchaus einer Selbstsäkularisierung widerstehen, aber auf der Grundlage des Evangeliums, im Sinne des Zweiten Vatikanums, die Zeichen der Zeit interpretieren und die frohe Botschaft dem heutigen Menschen zugänglich machen. Und zwar als ein Evangelium, das den Menschen Heil, Freude und Hoffnung bringt, und nicht als ein Evangelium, das rückwärtsgerichtet Verbote und Gebote ausspricht.

Generell wird das Argument der Macht und des Einflusses zusehends schwächer, immer mehr zählt die Macht des Arguments. Wer sich einem Diskurs verweigert, verliert damit auch an Autorität. Nur wer überzeugend mit Visionen führt, kann Autorität aufbauen. Und nur Institutionen, die den Übergang von dem Argument der Macht zur Macht der Argumente meistern, können in einer pluralistischen Gesellschaft mit Autorität wirken. Das Argument der Macht gilt dagegen innerhalb der Kirche nur für einen immer kleiner werdenden Personenkreis, der in einem direkten oder indirekten Arbeitsverhältnis zur Kirche steht und z.B. durch die »Missio canonica« oder ein »Nihil obstat« gebunden ist, kurz: für Menschen, die in einem kirchlichen Abhängigkeitsverhältnis stehen. Bei ihnen und insbesondere bei Ehrenamtlichen wirkt das Argument der Macht eher kontraproduktiv. Bei dem überwiegenden Teil der Gläubigen greift es zunehmend weniger, sondern stößt viel mehr auf Widerspruch.

In den aktuellen Debatten wie Atomausstieg, Überalterung der Gesellschaft oder Schuldenkrise haben sich die Kirchen zwar zu Wort gemeldet, aber eher zögerlich und spät. Die Meinungsführerschaft in diesen Diskussionen haben sie jedenfalls nicht. Dass die Kirche ihre Ansichten nicht auf allen Gebieten durchzusetzen vermag, wie etwa jüngst in der Debatte um die Präimplantationsdiagnostik, darf niemandem den Mut rauben. Auch wenn sie überstimmt wurde, konnte sie ihre Standpunkte und Argumente immerhin öffentlich vortragen und ist gehört worden. Sie hat mit der Macht der Argumente zum Nachdenken angeregt. Zudem hat die Berichterstattung über die PID-Debatte und die Rolle der Kirche hierin gezeigt, dass deren Position in Diskussionen, die Grundsatzfragen unserer Gesellschaft und des menschlichen Lebens berühren, noch Gehör findet. Der Fortschritt in Wissenschaft und Technik, z.B. auf dem Gebiet der Gentechnik, wirft zunehmend Fragen auf, die diese Disziplinen selbst nicht beantworten können: Was ist richtig, was falsch; was ist gut, was böse? Hier würden die Position der Kirche und die echte Autorität als Orientierung mehr denn je gebraucht.

4. Die Führungskrise

»Wer bei euch groß sein will, der soll euer Diener sein,
und wer bei euch der Erste sein will, soll der Sklave aller sein.«
(Markus-Evangelium 10,43–44)

Im Jahr 2005 fragte *Perspektive Deutschland:* »Denken Sie, dass in Deutschland heute die richtigen Leute die Führungspositionen einnehmen?« Was die Kirchen anbelangt, so antworteten 52 Prozent der Befragten mit »Nein« und »Eher nein«. Differenziert man weiter nach Konfessionen, so waren 47 Prozent der Protestanten dieser Meinung, dagegen 58 Prozent der Katholiken; selbst 39 Prozent der aktiven Katholiken, die regelmäßig den Gottesdienst besuchen und damit eine eher hohe Kirchenbindung aufweisen, waren der Ansicht, dass nicht die richtigen Leute in den Führungspositionen sitzen (Tab. 30, S. 241). Es ist davon auszugehen, dass infolge des Missbrauchsskandals im Jahr 2010 noch mehr Menschen, insbesondere auf der katholischen Seite, mit der Besetzung der Leitungspositionen in der Kirche unzufrieden sind.

Erfolgversprechende Führungsprinzipien

Was zeichnet eine starke Führungspersönlichkeit aus? Aus Perspektive eines Unternehmensberaters sind die wesentlichen Merkmale rasch aufgezählt: visionäres Denken, hervorragende Management- und Führungsfähigkeiten, der Blick für die richtigen Mitarbeiter und Ansprechpartner, Aufgeschlossenheit gegenüber Neuerungen und überzeugendes Festhalten an Bewährtem, eine herausragende persönliche Leistungsbilanz und nicht zuletzt die Fähigkeit, in außergewöhnlichen Situationen aufzublühen und entschieden zu handeln. Führungspersönlichkeiten besitzen die Begabung, andere an sich zu binden und sie zu begeistern, ein positives, leistungsförderndes Umfeld zu schaffen. Darüber hinaus motivieren und inspirieren sie, geben offene Rückmeldungen an die Mitarbeiter. Sie erkennen Leistungen an, besitzen Kommunikationsfähigkeiten, die von ihrer ganzen Persönlichkeit geprägt sind, sie führen durch ihr Vorbild und durch Vertrauen. Sie versuchen, ihre persönlichen Ziele mit denen ihrer Organisation zu verbinden, schätzen ihre Stärken und ihren Entwicklungsbedarf realistisch ein und nehmen sich Zeit für Selbstreflexion, um gegebenenfalls die erforderlichen Anpassungen vorzunehmen, sehr stark gestützt auf eine hohe emotionale Intelligenz.

Es gibt eine Vielzahl unterschiedlicher Führungsstile von visionär bis kumpelhaft, von demokratisch bis autoritär. Ein Patentrezept gibt es nicht. Erfolgreiche Führung ist immer situationsspezifisch; das trifft insbesondere auf Krisenzeiten zu, in denen es auf straffes, zügiges Handeln ankommt. Entscheidend ist es, Verantwortung zu übernehmen, um Vertrauen zu gewinnen.

Große Unternehmen investieren viel Zeit und Geld in den Aufbau und die Entwicklung der Führungsfähigkeiten ihrer Topmanager. Sie verfügen über ein ausgefeiltes Instrumentarium, das durch Personalauswahl, Personalentwicklung, Personalbeurteilung und Aus- und Weiterbildung sicherstellen soll, dass die richtigen Personen an der richtigen Stelle sind. Gerade für eine Organisation wie die Kirche, die von Personen innen wie außen »lebt«, in der das Personal den entscheidenden Erfolgsfaktor darstellt, ist die Notwendigkeit eines professionellen Personalmanagements von größter Bedeutung. Gesucht sind authentisch charismatische Persönlichkeiten, die glaubwürdig und überzeugend die Botschaft des Evangeliums vertreten: *burning persons*. Trotz aller Sparzwänge und Ressourcenknappheit muss hier auch in Zukunft unbedingt investiert werden. Nur so werden Personen in Spitzenpositionen gebracht, die nicht durch das Argument der Macht, sondern durch die Macht der Argumente und durch ihr Vorbildverhalten führen.

Der heilige Benedikt hat im 6. Jahrhundert ein Regelwerk für das Zusammenleben in der Klostergemeinschaft entwickelt, das allen modernen Führungsgrundsätzen entspricht. Es liefert eine Vielzahl von wichtigen Hinweisen zu Fragen der Personalführung und -entwicklung. Der Abt von St. Bonifaz in München und Andechs, Johannes Eckert, hat in seiner Doktorarbeit zum Thema *Dienen statt Herrschen. Unternehmenskultur und Ordensspiritualität: Begegnungen, Herausforderungen, Anregungen* die Parallelen zu heutigen Führungsleitlinien herausgearbeitet.

Demnach ist benediktinische Führungskultur mithin vorallem auch Ausdruck der Persönlichkeit des Führenden.

Für den heiligen Benedikt ist Führen nichts anderes als »das Leiten von Seelen«, und zwar durch Vorbild und Vormachen. Unverzichtbar in diesem Zusammenhang ist die Fähigkeit zum Hören, das heißt zum einen, dem Gesprächspartner zuhören, empathisch mitempfinden, zum anderen aber auch, auf das Innere der eigenen Persönlichkeit, die Seele und ihre Botschaft zu horchen. Demut ist die Leitvorstellung für die Selbstorganisation. Für Benedikt ist Demut im Prinzip identisch mit der Ausbildung und Entwicklung der eigenen Persönlichkeit und damit die Fähigkeit, zu entscheiden, zu handeln und zu führen. Für die Interaktion mit den Mitbrüdern gilt zuerst die Stufe des gütigen, milden Umgangs: »Gütiges Eingehen auf einen Menschen ist wie die Berührung seines Seelengrundes«, schreibt Benedikt in seiner Ordensregel. Güte ist dabei wohlwollende Nachsicht mit dem anderen. Danach folgt der ermutigende Umgang. Ermutigung heißt, stets dem anderen Mut zu machen zu handeln. Ermutigung ist auch Aufforderung, die eigenen Schwächen, Ängste, sich selbst zu überwinden; Wagnis und Mut stehen in einer Wechselbeziehung. Wagnis schafft Raum für Hoffnung und neues Vertrauen in sich selbst. Mut erlaubt es, Riskantes zu unternehmen, auch wenn der Ausgang ungewiss ist. Und schließlich der tadelnde Umgang, die viel diskutierte *correctio fraterna*, die brüderliche Zurechtweisung. Für Normverstöße, Interessenskollisionen, aber auch unzulängliche Leistungserbringung gibt es ein sehr differenziertes, von den Führungsverantwortlichen sorgsam einzuhaltendes System von Sanktionen. Tadel ist sinnvoll, wenn andere Wege der Einflussnahme nicht gefruchtet haben. Tadel ist immer auch ein kommunikativer Akt, der den Getadelten den Weg zur Selbsterkenntnis und Selbstkorrektur eröffnen soll.

Aus der konsequenten Anwendung dieser Leitlinien eines ihrer großen Kirchenführer könnte die katholische Kirche enormen Nutzen ziehen und ist – in der Realität ihrer tatsächlichen Personalführung – von diesem benediktinischen Leitungsmodell, das auch für jedes moderne Unternehmen gelten könnte, weit entfernt. Die evangelische Kirche hat dagegen in den letzten Jahrzehnten verstärkt in ein professionelles Personalmanagement investiert.

Ein wesentliches Element erfolgreicher Führung ist das Verhältnis zwischen Vorgesetzten und Mitarbeitern. Hier entsteht so etwas wie ein *personal contract*, ein informeller persönlicher Vertrag. Der Mitarbeiter soll das Gefühl haben, dass sich sein Vorgesetzter um ihn kümmert, ihn auch in schwierigen Situationen nicht im Stich lässt, ihn fördert und weiterentwickelt. Umgekehrt kann der Vorgesetzte sicher sein, dass er sich auf seinen Mitarbeiter in jeder Situation verlassen kann. Dieser persönliche Vertrag geht weit über jeden formalen Arbeitsvertrag hinaus. Eigentlich hat die katholische Kirche mit ihrem dreistufigen hierarchischen Aufbau ideale Voraussetzungen für die personalen Beziehungen geschaffen: Die Geistlichen sind ihrem jeweiligen Bischof direkt verantwortlich, die Bischöfe direkt dem Papst. Natürlich existieren Zwischenebenen wie Dekanate, Regionaldekanate und Ordinariat, doch haben die eine eher koordinierende und ausführende Funktion und setzen die direkte Verantwortungsbeziehung nicht außer Kraft. Dieses klare Organisationsmodell, um das viele globale Unternehmen die Kirche beneiden, stößt in der Praxis aber immer wieder an seine Grenzen. So kann der Papst z.B. nicht ständig mit 3.600 Diözesanbischöfen in Kontakt sein und ebenso ist es für einen Ortsbischof schwierig, zu all seinen Priestern ein persönliches Verhältnis aufzubauen, dies zu pflegen und zu vertiefen.

Das kritische Element: der Bischof

Bischöfe sind in der Führungsstruktur der katholischen Kirche das kritische Element. Betrachtet man die Anforderungen, die an sie gestellt werden, sind diese durchaus vergleichbar mit den Anforderungen, die an den Geschäftsführer eines größeren mittelständischen Unternehmens gestellt werden. Bischöfe müssen nicht nur überzeugende Theologen, Seelsorger und Kirchenrechtler sein, sie brauchen überdies hervorragende Führungsqualitäten, um eine große Anzahl von Mitarbeitern zu leiten; sie müssen Entscheidungen zutreffend und schnell fällen können, mit Stress und Konfliktsituationen fertig werden und kommunikativ geschult sein, sowohl für den innerkirchlichen Diskurs als auch für den Dialog mit den Gläubigen und der breiten Öffentlichkeit. Dazu müssen sie authentisch als Nachfolger Jesu Christi das Evangelium vertreten. Jedoch hat es nicht den Anschein, dass diese Anforderungen konsequent bei allen Bischofsentscheidungen angelegt werden.

In der Führungsphilosophie der Kirche wird zu sehr auf die Autorität des Amtes abgehoben. Das Beispiel des früheren Bundespräsidenten Christian Wulff hat sehr eindrucksvoll gezeigt, dass die Persönlichkeit des Amtsinhabers sehr entscheidend ist für die Autorität des Amtes. Die heutige Mediengesellschaft lässt sich nicht mehr durch die Autorität des Amtes beeindrucken oder abschrecken, sondern hinterfragt die Qualifikation und Integrität des Amtsinhabers. Für die Kirche heißt dies: Will sie dem Amt sein volles Gewicht geben, muss sie mehr denn je bei der Auswahl auf Charisma und Charakter potenzieller Kandidaten achten.

Eigentlich besitzt die katholische Kirche alle Voraussetzungen, die fähigsten Kandidaten in das Amt eines Bischofs zu bestellen, im Gegensatz zur protestantischen Kirche. Dort werden die Führungspositionen durch Wahlen besetzt. Dieses demokratische Prozedere führt nicht automatisch dazu, dass der beste, führungsstärkste Kandidat das Rennen gewinnt. Es menschelt in der Wahlkabine – und wer möchte schon gerne einen starken Chef haben? Ein solches Problem kennt die katholische Kirche nicht. Sie könnte in Anlehnung an die Praxis der Führungsauswahl exzellenter Unternehmen in einem umfangreichen, partizipativ gestalteten und transparenten Factfinding-Prozess, in den auch Vertreter der örtlichen Laien und Priester mit eingebunden sind, zusammentragen, inwieweit die jeweiligen Kandidaten die oben genannten Voraussetzungen erfüllen, und dann über interne Diskussion und Evaluation in einem Auswahlgremium zu einem Ergebnis kommen. Es hat jedoch den Anschein, als stünden bei der Auswahl von Bischöfen oftmals andere als die genannten Kriterien im Vordergrund. Als Außenstehender gewinnt man den Eindruck, dass vor allem Linientreue gegenüber Rom ausschlaggebend für die Auswahl ist. Häufig werden starke, charismatische Führungspersönlichkeiten, die durch unabhängiges Handeln und Denken angeeckt sind, erst gar nicht in Betracht gezogen. Gerade sie bräuchte man, um die Kirche zukunftsfähig zu machen. Hier wird ohne Not auf wertvolle Ressourcen verzichtet. Offenbar hofft man darauf, dass der Betreffende mit der Weihe durch den Heiligen Geist in die Lage versetzt wird, alle Anforderungen, die ein solches Amt mit sich bringt, zu erfüllen. Zu häufig hat sich jedoch schon herausgestellt, dass dies nicht der Fall ist.

Alois Glück beschreibt die Situation zutreffend: »Mir bereiten beim Blick auf unsere Bischöfe nicht so sehr die Verwaltungsaufgaben Kopfzerbrechen. Ich glaube, dass die Kommunikationsfähigkeit von wachsender Bedeutung ist. Die bringt aber längst nicht jeder mit. Wir brauchen Bischöfe, die nach außen und innen kommunizieren können. Die sich verständlich machen können. Die Zeit der Einzelkämpfer ist vorbei. Bei Bischöfen kommt es mir manchmal vor wie in der Politik. Da fehlt vielfach die Lernzeit in Führungsämtern, bevor sie in ein solches Spitzenamt berufen werden. Wer ohne Führungserfahrung Minister wird, schafft es kaum, das Amt und die Aufgabe prägend zu gestalten. Das größte Defizit in der Ausbildung von Führungskräften ist die Menschenführung. Das gilt für alle Bereiche.«

Der rückläufige Priesternachwuchs verschärft das Problem, da der Pool möglicher geeigneter Bischofskandidaten damit drastisch kleiner wird. Der Pastoraltheologe Karl Schlemmer bringt es in einer Predigt zum 1. Fastensonntag 2012 auf den Punkt: »Ich wünsche mir mit vielen anderen von unseren Bischöfen mehr Konzilstreue statt Romtreue, mehr Offenheit für die Sorgen der Gemeinden, mehr verantwortliches Reforminteresse und mutiges Eintreten dafür in Rom, wie es vor über 40 Jahren z.B. die beiden verstorbenen Kardinäle Julius Döpfner und Franz König taten und viele andere Bischöfe.«

Es kursieren einige Bilder, die mit dem Bischofsamt verbunden sind. So wird der Bischof in der Regel als Hirte definiert. Die Propheten und Führungspersönlichkeiten des Alten Testaments wie Mose und David hatten in der Regel den Beruf des Hirten als Hintergrund. Die Hirten lebten eher als Einzelgänger, draußen auf den Weiden, und nicht in einer Stadt. Selbst wenn sie eine eigene Familie hatten, waren sie doch mit ihrer Herde meist allein. Auch Gott selbst wird im ersten Teil der Bibel als Hirte dargestellt und angeredet, z.B. im berühmten Psalm 23: »Der Herr ist mein Hirte …« Dieser Hirte kümmert sich als »der gute Hirte« aufopferungsvoll um seine Herde, der es an nichts mangeln soll.

Nun muss man wissen, dass Hirten im Alten Orient nicht immer den besten Ruf hatten: Zum einen, weil sie wie erwähnt draußen auf dem Feld bei den Herden als eher raue Gesellen lebten. Zum andern, weil ihnen die Schafe in der Regel nicht gehörten, sie also im Auftrag eines anderen und mit – wenn überhaupt – minimaler Bezahlung die Tiere hüteten. Entsprechend darf man sich die Motivation eines solchen

Miethirten vorstellen, wenn etwa wilde Tiere die Herde bedrohen (er flieht und lässt die Herde im Stich; Joh 10,12f.) oder wenn ein Schaf verloren geht (Lk 15,3ff.). Dass ein solcher Mietling diesem einen Schaf nachliefe, ist vollkommen unvorstellbar – entsprechend überraschend muss das Gleichnis Jesu auf seine Zuhörer damals gewirkt haben: 99 zurücklassen wegen eines Schafs? Niemals! Und doch: Dieser Hirte handelt anders als erwartet, als ob es um seine eigene Herde ginge. Er wird zum Vorbild, zum Bild für Gott selbst.

Auch wenn Jesus in seinen Gleichnissen das Bild vom Hirten aufgreift, um von Gott zu sprechen, scheint es hinsichtlich der Auswahl seines eigenen »Personals« bei ihm eine Wandlung zu geben: vom Hirten zum Fischer. Jesus berief Fischer zu seinen ersten Jüngern. Er ging bewusst an den See Genesaret und rekrutierte seine Gefolgschaft nicht aus dem Hirtendorf Nazaret, in dem er gelebt hatte. Simon Petrus und Andreas waren Fischer in dem Städtchen Kafarnaum. Sie führten – wenn man so will – ein kleines (Familien-)Unternehmen, wagten sich auf den mitunter stürmischen See, dessen Tücken sie gut kannten, arbeiteten schwer, lebten in einfachsten Verhältnissen und trieben mit der Bevölkerung der umliegenden Ortschaften, die griechisch, lateinisch, aramäisch und in allerlei Dialekten sprach, Handel. Sie standen also voll im Leben und waren dem Leben und den Menschen zugewandt. Sie hörten Jesu Ruf und folgten ihm; so wurden sie zu Menschenfischern.

Die Bilder lassen sich vielleicht nur bedingt übertragen, aber einige wesentliche Merkmale scheinen klar umreißbar zu sein: Hirten in der Kirche müssen sich von »Mietlingen« deutlich unterscheiden, gleichwohl muss ihnen bewusst sein, dass ihnen die Herde nur anvertraut ist; diese ist und bleibt alleiniges Eigentum des »guten Hirten«. Jedem »verloren gegangenen« Schaf geht dieser Hirte nach, und zwar so lange, bis er es findet. Mit Blick auf die Fischer-Qualifikationen lässt sich zuspitzen: einen einfachen Lebensstil pflegen, den Lebensunterhalt mit seinen Händen bestreiten können, die Sprache der Menschen sprechen und keine Angst vor dem Ruf ins Unbekannte haben. Gleichsam für festen Halt sorgt ein drittes Bild, das Jesus seiner Kirche mit auf den Weg gegeben hat: Er hat auch einen Fels installiert, den Fischer Simon, der damit zu Petrus wurde. Denn ohne Fels und fixen Orientierungspunkt führt alles Fischen langfristig zu nichts.

Inwieweit sich Pfarrer, Bischöfe und auch der Papst solchen einfachen Überlegungen und Bildern stellen wollen, kann ich nicht beurteilen. Sie würden sich damit freilich in der Spur Jesu Christi bewegen. Die Netze jedenfalls sind keineswegs mehr prall gefüllt und mit dem ruhigen Weiden einer Herde ist es längst nicht mehr getan. Die Wölfe, die dieser Herde auflauern, reißen ein Schaf nach dem anderen. Hinzu kommt, dass der Mensch des 21. Jahrhunderts nicht mehr nur »fremdbestimmte Herde« sein möchte, ja, nicht einmal mehr Herde sein kann. Einem echten Hirten würde die Herde folgen. Sie hat Vertrauen und Zuneigung zu ihm. Wer als Hirte jedoch auf das gebietende Wort setzt, wie es ein Diözesanbischof in seinem Hirtenwort einfordert, wird von seiner Herde daran erinnert werden, dass diese nur auf die Stimme des »guten Hirten« hört.

Einige Bischöfe befinden sich angesichts des »Zustands ihrer Herde« regelrecht in einer Zerreißprobe. Sie glauben, sich ständig für Vorgänge in ihrem Bistum in Rom rechtfertigen zu müssen, und wollen teilweise römischer als Rom sein. Das führt zu übertriebenem und falschem Mikromanagement und dem oft zwanghaften Bestreben, alles in ihrem Einflussbereich kontrollieren zu müssen. Sie haben Angst vor allem, was nicht mit ihnen abgestimmt wurde, was sie nicht gebilligt haben. Es fehlt die notwendige Souveränität im Umgang mit neuen, mit kreativen, nicht immer schon in der Tradition verhafteten Entwicklungen als Voraussetzung für ein vitales christliches Leben vor Ort. Da sie faktisch nicht alles kontrollieren können, setzen sie sich selbst einem enormen psychischen Druck und Stress aus.

Während der Kundgebung engagierter Katholiken gegen die Reformpläne 2025 im Bistum Augsburg am 21.04.2012 auf dem Domplatz ließ die Bistumsleitung den Dom absperren. In seinem Kommentar brachte es der SZ-Redakteur Stefan Mayr auf den Punkt: »Das ist eine neue Eskalationsstufe, die die Katholiken sprach- und fassungslos zurücklässt ... Das Bistum hat kein Reformproblem, sondern ein Bischofsproblem ... Der Mann aus der Diaspora am östlichsten Zipfel der Republik (Görlitz) versteht seine neue Herde nicht. Und immer mehr Schäfchen können mit ihrem Oberhirten und seinen Ansichten nichts anfangen ... Und der Bischof fordert, sein Volk müsse sich der hierarchischen pastoralen Struktur unterordnen ... Jesus hat keinen Menschen ausgegrenzt, noch nicht mal Zöllner und Prostituierte, sagt die Bibel. Der Bischof von Augsburg lässt gewählte Pfarrgemeinderäte, habilitierte Theologen, engagierte Gläubige, Richter, Stadträte, Priester aus dem Dom aussperren. Eine Bibelstelle, die das rechtfertigt, werden Theologen lange suchen müssen« (SZ, 23.04.2012).

Einige Amtsinhaber scheinen der Versuchung einer Selbstüberhöhung zu erliegen, wenn sie etwa von ihrem Amt als dem »göttlichen« Bischofsamt sprechen und sich damit »sakralisieren«; oder wenn sie glauben, sich aufopfern zu müssen, ihren Dienst quasi als ihre persönliche Passion, ihr Golgota verstehen und meinen, alle Sorgen, Nöte, schweren Entscheidungen ihres Bistums lasteten auf ihren Schultern; oder sie sehen sich als »Arzt« und das Bistum als »Patient«. Hier scheint sich das Amtsverständnis in eine falsche, ideologische Richtung zu entwickeln. Mehr Kollegialität, mehr innere Entspanntheit und erreichbare Ansprüche an sich selbst täten gut, entsprechend der Maxime von Papst Johannes XXIII.: »Giovanni, nimm dich nicht so wichtig!«

Die Krise der Kirche ist auch eine Krise der Bischöfe und damit des Episkopats. Sie stehen zunehmend in der Kritik von Gläubigen und Geistlichen. Zwar sieht der überwiegende Teil Handlungsbedarf – und Freiräume für mehr Eigenverantwortlichkeit wären vorhanden: So haben nach Auskunft des ehemaligen evangelischen Landesbischofs Johannes Friedrich die Bischofskonferenzen von Südafrika, Australien und Kanada den Empfang der Kommunion auch für den nicht-katholischen Ehepartner zugelassen. Aber es gibt im deutschen Episkopat eine ängstliche Minderheit, die eher die Option »Rückzug zur kleinen Herde« verfolgt. Das Konsensprinzip innerhalb der Bischofskonferenz – ein hohes und wichtiges Gut zum Erhalt der Einheit – wird damit zunehmend zum Bremsklotz für notwendige Entwicklungen.

Der Bischof und »seine« Priester

Die Beziehung zwischen einem Bischof und seinen Priestern ist ein Schlüsselelement in der Führungsstruktur der katholischen Kirche. Führung hat viel mit Verständigung zu tun, doch die innerkirchliche Kommunikation ist zu stark von Angst, Gehorsams- und Obrigkeitsdenken geprägt. In der bereits zitierten Rede vor der Bischofskonferenz im Herbst 2010 hat Erzbischof Robert Zollitsch das Defizit in der Kommunikation zwischen Bischöfen und Ortsgeistlichen in aller Deutlichkeit angesprochen und einen erheblichen Verbesserungsbedarf angemahnt. Einige seiner Amtsbrüder sind hingegen der Meinung, dass innerkirchlich bereits zu viel geredet werde. Man solle gehorchen und nicht die Anweisungen seines Bischofs hinterfragen.

Führung lebt von Vertrauen in die Führungsfähigkeit der Führer, von Vorbildern; Vorbilder entscheiden alles. Nicht alle Bischöfe können durch ihren persönlichen Lebensstil überzeugen und sind damit als Vorbilder kaum akzeptiert. Basis für Akzeptanz sind die seelsorgerische Erfahrung, Kompetenz und Reputation. Inwieweit die Bischöfe wirklich von ihrer Herde als Hirten im positiven Sinne des Wortes und nicht als »Mietlinge« Roms wahrgenommen werden, ist fraglich (Tab. 31, S. 241). Der emeritierte Bischof von Innsbruck, Reinhold Stecher, formulierte es in einem Brief an den Jesuiten Medard Kehl sehr deutlich: Ein Grund für die Entfremdung »liegt sicher darin, dass Rom konsequent die Ernennung von Bischöfen, die vom überwiegenden Vertrauen ihrer Mitbrüder und des Volkes getragen sind, ablehnt. Ich habe selbst derartige Befragungen in höchster Diskretion durchgeführt und weiß, dass Kandidaten mit durch Jahre erzieltem Vertrauenspolster in Rom nicht erwünscht sind. Man tendiert mehr zum Statthalter statt zum Hirten. Damit ist aber notwendigerweise verbunden, dass immer weniger Bischöfe aus der Erfahrung der kleinen, alltäglichen Seelsorge kommen und darin das Qualitätssiegel des Erfolgreichen und bei den Menschen und Mitbrüdern Angekommenen tragen«. Nicht im Amtsverständnis aller gilt, was der heilige Benedikt für den Abt forderte, er »leite weniger die Brüder, sondern fördere sie … trachte danach, mehr geliebt als gefürchtet zu werden«.

Die skizzierte Form von Abhängigkeit und dieses Amtsverständnis transportieren sich auch auf die Ebene darunter: Das Verhältnis von einem Priester zu seinem Bischof beruht unter anderem auf dem Gehorsamseid, einem Ritual, das dem mittelalterlichen Lehnsrecht entnommen ist. Diesen Gehorsamseid hat der Priester nicht etwa gegenüber der Botschaft Jesu Christi und der Kirche insgesamt zu leisten, sondern gegenüber seinem Bischof. Damit werden die Verhaltensmöglichkeiten eines Priesters signifikant eingeengt. Bisweilen besteht für einen Bischof die Versuchung, unangenehme und fragwürdige Entscheidungen, mit dem Hinweis auf das Gehorsamsversprechen schlicht einzufordern. Dabei sollte gerade im kirchlichen Kontext deutlich werden, dass es eine klare Rangordnung des Gehorsams gegenüber Gott, gegenüber dem eigenen Gewissen, gegenüber der Universalkirche und zuletzt auch gegenüber dem Bischof als Repräsentanten dieser Kirche gibt. Nicht selten werden aber schon kritische Diskussionen durch den Hinweis auf den Gehorsamseid beendet. So erzählte mir ein älterer Priester, der Art und Durchführung der Strukturreform in seinem Bistum kritisch kommentierte, dass er zum Generalvikar bestellt worden sei und dort mit der Bemerkung empfangen wurde, er solle sein konziliares Getue sein lassen und das machen, was sein Bischof ihm sage. Er habe ja schließlich Gehorsam geschworen. Eine überzeugende Führungspersönlichkeit agiert nicht über *potestas*, sondern wirkt mit *auctoritas*, nicht mit dem Argument der Macht, sondern mit der Macht der Argumente.

Das Bodenpersonal – die Priester

Die »kleine, alltägliche Seelsorge« besorgen die Priester vor Ort. Doch ist die Situation besorgniserregend, da in Deutschland anders als in der Weltkirche die Zahl der Priester in den letzten Jahren rapide zurückgegangen ist. Heute sind kanpp 15.000 Priester, davon etwas mehr als 2.000 Ordenspriester, tätig. Vor 20 Jahren waren es noch knapp 20.000. Geht man vom heutigen Niveau der Neuzugänge sowie der aktuellen Altersstruktur der bereits amtierenden Priester aus, so werden in 20 Jahren unter den jetzigen Zugangsbedingungen bestenfalls noch knapp 7.000 Priester aktiv sein. Die Priesterseminare leeren sich mit rapider Geschwindigkeit, immer weniger Menschen entscheiden sich für ein Noviziat in einem Orden – der Nachwuchs bleibt aus.

Wurden 1990 noch 351 weltliche Priesterkandidaten aufgenommen (119 aus Ordensgemeinschaften), ist diese Zahl bis 2010 um 64 Prozent auf 127 (51 Ordenspriester) gesunken. Und befanden sich vor 20 Jahren noch 2.876 Seminaristen in den kirchlichen Ausbildungsstätten, ist diese Zahl auf 915 Seminaristen zurückgegangen. Noch gewaltiger ist der Rückgang der weltlichen Priesterweihen von 295 im Jahr 1990 auf 81 im Jahr 2010. All diese Zahlen bergen eine ungeheure Dynamik in sich. Es ist nicht

9 Dramatischer Zusammenbruch des Priesternachwuchses auch langfristig qualitatives Problem

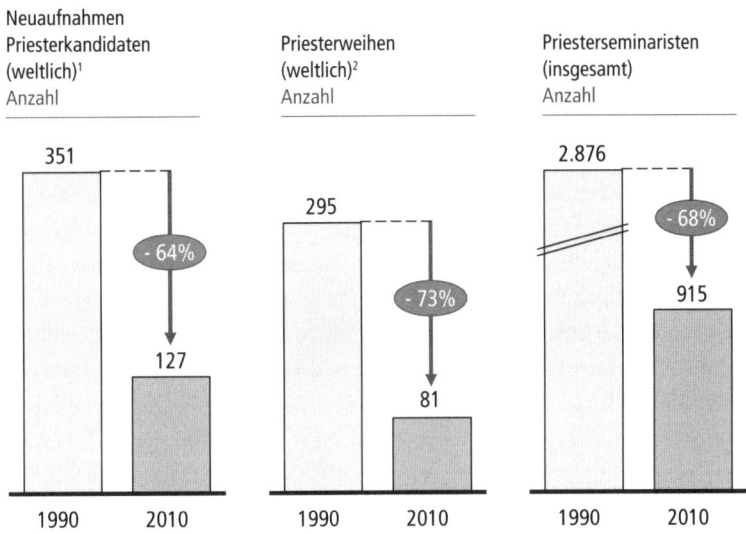

Neuaufnahmen
Priesterkandidaten
(weltlich)[1]
Anzahl

Priesterweihen
(weltlich)[2]
Anzahl

Priesterseminaristen
(insgesamt)
Anzahl

351

- 64%

127

1990   2010

295

- 73%

81

1990   2010

2.876

- 68%

915

1990   2010

1 Höchster Stand 1986 mit 649
2 Höchster Stand 1962 mit 557

Quelle: Deutsche Bischofskonferenz

davon auszugehen, dass es diesbezüglich in Westeuropa noch zu einer signifikanten Wende im positiven Sinne kommen wird, solange die Zugänge zum Priesteramt so definiert sind, wie es heute der Fall ist, und solange die Gesamtkrise der Kirche anhält.

Die Gründe für die zurückgehende Priesterzahl sind tief liegend. Häufig wird die Verpflichtung zum Zölibat als Grund angeführt, wobei die Ehelosigkeit kaum der einzige Grund dafür ist. Viel stärker dürfte das Wegschmelzen eines katholischen Milieus verantwortlich sein. Wurde es früher begrüßt, wenn sich in einer (großen) Familie einer der Söhne zum Priester berufen fühlte, so stimmt der Entschluss, ins Priesterseminar einzutreten, Eltern und Umfeld heute eher skeptisch. Überhaupt kommt es durch die abnehmende Zahl religiös geprägter Elternhäuser deutlich seltener zu dem Wunsch, Priester zu werden. Kandidaten stammen überwiegend aus einem kirchlichen Umfeld, das in nennenswerter Bedeutung nach der Sinus-Milieu-Studie nur noch in einem Viertel der Gesellschaft zu finden ist; ein Spiegelbild der pluralistischen Gesamtgesellschaft findet sich deshalb beim priesterlichen Nachwuchs kaum wieder. Zusätzlich wirkt natürlich die aktuelle Krisenlage negativ auf das »Berufsbild« Priester.

Um den Priestermangel in Deutschland zu mildern, versehen derzeit etwa 1.600 Priester aus dem Ausland, überwiegend aus Polen und Indien, in verschiedenen Diözesen ihren Dienst; von ihnen sind 840 Ordenspriester. Sosehr dies ein überzeugendes, authentisches Signal einer wirklich katholischen, weltumspannenden Kirche ist, so sehr stoßen die ausländischen Priester in der praktischen Arbeit teilweise an Grenzen. Es sind vor allem sprachliche Barrieren zu überwinden. Denn gerade der erste Teil der Messe, der Wortgottesdienst, wie auch die Seelsorge leben von einem hervorragenden Verstehen- und Kommunizieren-Können. Ferner gibt es kulturelle Barrieren, die das Verständnis für die jeweilige gesellschaftliche Situation als wesentliche Voraussetzung für eine gute und einfühlende Seelsorge erschweren können. Beim einen oder anderen ist abzusehen, dass er seine Aufgabe nur vorübergehend – möglicherweise aus finanziellen Gründen – übernimmt und eine Rückkehr in sein Heimatland anstrebt. Daneben tun im Jahr 2010 ca. 7.550 Pastoral- und Gemeindereferenten und -referentinnen (ca. 4.710 davon sind Frauen) ihren Dienst, ein Anstieg in den letzten 20 Jahren um 2.400 Personen. Aber auch hier wird es schwieriger, Nachwuchs zu generieren. Nicht zu vergessen sind die rund 3.000 ständigen Diakone.

Die Ordensgemeinschaften waren und sind eine tragende Säule der katholischen Glaubensvermittlung. Vor allem im karitativen Bereich waren im Jahr 2010 noch 4.500 Ordensmänner und 21.000 Ordensfrauen tätig. 1990 waren es mehr als doppelt so viele, mit einem erheblich jüngeren Durchschnittsalter. 1970 verfügten die Orden noch über fast 80.000 Mitglieder und prägten mit ihrer Ordenstracht unser Straßenbild. Es ist abzusehen, dass dies bald nicht mehr der Fall sein wird.

Aber existiert wirklich ein Priestermangel? Priester, die der Eucharistiefeier vorstehen, können nach jetzigem Amtsverständnis nur durch Priester ersetzt werden. Meines Erachtens herrscht kein Priestermangel, sondern ein Weihemangel. Eine beachtlich hohe Anzahl derjenigen, die in der Pastoral tätig sind, verspürt eine persönliche Berufung zum Priestersein. Sie haben häufig die erforderlichen spirituellen und theologischen Voraussetzungen und sind in der Gesellschaft mit dem Erfahrungshintergrund z.b. einer Familie verankert. Auch gibt es Priester, die aufgrund ihres öffentlichen Bekenntnisses zu ihrer Familie den Kirchendienst verlassen mussten. Knapp 70.000 Priester haben nach Angaben von *Civiltà Cattolica*, der italienischen Jesuitenzeitung, in den letzten 40 Jahren weltweit den Dienst weitgehend aus diesem Grund quittiert. Hinzu kommen die *viri probati*, also erfahrene verheiratete Männer, die sich in Beruf und Ehe bewährt haben; nicht wenige Diakone könnten als *viri probati* einen priesterlichen Dienst erfüllen. Nicht zuletzt natürlich die berufenen Frauen, würde man sie zum Priestertum zulassen. Eine solche Erweiterung der Zulassungsbeschränkungen zum Priesteramt müsste durch lehramtliche und kirchenrechtliche Neujustierungen abgesichert werden. Kann es ernsthaft richtig sein, dass der vor allem kirchenrechtlich historisch begründete Zugang zum Priesteramt wichtiger ist als eine optimale Versorgung des Volkes Gottes mit einer ausreichenden Zahl von Seelsorgern? Sollten sich nicht umgekehrt die Amtskirche dafür rechtfertigen müssen, dass sie den Gläubigen die Eucharistiefeier – »Quelle und Höhepunkt des Lebens und der Sendung der Kirche«, so das Thema einer Bischofssynode in Rom 2005 in Anlehnung an *Lumen gentium 11* – vorenthalten?

Der damalige Kardinal Joseph Ratzinger und heutige Papst Benedikt XVI. sagte 1970 in einer Rede über die Kirche im Jahr 2000: »Sie wird auch gewiss neue Formen des Amtes kennen und bewährte Christen, die im Beruf stehen, zu Priestern weihen: Vielen kleineren Gemeinden bzw. in zusammengehörigen sozialen Gruppen wird die normale Seelsorge auf diese Weise erfüllt werden. Daneben wird der hauptamtliche Priester wie bisher unentbehrlich sein« (Glaube und Zukunft, München 1970). Nebenberufliche Priester – d.h. Männer, die einer anderen Erwerbstätigkeit nachgehen – waren in der jüngeren Kirchengeschichte vor allem in kommunistisch regierten Ländern im Einsatz.

Die Ausweitung des Pools, aus dem Priester generiert werden können, würde nicht nur zu einer quantitativen Erhöhung ihrer Zahl führen, sondern auch das Priesteramt und das Kollegium der Amtsträger qualitativ bereichern. Es könnten zunehmend Erfahrungen aus anderen Lebensbereichen und -situationen einfließen. Das Amt würde damit in stärkerem Umfang einen Querschnitt durch die Gesellschaft darstellen; eine Antwort auf die verschiedenartigen Bedürfnisse der Menschen von heute könnte besser gegeben werden. Seriöse Untersuchungen deuten darauf hin, dass etwa die Hälfte aller verheirateten Pastoralreferenten sich auch hätten vorstellen können, sich zum Priester weihen zu lassen. Wegen der Liebe zu einer Frau haben sie sich für Ehe und Familie entschieden. Würde man noch diejenigen hinzunehmen, die in den letzten Jahren aufgrund ihrer Heirat aus dem Priesteramt entlassen wurden, hätte man allein aus diesem Personenkreis ca. 3.000 Priester mehr in Deutschland.

Viele Geistliche sind zunehmend überfordert mit der Leitung von flächenmäßig immer größeren Pfarreien bzw. Seelsorgeeinheiten mit Tausenden Gläubigen. Insbesondere die Aufgabenfülle im administrativen Bereich und die Führung einer Vielzahl von örtlichen Aktivitäten, von der Verantwortung für den katholischen Kindergarten bis zur Verantwortung für die katholische Sozialstation, nehmen die Priester zeitlich sehr in Anspruch. So überrascht es nicht, dass 75 Prozent der von Paul M. Zulehner befragten österreichischen Geistlichen der Aussage zustimmen: »Arbeitsüberlastung ist die Hauptursache für den dramatisch angestiegenen Priestermangel.« Nicht unbekannt ist, dass viele Priester am Burn-out-Syndrom leiden. In Münsterschwarzach bei Würzburg gibt es ein eigens darauf ausgerichtetes Therapiezentrum, das von acht deutschen Diözesen finanziert wird. Jeweils 18 Geistliche werden dort für ein Vierteljahr behandelt. Umso erstaunlicher ist, dass sich trotz der Arbeitsüberlastung, trotz des Gefühls, von der Kirchenleitung im Stich gelassen zu sein, trotz der Wahrnehmung, dass die seelsorgerische Notwendigkeit vor Ort nicht mit der dogmatischen Ausrichtung der Amtskirche übereinstimmt, die Priester erstaunlich zufrieden fühlen. 86 Prozent beschreiben in der Zulehner-Untersuchung ihre jetzige Situation als »gut bis sehr gut«.

Junger Klerikalismus

Interessant ist die Beobachtung, dass vor allem junge Geistliche tendenziell eher konservativ ausgerichtet sind. Sie stehen der Moderne skeptischer gegenüber, neigen mehr zu einem nach innen gekehrten, abgeschotteten und traditionellen Kirchenverständnis, sprechen sich eher für eine klare Einordnung in die kirchliche Hierarchie aus als ihre älteren Kollegen, die oftmals nach wie vor unter dem Eindruck des Zweiten Vatikanums stehen. So befanden in der Befragung durch Zulehner lediglich 22 Prozent der österreichischen Priester unter 40 Jahren, die Kirche solle sich der modernen Welt öffnen, während mehr als 40 Prozent der 60-Jährigen und Älteren eine solche Öffnung befürworteten. Auch die Einstellung zu den Beschlüssen des Zweiten Vatikanums spricht Bände: Nur 39 Prozent der unter 40-Jährigen befürworten die entschlossenere Umsetzung der Beschlüsse des Konzils. Bei den über 60-Jährigen lag der Wert bei 77 Prozent. Ebenso ist in der Frage, ob die katholische Kirche Frauen zu Priesterinnen weihen sollte, eine klare Tendenz erkennbar. Neun Prozent der unter 40-Jährigen befürworten diese Fragen, bei den Über-60-Jährigen sind es mehr als 40 Prozent.

Professor Karl Schlemmer sieht eine solche Haltung der Jungpriester kritisch: »Wenn ich Bischof wäre, würde ich solche Kandidaten nicht weihen. Mich stören der Neoklerikalismus, die Realitätsverweigerung und die Arroganz, mit der sie ältere Priester- und Theologengenerationen als konzilsgeschädigt bezeichnen. Das hat mit Demut nichts mehr zu tun.« Noch schärfer urteilt der Provinzial des Jesuitenordens, Stefan Kiechle. Er sieht in der gegenwärtigen Kirche »die Gefahr einer kleinen elitären – und man muss es schon sagen – neu hochmütigen Priesterkaste, die weltfremd wird, ins Ghetto abwandert und sich so selbst marginalisiert. Der Klerus hat längst etwas eigenartig Männerbündisches. Die Auseinandersetzung mit der postmodernen Gesellschaft, vor allem mit der jungen Generation, der Zukunft der Kirche, überfordert ihn. Im Spannungsfall zieht er sich auf Kirchenrecht und dogmatische Positionen zurück«.

Wie die *Süddeutsche Zeitung* in ihrer Ausgabe vom 22.12.2011 analysierte, ist dieser konservative Trend zum einen mit der gegenwärtigen römischen Personalpolitik zu begründen, die die Vertreter ihrer Linie an den wichtigen Stellen positioniert hat und so Einfluss auf die Auswahl und Ausbildung junger Priester nimmt. Zum anderen scheint es sich hier auch um die Reaktion auf eine zunehmend säkularisierte Gesellschaft zu handeln, wie der Theologe Hermann Häring meint. Ihr weist man alle

Schuld für die Krise der Kirche zu: »Das fällt bei jungen Leuten auf fruchtbaren Boden, sie fühlen sich als Vertreter des wahren Glaubens. Der schöne Kelch, das neue Messgewand, ihre eigene Eitelkeit werden zum Maßstab. Religion und Religiosität müssen nicht mehr überzeugen, sondern ästhetisch sein« (28.09.2011). Hinzu kommt möglicherweise die Einschätzung, dass das Zweite Vatikanum die Rolle der Bischöfe und Laien zwar gestärkt habe; die Priester sich aber durch die starke Verengung auf ihre Rolle als Zelebranten und durch die Reduktion ihrer Alleinstellungsmerkmale auf die zölibatäre Lebensform subjektiv als Verlierer empfinden.

Die ältere, durch das Zweite Vatikanum geprägte Priesterschaft geht zunehmend auf emotionale Distanz zu Rom, wie der bereits erwähnte Innsbrucker Bischof Stecher in einem Brief an den Jesuitenprofessor Kehl feststellte. Viele Lehrsätze, etwa zur Sexuallehre, werden von den Seelsorgern an der Basis nicht akzeptiert. Aber auch der Umgang mit Geschiedenen oder Wiederverheirateten, ohne Rücksicht auf deren jeweilige religiöse Situation, macht es Geistlichen, die die Seelsorge ernst nehmen, zunehmend schwer. Der Hinweis, dass Priester sich auf die sakramentalen Vollzüge konzentrieren und andere Dinge den Laien überlassen sollten, greift zu kurz. Denn erfahrene Seelsorger wissen, dass eine lebendige Sakramentalität den Aufbau menschlicher Beziehungen voraussetzt. Das heißt, dass z.b. die Krankensalbung im Idealfall nicht den rituellen Vollzug an einem Unbekannten darstellt, sondern in der zwischenmenschlichen Begegnung die gütige und heilsame Zuneigung Gottes zu den Menschen spürbar und gefeiert wird. Doch führen die Strukturreformen dazu, dass solche lebendige Beziehungen zwischen Priestern und Gläubigen immer schwieriger aufrechtzuerhalten oder aufzubauen sind. Die pastorale Zuwendung läuft insgesamt Gefahr, zu kurz zu kommen oder zu verkommen.

5. Die Strukturkrise

»Umbruchzeiten sind Gnadenzeiten«
(Hirtenbrief der deutschen Bischöfe, Oktober 2004)

Die Strukturkrise wird für die Gläubigen gegenwärtig am deutlichsten spürbar in der Zusammenlegung von Einzelpfarreien und der Bildung von größeren Gemeindeverbänden und pastoralen Räumen. Doch auch andere Themen wie eine zu große bauliche Infrastruktur, die Organisation von Bistümern und schließlich die Finanzen spielen eine wichtige Rolle in der Strukturkrise.

Die Pastoral der Fusion

Hauptursache für den Prozess der Integration von Pfarreien in größere Seelsorgeeinheiten oder in Pfarreigemeinschaften ist nicht die sinkende Zahl Gläubiger und Gottesdienstbesucher, nicht die zurückgehende Nachfrage nach Seelsorge, auch nicht eine bessere Gestaltung von pastoralen Räumen (vor allem nicht, was den ländlichen Bereich anbelangt) – dies sind nicht unbedeutende Nebengründe –, sondern ganz allein der Priestermangel, d.h. der Mangel an Gemeindeleitern und Vorstehern für die Eucharistiefeier. So hat sich zwischen 1990 und 2011 die Anzahl von Pfarreien und selbstständigen Seelsorgeeinheiten um 1.900 bzw. 14,4 Prozent auf 11.402 verringert. Dabei ist dieser Prozess noch lange nicht abgeschlossen, sondern vor allem in Süddeutschland in vollem Gange. Nicht selten entstehen Seelsorgeeinheiten mit 10.000 bis 15.000 Katholiken, die durch nur einen Geistlichen betreut werden sollen.

Die Reduktionen sind drastisch. Im kleinen Ruhr-Bistum Essen wurden ab 2006 259 Pfarreien zu 43 Großgemeinden zusammengefasst und fast 100 Kirchen geschlossen. So sollen im Bistum Augsburg mit 1,3 Mio. Katholiken bis 2025 1.000 Pfarreien und Pfarrgemeinschaften zu 200 Seelsorgeeinheiten fusioniert werden. In der Erzdiözese München und

Freising werden bis 2020 die 750 Seelsorgeeinheiten in 280 neuen Gebilden aufgehen. Für Flächenbistümer mit einem hohen Anteil ländlicher Gemeinden bedeuten diese neuen Einheiten im Gegensatz zu eher städtisch geprägten Bistümern eine enorme Flächenabdeckung und setzen eine hohe Mobilität voraus. Kritiker sagen, hier wird nicht der Übergang gestaltet, sondern der Untergang verwaltet: Die Entwicklung führe direkt in den seelsorgerischen Notstand. Eine wesentliche These, die von Befürwortern der reduzierten Präsenz ins Feld geführt wird, lautet: Der moderne Mensch brauche keine enge lokale Heimat, er sei mobil und suche das ihm passende Angebot. Aber sehnt sich nicht gerade auch der Mensch in der Stadt, mit ihrem anonymen Umfeld nach Gemeinschaft, festen Strukturen und Heimat? Geben wir nicht zu schnell über Jahrhunderte gewachsene Strukturen im ländlichen Bereich auf? Und, falls man schon größere Seelsorgeeinheiten bilden muss, wie sehen dann die kirchlichen Strukturen darunter aus? Wo sind die Anlaufstellen, wo ist das bekannte Gesicht, wo ist die Tür, an die man klopfen kann, wo sind die kirchlichen Räume, in denen Gemeinschaft entsteht bzw. überlebt? Es wird von kirchlicher Seite argumentiert, man müsse jetzt, nachdem man größere Einheiten gebildet habe, in einem zweiten Schritt darüber nachdenken, wie sie funktionieren könnten, oder salopp formuliert: Man hat ohne akuten Zeitdruck erst einmal ein Bein amputiert und kümmert sich anschließend darum, wie der Betroffene sich fortbewegen könnte und sollte. Hier wird leichtfertig der zweite vor dem ersten Schritt gemacht, was bei den Betroffenen auf Unverständnis stößt und zu Verunsicherung führt.

Es fällt auf, dass einzelne Bistümer in gleichen Situationen zum Teil diametral entgegengesetzte Wege gehen. Werden in einigen Diözesen Wortgottesdienste und das Engagement der Laien gefördert, werden sie in anderen bis hin zum Verbot zurückgefahren. Werden im ländlichen Bereich bestehende Pfarreien erst einmal bestehen gelassen und unter dem Dach einer größeren Pfarreigemeinschaft mit einem übergeordneten Pfarreigemeinschaftsrat als Gremium zusammengeführt, strebt man in anderen Gebieten die Auflösung gewachsener Strukturen und Gremien durch Vollfusion an. Natürlich werden sich die Gemeindestrukturen verändern müssen. Alle Beteiligten – Gläubige, Hauptamtliche und Pfarrer – müssen die Bereitschaft zu Veränderung aufbringen. Allein zielführend ist, dass die Entscheidungsprozesse partizipativ erfolgen. Aus

Betroffenen Beteiligte machen wäre das Gebot der Stunde. Die Bildung von größeren pastoralen Einheiten müsste von unten her gedacht werden. Die Zukunft der Kirche wird vor allem von einer Vielzahl kleiner Zellen vor Ort leben, die in einer größeren Einheit beheimatet sind. Gerade in ländlichen Regionen des Mehrheitskatholizismus sind die Dörfer diese natürlichen Zellen, deren Stärkung und Lebendigkeit im Fokus aller Bemühungen stehen sollte.

Es wäre dringend an der Zeit, dass sich alle deutschen Diözesen zusammentäten, um für die sechs typischen Pastoralsituationen – Gebiete mit Mehrheitskatholizismus; Diasporagebiete alte Bundesländer; Diasporagebiete neue Bundesländer; jeweils aufgeteilt in städtische und ländliche Situation – eine optimale Lösung zu erarbeiten, statt viele unterschiedliche Wege zu gehen. Entscheidend ist aus der Perspektive der Unternehmensentwicklung, Strukturen und Prozesse zu schaffen, in denen die Vorteile der größeren Einheit und der Erhalt der Vorteile kleiner gewachsener Strukturen vor Ort vereint werden und die Kirche vor allem an der Basis weiterhin ein Gesicht hat.

Christliche Gemeinden sollten Orte sein, an denen Menschen geistliche und materielle Güter miteinander teilen. Gegenwärtig aber erodiert das gemeindliche Leben. Unter dem Druck des Priestermangels werden immer größere »Seelsorgeeinheiten XXL« konzipiert, in denen Nähe und Zusammengehörigkeit kaum mehr erfahrbar werden. Gerade im ländlichen Bereich, in dem sich Dörfer durch die Abgrenzung vom Nachbarort definieren, werden historische Identitäten und gewachsene soziale Netze zu schnell aufgegeben. Die Kirche gehört hier zur Gemeinschaft wie Feuerwehr, Trachten-, Schützen- und Sportvereine. Die Kirche im Ort ist auch sichtbares Zeichen gegen die Verödung. Gott ist bei den Menschen, dort, wo sie leben. Das kulturelle, gesellschaftliche, politische und kirchliche Leben formte und prägte gerade im ländlichen Raum über Jahrhunderte gewachsene funktionierende Gemeinschaften. Die Frage lautet: Wo ist Kirche? Dort, wo die Gemeinde lebt, beispielsweise in einer intakten Dorfgemeinschaft, oder dort, wo ein Geistlicher die Eucharistie feiert? Ein Diözesanbischof hat hier eine klare – aus meiner Sicht zu hinterfragende – Antwort gegeben: »Die Eucharistiefeier ist der sozialen Einheit übergeordnet.« Er geht damit an der Lebenswirklichkeit der Menschen vorbei.

Verschärft wird das Problem durch die gleichzeitige Betonung des Sonntagsgebots, die verpflichtende Teilnahme an der sonntäglichen Eucharistiefeier, durch die überwiegende Zahl der Bischöfe. So ist etwa in Hirtenbriefen zu lesen, dass Wortgottesfeiern am Sonntag nicht die Sonntagspflicht erfüllen. Im Januar 2012 verschärfte ein Bischof seine Gangart. Um erst gar nicht eine Wettbewerbssituation aufkommen zu lassen, werden in Zukunft am Samstagabend und Sonntagvormittag Wortgottesdienste oder ähnliche Feiern nicht mehr genehmigt mit Ausnahme von Altenheimen und Krankenhäusern (SZ, 30.01.2012). Dies führt dazu, dass den Wortgottesdiensten und Kommunionfeiern und den extra qualifizierten Wortgottesdienstteams, die sie mit viel Eigenengagement durchführen, der Boden entzogen wird. Die pragmatisch richtige Reaktion auf den Priestermangel wäre genau entgegengesetzt: die Stärkung des Wortgottesdienstes durch Laien. So werden aus Pfarrgemeinschaften reine Fahrgemeinschaften, die auch noch deutlich kleiner sind.

Dabei lässt die Annahme einer totalen Mobilität Alte, Kranke und Kinder zurück. Zwar sind diese laut dem katholischen Erwachsenenkatechismus von der Teilnahme an der Eucharistiefeier entbunden, doch entsteht auf diese Weise eine Zwei-Klassen-Gemeinde: Der mobile Teil der Gemeinde kann im Sinne des Sonntagsgebots die Teilnahme an einer zentralen Eucharistiefeier realisieren, während der eher immobile Teil der Gemeinde sich mit einem Wortgottesdienst z.B. am Sonntagnachmittag, der vor Ort angeboten wird, »begnügen« muss. Gemeinden werden damit gespalten, ein intaktes Gemeindeleben kann nicht mehr stattfinden. »Wer zum Baumarkt für drei Schrauben fahren kann, kann auch zur Eucharistiefeier fahren«, so die kurzsichtige Argumentation eines Bischofs (SZ, 30.01.2012). Es können nicht alle zum Baumarkt fahren und es wollen vor allem nicht alle fahren. Dies ist ein entscheidender Unterschied, z.B. zu einer Diasporasituation in der ehemaligen DDR und auch zu den klaren Vorstellungen, die der ehemalige Augsburger Bischof Josef Stimpfle formulierte: »Ich will, dass in jedem Dorf am Sonntag die Glocken läuten und die Leute in die Kirche gehen, am besten um die Eucharistie zu feiern; wenn dies nicht möglich ist, um Wortgottesdienstfeiern abzuhalten. Am schlimmsten wäre es, wenn die Glocken schweigen, die Kirche verschlossen bleibt und wir den Sonntag in den Dörfern anderen überlassen.«

In einer Umfrage von Allensbach aus dem Jahr 2009 sagten 41 Prozent der Katholiken, dass sie zu ihrer Pfarrgemeinde eine enge bzw. mittlere Bindung haben. Im Falle der Diözese waren es nur 20 Prozent. In der gleichen Untersuchung gaben 44 Prozent der Befragten an, dass ihnen das Gefühl, zu einer Gemeinschaft zu gehören, wichtig sei. Nur 22 Prozent meinten, dass ihnen die Eucharistiefeier Kraft gebe. Ist vor diesem Hintergrund nicht die Frage berechtigt, ob die Eucharistiefeier, bei all ihrer Bedeutung für das Gemeindeleben und ohne ihre zentrale sakramentale Stellung relativieren zu wollen, nicht Gefahr läuft, zulasten anderer Vollzüge überbetont zu werden?

Gleichzeitig sollten in einigen Diözesen mit dem Argument der Vereinfachung von Strukturen und der Verbesserung und Straffung von Entscheidungsprozessen bewährte Pfarrgemeinderatsgremien auf einen Pastoralrat pro neuer Seelsorgeeinheit verschmolzen werden. Waren vorher z. B. in fünf Gemeinden etwa 80 bis 100 Laien in diesen Gremien tätig, sollten dies in Zukunft 25 bis 30 sein. Man beschneidet Kompetenzen und reduziert das ehrenamtliche Engagement nicht nur quantitativ, sondern auch qualitativ. Viele wertvolle Charismen werden zur Gestaltung der Pastoral nicht mehr »gebraucht«. Sie sollen sich nicht mehr um die Pastoral, sondern um die Organisation von Weihnachtsbasaren, Pfarrfesten und Kuchenbacken kümmern. Hier entsteht eine Zwei-Klassen-Gesellschaft für die Mitarbeit der Laien. Ehrenamtliches Engagement ist sehr stark lokal gebunden. Dieses Potenzial gibt man unsensibel und ohne Not auf. Einer Klerikalisierung und Führung durch Hauptamtliche wird hier zulasten der Laien Vorschub geleistet. Angesichts rückläufiger Nachwuchszahlen bei allen Gruppierungen der kirchlichen Hauptamtlichen ist dies keine weitsichtige Marschrichtung.

Die Art der Bildung von größeren Pastoralräumen trifft auch bei vielen erfahrenen Seelsorgern auf heftigen Widerstand. Etliche von ihnen wissen aus eigener Erfahrung, wie die in ihren Augen hochgejubelten pastoralen Großräume in Wirklichkeit aussehen: Die Pfarrer stoßen an die Grenzen ihrer Leistungsfähigkeit, sie hasten von einem Ort zum anderen, Seelsorge und menschliche Nähe bleiben dabei notgedrungen auf der Strecke. Für viele von ihnen ist es unverständlich, dass der Auftrag des Evangeliums, nämlich die Heilsbotschaft unter die Menschen zu bringen, zurücksteht oder geringer angesehen wird als die Betonung des Amtes. Manche von ihnen haben den Eindruck gewonnen, dass die höchste Kirchenleitung unter einem hohen Maß an Realitätsverlust leidet, dass die Behauptung, die flächendeckende Seelsorge sei passé, man solle doch nur an die Diaspora oder die Entwicklungsländer denken, in Wirklichkeit heißt, dass die Kirche die Menschen verlässt und den Weg in die Diaspora beschleunigt. Der emeritierte Bischof Reinhold Stecher merkte hierzu treffend in seinem Brief an Medard Kehl an: »Es ist irgendwo tragisch, dass die schleichende Entpersonalisierung der Kirche (die Zeit würde das Gegenteil verlangen) einhergeht mit der maßlosen Überschätzung der Bedeutung von Großevents und Massenveranstaltungen, in die Geld und Energie aufwendig investiert werden und die niemals das verlorene Terrain an menschlich-erlebbaren und überschaubaren Strukturen ersetzen können.«

Hatte nicht das Zweite Vatikanum die Gemeinde als die Basis der Kirche definiert? »Diese Kirche Christi ist wahrhaft in allen rechtmäßigen Ortsgemeinschaften der Gläubigen anwesend … Sie sind nämlich je an ihrem Ort, im Heiligen Geist und mit großer Zuversicht, das von Gott gerufene neue Volk. In ihnen werden durch die Verkündigung der Frohbotschaft Christi die Gläubigen versammelt, in ihnen wird das Mysterium des Herrenmahls begangen … In diesen Gemeinden, auch wenn sie oft klein und arm sind oder in der Diaspora leben, ist Christus gegenwärtig, durch dessen Kraft die eine, heilige, katholische und apostolische Kirche geeint wird« (*Lumen gentium 26*). Die Bildung neuer pastoraler Räume wird nicht von diesen zu definierenden Gemeinden, sondern von der Anzahl der zur Verfügung stehenden Zelebranten her gedacht. Man versucht sich hier an der Quadratur des Kreises: den Besuch der Eucharistiefeier von allen Katholiken einfordern, ohne aber den nötigen Vorsteher für die Eucharistiefeier stellen zu können.

Große pastorale Räume ersetzen nicht die menschennahen Gemeinschaften. Dieser These stimmten 2010 in der Befragung von Paul M. Zulehner 91 Prozent der österreichischen Pfarrer zu, nur drei Prozent sehen es anders. Und diese sind die wirklichen Experten vor Ort, nicht die Strategen in Ordinariaten, die teilweise ohne detaillierte Ortskenntnis Strukturen entwerfen. Auch wenn eine Beteiligung der Pfarrgemeinde mit vorgesehen ist, lassen sich in der Regel nur marginale Änderungen durchsetzen. Sehr eindrucksvoll hat es ein charismatischer Münchner Stadtpfarrer beschrieben: »Ich stecke bereits mitten in dieser Doppelverwaltung bzw. -leitung drin. Rechnerisch lässt sich alles leicht ausdrücken: Da bist du eben mal zur Hälfte hier und zur Hälfte dort! Aber im Leben gibt es halt mal keine halben Sachen, v.a. nicht, wenn es um Menschen geht … Diese neue Lösung, dass ein Pfarrer nun zwei große Innenstadtgemeinden verwaltungsmäßig und seelsorglich betreut, ist kein pastoraler Gewinn! Es ist und bleibt ein Notstand. Der Priestermangel, also die Tatsache, dass uns – systemisch bedingt – Gemeindeleiter fehlen, zwingt uns zu solchen Schritten … Wir erleben kirchlich und seelsorglich gesehen einen Klimawandel, der sich weder wegdiskutieren noch wegbeten oder wegorganisieren lässt … Diese Not geht nicht einfach irgendwann einmal vorbei. Sie ist von uns hausgemacht. Es liegt also auch an uns, sie möglichst rasch durch neue Wege und mutige Alternativen umzukehren« (Pfarrbrief, September 2011).

Überzeugte Seelsorger verstehen sich in erster Linie nicht als Pastoralmanager oder »enthückte« Zelebranten, sondern als Begleiter von Menschen. Durch die Neuordnung der Gemeinden wird eine Seelsorge im Sinne des *face-to-face*-Kontaktes mit Namen und Gesicht deutlich schwerer gemacht. Ich bin überzeugt, dass mit diesen Riesengemeinden, mit dem Rückzug aus der Fläche die Kirchen zunehmend leerer werden, weil den Menschen ein Teil ihrer Heimat geraubt wird.

Auf zurückgehende Partizipation und Priesterzahlen muss, solange man die Zulassungskriterien zum Priesteramt nicht ändert, durch die Veränderung der Strukturen und die Schaffung größerer Pastoraleinheiten und -räume reagiert werden, was auch gewisse Vorteile mit sich bringt (vgl. Kapitel 5.5). Aber man muss immer das Ganze im Auge haben und vor allem die Vitalität der Gemeinde und die individuelle Seelsorge vor Ort vorrangig sicherstellen. Man muss das gesamte Instrumentarium einsetzen, Mut zum Neuen haben und sich nicht nur fantasielos auf Strukturkürzungen zurückziehen.

Wie würde ein Unternehmen in dieser Situation reagieren? Als Erstes würde man eine Vision, ein Gesamtkonzept entwickeln, wie das »Geschäft« in der Fläche belebt und gefördert werden könnte. Dabei würde man differenzieren zwischen dem ländlichen Bereich und Ballungsgebieten, zwischen Regionen, in denen man eine markante Marktstellung hat (vergleichbar dem Mehrheitskatholizismus in großen Teilen von West- und Süddeutschland) und eine eher schwache Marktposition (vergleichbar einer Diasporasituation), und entsprechende spezifische Lösungen erarbeiten, in denen die Strukturveränderung nur ein Element ist. Es würde versuchen, so viele Standorte in der Fläche wie möglich zu erhalten, um präsent zu sein und vielen aktiven und potenziellen Kunden einen Zugang zu ermöglichen. Effizienz- und Kosteneinsparungsüberlegungen wären nachgelagert. Man würde hier sogar negative Auswirkungen in Kauf nehmen. Das Unternehmen würde vom Kunden, vom Markt her denken und Gebiete definieren, die eine optimale Betreuung und Ausschöpfung des jeweiligen lokalen Raumes ermöglichen. Stünden nicht genügend Vertriebsmitarbeiter zur Verfügung, würde man neue rekrutieren – durch Reaktivierung, Umschulung und Einstellung. Man würde vor allem alle, die geeignet wären, die aber in anderen Funktionen, insbesondere in der Verwaltung gebunden sind, an die Kundenfront schicken. Wäre es auch dann noch nicht möglich, alle Vertriebsgebiete adäquat zu besetzen, würde man über andere Formen der Betreuung nachdenken und beispielsweise prüfen, ob es sinnvoll wäre, nur einen bestimmten Teil der Leistungen direkt vor Ort zu erbringen und andere Teile in übergeordneten Einheiten anzusiedeln. Bei dem Zuschnitt der Vertriebsgebiete würde man aus Betroffenen Beteiligte machen und die Vertriebsmitarbeiter einer Region auffordern, einen Vorschlag zu erarbeiten, wie sie aufgrund ihrer spezifischen Vor-Ort-Kenntnisse die neuen Einheiten schneiden würden.

Auf das Thema Kirche übersetzt heißt das, dass die pastoralen Räume von den Gemeinden her zu definieren sind und nicht von der Zahl der vorhandenen Zelebranten. Ganz im Gegenteil: Man muss sich von der Veränderung dieses immer kleiner werdenden Personenkreises unabhängig machen, ansonsten sind die nächsten Schrumpfungsprozesse schon vorgezeichnet. Kurzfristig wäre zu überprüfen, ob Geistliche, die derzeit in andere Aufgabenbereiche eingebunden sind, für die pastorale Seelsorge zur Verfügung stehen könnten. Im Jahr 2009 zählte die katholische Kirche in Deutschland mehr als 15.000 Priester, davon 10.000 im aktiven pastoralen Dienst – doch waren hiervon nur 7.700 als Pfarrseelsorger eingesetzt. Muss denn z.B. der Leiter der Caritas jeweils ein

Geistlicher sein? Könnte diese Funktion nicht auch ein Laie übernehmen und von einem Priester als Spiritual unterstützt werden? Es gibt eine ganze Reihe solcher Tätigkeiten, die bislang ohne zwingenden Grund allein von Geistlichen ausgeübt werden. Die Sinnhaftigkeit dieser Praxis müsste hinterfragt werden. Wäre es mit Blick auf den Priestermangel nicht zielführender, die Zahl der Zelebranten und Gemeindeleiter zu erhöhen, etwa durch die Aufbietung aller, die im Ordinariat, an anderen kirchlichen Einrichtungen oder sonstigen Verwaltungsstellen gebunden sind? Langfristig wird jedoch – so meine Einschätzung aufgrund der Faktenlage – kein Weg an anderen Formen der Gemeindeleitung oder Veränderung der Weihekriterien vorbeiführen.

Die Struktur der Kirche in Deutschland

Auch die formale Organisationsstruktur der Kirche trägt zur Krise bei. 27 Bistümer umfasst die katholische Kirche in Deutschland. Bei einigen gehen die Ursprünge der Bischofssitze bis in römische Zeiten zurück, viele wurden im 7. und 8. Jahrhundert gegründet. Noch heute bestehen Grenzen, die auf die Neuordnung der kirchlichen Verhältnisse durch den heiligen Bonifaz Ende des 8. Jahrhunderts zurückgehen. Die aktuelle Struktur ist vor allem, was die der Größe anbelangt, sehr unausgeglichen. So haben die größten Bistümer Köln, Freiburg, Rottenburg-Stuttgart um die zwei Mio. Katholiken, dagegen Erfurt, Dresden-Meißen und Magdeburg etwa 90.000 bis 150.000 Katholiken; das Schlusslicht bildet Görlitz mit 28.000.

Anders als bei der evangelischen Kirche, die unter Effizienz- und Kostengesichtspunkten an eine Reduzierung ihrer Landeskirchen denkt bzw. sie in Einzelfällen schon durchgeführt hat, würde ich dies im Falle der katholischen Kirche für nicht zielführend halten. Bistümer sind weiterhin identitätsstiftend, wenn auch nur in geringerem Maße als Ortsgemeinden. Vor allem aber bietet die große Anzahl die Möglichkeit, näher am Menschen zu sein und damit sehr spezifisch auf die unterschiedlichen Situationen in den verschiedenen Regionen einzugehen. Ein Unternehmen würde nur in letzter Not aus Kosteneinsparungs-gründen die Zahl der Vertriebseinheiten reduzieren. Hinzu käme, dass unbestreitbare Synergiegewinne in keinster Weise die Reibungsverluste, die durch eine Fusion entstehen, rechtfertigen. Vielmehr würde über einen langen Zeitraum die Organisation in den Bistümern gelähmt und die anderswo dringend gebrauchten Managementressourcen gebunden. Im Mittelpunkt muss eine effektivere Verkündigung stehen und nicht, trotz aller wirtschaftlicher Zwänge und Vorteile, eine Konzentration durch Zusammenlegung.

Sosehr sich die hohe Anzahl an Bistümern als struktureller Vorteil für ihre Nähe zu den Menschen erweist, so wenig ist es jedoch einsichtig, warum nicht eine weit stärkere Zusammenarbeit zwischen den Bistümern möglich ist. In einer Zeit, in der Unternehmen ihre Verwaltungsfunktionen auf Europaebene konzentrieren und sogenannte europäische Dienstleistungszentren schaffen, sollte auch die deutsche Kirche über derartige Lösungen nachdenken. Man muss ja nicht so weit gehen und für das gesamte deutsche Kirchengebiet ein einheitliches Dienstleistungszentrum errichten wollen – vier aber wären vorstellbar: eines für die bayerischen Bistümer, ein zweites für den westlichen, ein drittes für den nördlichen und ein viertes für den östlichen Teil. Müssen denn Personalverwaltung, Vermögensverwaltung, das Management von Kapitalanlagen etc. 27-mal bestehen? Oder wenn man an die Situation der Priesterseminare denkt: Wäre es nicht sinnvoll, die Ausbildung auf vier geeignete Standorte zu konzentrieren, anstatt die gegenwärtig 900 – mit fallender Tendenz – angehenden Priester in überdimensionierten Priesterseminargebäuden auszubilden? So böte sich neben finanziellen Einsparungen vor allem die Möglichkeit, als Leiter dieser Seminare die besten Regenten einzusetzen, hochkarätige Vertreter von Wissenschaft, Wirtschaft, Politik und Gesellschaft einzuladen, Bibliotheken zusammenzuführen, Austausch zu ermöglichen und Kontakte zu knüpfen; die Seminaristen würden so auch andere Milieus kennenlernen. Überdies hätten sie nicht das Gefühl, einer »aussterbenden Spezies« anzugehören, sondern Teil einer starken Truppe zu sein. Allerdings würde das bedeuten, dass die persönliche Bindung an den Bischof gelockert würde, was bisweilen unerwünscht scheint. Aber »gehören«, um dieses Wort zu gebrauchen, nicht alle angehenden Geistlichen der gesamten Kirche, und nicht einem einzelnen Bistum? Ist dieses Kirchturmdenken nicht überholt, sogar kontraproduktiv, in einer immer mobileren, pluralistischen Gesellschaft?

Ähnliches könnte gesagt werden zum Thema Presseabteilung und Kommunikation. In einer Medienlandschaft, die keine Bistumsgrenzen kennt, kann es sich nicht nur fatal auswirken, wenn man in einem 27-stimmigen, nicht abgestimmten Chor auftritt – es ist rasch eine Katastrophe. Vielfalt und örtliche Nähe ist von Vorteil, aber sie muss koordiniert und abgestimmt sein, um nicht das Gegenteil zu bewirken. In der katholischen Kirche tut man sich schwer, Kontrolle abzugeben. Der Geist des Evangeliums scheint nicht zu wirken bei so »weltlichen Überlegungen« wie der Abgabe von Macht und Einfluss. Synergien zu schöpfen durch den Austausch von Erfahrungen, von Know-how, durch die Erarbeitung von gemeinsamen Antworten für vergleichbare Probleme, ist bislang nicht erkennbarer Bestandteil kirchlicher Gestaltungspraxis. Jedes Ordinariat scheint sein eigenes Hemd zu stricken. Das »*Not invented here*«-Syndrom, wonach sich neue Ideen erst gegen alle möglichen Einwände bewähren müssen, bevor sie akzeptiert werden, vor allem, wenn/weil sie nicht hier erfunden wurden, feiert kirchenintern seine Urstände. Und so sorgen bei Katholiken Erfahrungen, dass z.B. in zwei Kilometern Entfernung jenseits der Bistumsgrenze vergleichbare Sachverhalte ganz anders gehandhabt werden, für erhebliche Irritationen.

Überholte Organisationsprinzipien

Größere Seelsorgeeinheiten verstärken die Zentralisierungstendenzen. Das Subsidiaritätsprinzip, ein Eckpfeiler der katholischen Soziallehre, wird hier innerkirchlich nicht oder nur bedingt beachtet. Gefördert durch die explodierende Kirchensteuer in den 1960er- bis 1980er-Jahren hat sich die kirchliche Bürokratie, auch infolge des Ausbaus kirchlicher Aktivitäten, stark ausgeweitet. So soll laut eines Leserbriefs das Münchner Ordinariat 1960 weniger als 100 Mitarbeiter gehabt haben, heute sind es deutlich über 800 (Münchner Merkur, Januar 2012). Die Größenordnung wurde mir durch einen Vertreter des Ordinariats bestätigt. Zwar mag es viele nachvollziehbare Gründe dafür geben, es ist jedoch auch ein Hinweis auf steigende Zentralisierung und Bürokratie. Vitalität, das Lebenselixier einer wachsenden Kirche, wird so nicht gefördert. Vorfahrt für kleine Einheiten an der Front, Kompetenzen wieder nach draußen geben – so entstünde Verantwortung und neues Vertrauen vor Ort. Im Rahmen der Strukturreform werden die Verwaltungseinheiten gestrafft und stärker zentriert, z.B.

ist geplant, im Bistum Augsburg die Zahl der Regionen von acht auf vier zu reduzieren, bei gleichzeitiger Abschaffung der Funktion des gewählten Regionaldekans und Reduzierung der Dekanatszahl von 32 auf 20. Der neue Entwurf des Dekanatsstatuts sieht vor, dass der Dekan nur mehr Vertreter des Bischofs ist. Bisher war er auch Vertreter der Priester, der pastoralen Mitarbeiter und der Gemeinden gegenüber dem Bischof. Zukünftig ist es die Aufgabe des Dekans die Weisungen des Bischofs an eben diese Gruppen, die er zuvor vertreten hat, weiterzugeben und in der Öffentlichkeit die Meinung des Bischofs zu verteten. Im Vordergrund scheinen hier Effizienzüberlegungen und bessere Durchgriffsmöglichkeiten zu stehen und nicht starke, lebendige Einheiten in der Fläche.

Insgesamt ist das organisatorische Gebilde katholische Kirche einerseits gekennzeichnet durch relativ unabhängig agierende Einheiten wie Schulen, Kindergärten, Bildungseinrichtungen und karitative Einrichtungen, die sich in ihrem Umfeld sehr erfolgreich behaupten; andererseits durch eine eher kriselnde »Gemeindekirche«. Ließe sich daraus nicht – vielleicht voreilig, aber doch – folgern, Kirche ist überall dort gut, wo sie sich in anderen gesellschaftlichen Strukturen, wie z.b. dem Bildungssystem, anpassen und behaupten muss, und überall tendenziell dort, wo sie die volle Organisationshoheit hat, schwächelt sie? Mit dem Hinweis auf die »Überorganisation« der deutschen Kirche weist Papst Benedikt XVI. durchaus zu Recht auf die Gefahr der Erstarrung und Verkrustung in einer Behördenstruktur hin. Hier gilt es anzusetzen und mit Mut überkommene Verfestigungen, die wie ein Panzer wirken, aufzubrechen.

Die klare hierarchische Struktur mit wenigen Ebenen und mit Ausrichtung auf die Spitze mit von allen Beteiligten akzeptierten Kompetenzen ist durchaus ein erfolgreiches Organisationsmodell. Es kommt aber dann an seine Grenzen, kann Opfer des eigenen Erfolges und Wachstums werden, wenn die Problemlösungskapazität der oberen Leitungsebenen durch die schiere Zahl und Komplexität der Tatbestände an ihre Grenzen stößt, die an der Spitze zur Entscheidung anstehen. Verstärkt wird dieser Effekt durch die Tatsache, dass entgegen der Absicht des Zweiten Vatikanums der römische Zentralismus, aber auch der Zentralismus in den Ortskirchen in den letzten Jahrzehnten wieder zugenommen hat. Entsprechend dem Subsidiaritätsprinzip ist es notwendig, so viel wie möglich vor Ort entscheiden zu lassen – eine Leitmaxime, die moderne Unternehmen kennzeichnet und ihnen schnelles, flexibles und situationsspezifisches Agieren ermöglicht. Man kann sich des Eindrucks kaum erwehren, dass hier dem Prinzip der Einheit als falsch verstandene Einheitlichkeit zunehmend zu viel geopfert wird. Papst Benedikt XVI. unterstreicht zu Recht in seiner Enzyklika *Caritas in veritate* den Zusammenhang zwischen Subsidiarität und Beteiligung. Das bedeutet, die Entscheidungskompetenz sollte bei den unmittelbar Betroffenen vor Ort liegen, weil dort die genaue Kenntnis des Sachverhalts zu einer optimalen Lösung führt und ihre Verantwortung und Motivation gestärkt wird. Eine Erfahrung, die die moderne Organisationstheorie voll bestätigt. Dieses Prinzip, das nach außen propagiert wird, muss schon aus Gründen der Glaubwürdigkeit auch binnenkirchlich gelten: So können z.b. die liturgischen Texte, die der spezifischen pastoralen Situation eines Landes entsprechen, im Land und nicht in Rom am besten formuliert werden. Es ist nicht nachvollziehbar, warum die zweite Auflage des Gotteslobs, des Gesangbuchs im deutschsprachigen Raum, von Rom genehmigt werden musste. Die Ortskirche muss, um ein weiteres Beispiel anzuführen, auch maßgeblich auf die Auswahl der Bischöfe Einfluss haben, weil sie die spezifischen lokalen Anforderungen an den neuen Hirten am besten kennt.

Die katholische Kirche in Deutschland ist aufgrund ihrer staatskirchlichen Verfassung und des historisch gewachsenen Vereinskatholizismus durchaus überstrukturiert. Für alles existieren Strukturen und Verantwortungen. Papst Benedikt XVI. hat bei seinem letzten Deutschlandbesuch zu Recht festgestellt: »In Deutschland ist die Kirche bestens organisiert. Aber steht hinter den Strukturen auch die entsprechende geistige Kraft?« Dieses Übermaß an Strukturen, bestimmt auch typisch deutsch, erschwert die Anpassungsfähigkeit, droht der Kirche die Zukunftsfähigkeit zu rauben, unterdrückt Vitalität vor Ort. Wer überorganisiert ist, kann Neues nicht zulassen und sperrt den Heiligen Geist in einen Käfig. Solche Formen von Überorganisation können beispielsweise dazu führen, dass auf Gemeindeebene Aktivitäten der Caritas im Wettbewerb zu Initiativen der Pfarrgemeinden stehen – oder umgekehrt. Diese kontraproduktiven Parallelstrukturen müssen beseitigt werden. Caritas und Pfarrgemeinden müssen vor Ort deutlich stärker vernetzt werden, um das soziale, karitative Profil der Kirche – immerhin ist das diakonische Handeln einer der Grundvollzüge der Kirche – stärker zu verdeutlichen und unnötige Synergieverluste zu vermeiden.

»Die Krise am Bau«

Am sichtbarsten für alle wird die kirchliche Strukturkrise an der baulichen Infrastruktur. Bischof Wanke von Erfurt hat es treffend auf den Punkt gebracht:»Die Kirche muss ihr Kleid, ihren Mantel auf die veränderten Gegebenheiten anpassen.« Im letzten Jahr wurde z.b. die 1064 gegründete Benediktinerabtei Michelsberg bei Siegburg geschlossen. Lebten hier früher mehrere Hundert Mönche, waren es am Schluss zwölf alte Patres. Eine tausendjährige Geschichte schien zu Ende zu gehen. Nun wird das Katholische Soziale Institut hierher umziehen, das bisherige ebenfalls recht ansehnliche Zuhause wird aufgegeben. Der bayerische Rechnungshof stellte in einem Bericht (SZ, 19.12.2011) fest, dass in den zwölf, in der Verantwortung des bayerischen Staates liegenden Klosteranlagen gegenwärtig noch 88 Patres und Nonnen auf 43.000 qm Nutzfläche leben, d.h. pro Bewohner/in 500 qm mit steigender Tendenz.

Bundesweit gibt es 24.500 katholische Gotteshäuser. In den letzten Jahren wurden 400 nicht mehr liturgisch genutzt, wovon 100 verkauft oder abgerissen wurden. In den nächsten Jahren sollen nach Angabe des Sekretariats der Deutschen Bischofskonferenz weitere 800 geschlossen werden. Das Magazin *Der Spiegel* geht nach seinen Recherchen von deutlich höheren Zahlen aus, so sollen in den nächsten Jahren bundesweit 2.000 Kirchen aufgegeben werden (52/2011). Häufig werden in diesem Zusammenhang Sozialstationen, Mutter-Kind-Räume und Pfarrzentren mit geschlossen. Deutlicher kann der Rückzug nicht sein. Diese Anpassungen sind aufgrund von Gläubigen- und Geldmangel in gewissem Umfang notwendig.»Pastoral geht nicht ohne Geld, ich kann nicht mehr ausgeben, als ich einnehme«, so der ehemalige Generalvikar von Köln, Norbert Feldhoff. Eine rechtzeitig eingeleitete Ressourcenüberprüfung kann neue Möglichkeiten für kirchliches Handeln eröffnen. Schwerpunkt sollte nicht das Einsparen und Reduzieren von Personal sein, sondern das Anpassen der Gebäulichkeiten – nur nebenbei: Einschließlich der Kirchen verfügt die katholische Kirche über ca. 60.000 denkmalgeschützte

Gebäude. Ich habe es häufig in Diskussionen erleben müssen, dass über die Aufgabe von fast leer stehenden Gebäuden stundenlang diskutiert wurde, wesentliche Personaleinschnitte in wenigen Minuten entschieden wurden. Kirche muss in Personen, nicht in Gebäude investieren. Gerade in den 1950er- und 1960er-Jahren wurden mit reichlich sprießenden Finanzmitteln des Wirtschaftswunders Kirchen- und Gemeindegebäude auf Zuwachs gebaut, vor allem im Westen Deutschlands. Die katholische Kirche verfügt, vorsichtig geschätzt, heute über eine Infrastruktur, die auf 30 Mio. Katholiken ausgelegt ist. Viele dieser Bauten sind Betonbauten, deren notwendige Sanierung häufig teurer ist als ein Neubau. Dieser Umfang ist unter Szenarien mit deutlich weniger als 20 Mio. Katholiken in etlichen Jahrzehnten so rasch wie möglich zu überdenken und langfristig anzupassen.

Kirchliche Finanzen sprudeln noch reichlich

Ein weiterer Faktor der Strukturkrise sind die kirchlichen Finanzen. Armut und Reichtum, Einfachheit und Prunk, Demut und Machtgebaren – das alles sind, nicht nur auf die Kirche bezogen, sehr provozierende Themen. Stellen Sie sich einen Gottesdienst im Armenviertel von Rio de Janeiro vor und stellen Sie sich ein Pontifikalamt im äußerlich reich erscheinenden Vatikan vor. Darf man die Frage stellen: Wo wäre Jesus wohl anzutreffen? Sobald es um kirchliche Finanzen geht, sind unvermeidlich auch das moralische Selbstverständnis und die Glaubwürdigkeit der Institution betroffen. Eine Podiumsdiskussion auf dem Katholikentag in Saarbrücken 2006 trug den Titel »Macht, Geld, Gier = Kirche« – eine äußerst spannende und brisante Thematik, die dem Erfolgsautor Dan Brown sicherlich als Inspiration für einen neuen Roman hätte dienen können. Durch diese Titelformulierung entsteht der Eindruck, Kirche müsse sich entscheiden zwischen Gott oder Geld.

Wie sehen die Fakten aus? Insgesamt verfügten die 27 deutschen Bistümer 2010 über einen Gesamthaushalt von rund 6,5 bis 7 Mrd. Euro. Das entspricht in etwa der Größenordnung des Haushalts von Bremen; im Gegensatz aber zu Bremen, wurde er grundsolide in den letzten Jahren aus den Einnahmen finanziert. Nur in einigen wenigen Bistümern musste auf Rücklagen zurückgegriffen werden. Die Neuaufnahme von Schulden war in den vergangenen Jahren die Ausnahme. Insgesamt sind – ganz anders als die öffentlichen Haushalte – die Verbindlichkeiten der Kirche vernachlässigbar und durch ein signifikantes Volumen an Aktiva gedeckt. Haupteinnahmequelle ist mit 4,9 Mrd. Euro (Stand 2011) die Kirchensteuer, die etwa 75 Prozent des Gesamtvolumens ausmacht. Die Kirchensteuer wurde im 19. Jahrhundert als Folge der Säkularisation und Gleichstellung mit der evangelischen Kirche eingeführt, Details wurden in der Weimarer Verfassung und durch verschiedene Konkordate nach 1919 geregelt. Eine Neuordnung fand 1950 unter der Federführung von Kardinal Josef Frings statt, wobei die Kirchensteuer nicht mehr direkt an die Gemeinden floss, sondern an die Diözesen; zudem wurde analog dem Länderfinanzausgleich ein Ausgleich zwischen den Diözesen festgelegt. Eingezogen wird die Steuer durch die Finanzbehörde, den Aufwand tragen beide Kirchen. Sie umfasst derzeit acht Prozent (Bayern und Baden-Württemberg) bzw. neun Prozent der Einkommenssteuer (übrige Bundesländer) und ist in einigen Bistümern gekappt, wird also ab einem bestimmten absoluten Höchstbetrag nicht mehr angehoben. Interessant ist, dass lediglich ein Drittel der Kirchenmitglieder – eben diejenigen, die arbeiten – auch aktive Kirchensteuerzahler sind. Geringverdiener, Rentner, Arbeitslose, Kinder, Schüler, Studierende sowie Ordensleute zahlen keine Kirchensteuer.

In den letzten 20 Jahren hat sich die Kirchensteuer von 3,8 Mrd. Euro im Jahr 1991 auf knapp 5 Mrd. Euro 2011 gesteigert. Es gab eine Delle mit einem Tiefpunkt 2005 (4 Mrd. Euro), seitdem verzeichnet sie einen kontinuierlichen Anstieg. Machen sich die Austritte aus der Kirche und der Rückgang der Katholikenzahl zwar immer deutlicher bemerkbar, wird dieser Effekt in den letzten Jahren durch die positive Entwicklung der Konjunktur mehr als überkompensiert. Vergleicht man die heutige Situation mit 1960, so verfügt die katholische Kirche in realen Größen über ein Kirchensteueraufkommen, das etwa viermal so groß ist wie damals. Hatte man 1960 ein Kirchensteueraufkommen von 300 Mio. Euro, waren es umgerechnet zum Geldwert von 1960 im Jahr 2011 etwa 1,3 Mrd. Euro.

Mit dem Haushaltsvolumen wird nicht nur die katholische Kirche finanziert, sondern auch Sozial- und Bildungseinrichtungen, die das staatliche Sozial- und Bildungssystem wesentlich stützen. So ist die katholische Kirche Trägerin von etwa 10.000 Kindergärten, das sind 20 Prozent aller Kindergärten in Deutschland; in Bayern liegt der Anteil sogar bei 42 Prozent. An 900 katholischen Schulen unterrichten 31.000 Lehrer etwa 270.000 Schüler. Die Caritas mit 500.000 voll- und teilzeitigen Mitarbeitern in 25.000 Einrichtungen ist eine der größten Arbeitgeberinnen der Republik.

Vergleicht man die einzelnen Bistümer, so ist der Anteil der Kirchensteuer als Finanzierungsquelle sehr unterschiedlich, er beträgt etwa 85 bis 90 Prozent bei den Bistümern Paderborn, Würzburg und München. Dagegen finanzieren die ostdeutschen Bistümer wie Erfurt, Magdeburg und Görlitz lediglich 20–40 Prozent ihres Etats aus Kirchensteuermitteln. Strukturiert man die Ausgaben nach Empfängerbereichen, so fließt knapp die Hälfte in die Pfarreien und die Personalausgaben der Pfarrgemeinden. Etwa 30 Prozent gehen an soziale, karitative sowie Bildungseinrichtungen und Verbände. Rund 15 Prozent decken die Verwaltung, das Ordinariat und sonstige Aufgaben ab und fünf Prozent sind vorgesehen für überdiözesane und außerordentliche Aufgaben. Summa summarum sind rund zwei Drittel der Ausgaben Personalkosten (Tab. 32, S. 242). Dies ist gut so, denn die Kirche lebt von den Menschen und Mitarbeitern, die sie vertreten; es geht nicht nur darum, das Evangelium zu verkünden, sondern es durch Tun und Handeln auch wirksam werden zu lassen, ihm ein Gesicht zu geben.

Mit rund 140 Mio. Euro finanzierten die Bistümer 2010 den gemeinsamen »Finanztopf« der Deutschen Bischofskonferenz. Davon kam etwa die Hälfte der Weltkirche sowie Aufgaben im Ausland zu.

Eine weitere wichtige, in ihrem Umfang im Vergleich zur Kirchensteuer deutlich überschätzte Finanzierungsquelle sind Spenden. Eine belastbare Gesamtsumme, die erkennen lassen würde, wie hoch das gesamte Spendenaufkommen ist, lässt sich nicht ermitteln. Für religiöse Ordensgemeinschaften und kirchliche Hilfswerke wie Misereor, Adveniat und Bonifatiuswerk sind im Jahr 2010 ca. 375 Mio. Euro geflossen (Tab. 33, S. 242). Den höchsten Anteil hieran haben mit rund 110 Mio. Euro die Orden, gefolgt von den kirchlichen Hilfswerken mit jeweils ca. 50 bis 70 Mio. Euro. Das Spendenaufkommen für Caritas International schwankt sehr, es hängt vor allem vom Ausmaß sowie der Anteilnahme an Katastrophen ab; im Jahr 2010 wurden 50 Mio. Euro gespendet. Gegenüber 1999 hat sich der Spendenumfang um drei Prozent nominal verringert, real ist er weit deutlicher zurückgegangen. Der Rückgang erfasst fast alle Hilfswerke, außer dem Päpstlichen Missionswerk für Kinder (Sternsingeraktion), dessen Volumen sich seit 1990 mehr als verdreifacht hat.

Schon immer sorgen finanzielle Situation und Gebaren der katholischen Kirche für Gerede und schlechte Presse und beeinträchtigen deren Glaubwürdigkeit. 2005 beurteilten etwa 21 Prozent der Bevölkerung die Finanzpolitik der katholischen Kirche als ineffizient und nicht wirtschaftlich. Die protestantische Kirche schnitt sehr viel besser ab, nur neun Prozent sahen hier Verbesserungsbedarf *(Perspektive Deutschland 2005)*. Diese negative Einschätzung ist u.a. beeinflusst durch den Konkurs des Deutschen Ordens 2001, das Finanzgebaren einiger Bistümer, beispielsweise Aachen oder Berlin, das nur durch signifikante Restrukturierungsmaßnahmen und die Überweisung eines zweistelligen Millionenbeitrags der anderen Bistümer gerettet werden konnte. Hier war viel Gottvertrauen im Spiel und wenig von seriöser, vorausschauender Haushaltspolitik. Aber die Kirche hat aus diesen Fehlern gelernt. Finanzplanung und Finanzgebaren sind professionalisiert worden: Es sind Diözesansteuerräte eingerichtet worden, der Vatikan hat im Dezember 2010 eine neue Finanzaufsicht für die Vatikanbank eingerichtet und die überwiegende Anzahl der Bischöfe überzeugt durch Bescheidenheit in Lebensstil und Auftreten. Und schließlich hat Papst Benedikt XVI. in seiner Enzyklika *Caritas in veritate* (2009) klar Position bezogen hinsichtlich der Option für die Armen und einer Orientierung auf das Gemeinwohl hin.

Die gegenwärtige finanzielle Situation kann als solide, im Vergleich zur Weltkirche oder anderen Teilen der Kirche in der Welt sogar als üppig angesehen werden. Von einer reichen Kirche in Deutschland zu sprechen, ist daher durchaus vertretbar. Wirft man aber einen Blick in die Zukunft, so ist davon auszugehen, dass die finanzielle Basis der deutschen Kirche erodieren wird. Gründe dafür sind unter anderem die sinkende Anzahl der Katholiken – weniger durch Austritte, sondern vielmehr durch die demografische Entwicklung – und die zunehmende Überalterung der Bevölkerung. Hinzu kommt der langfristige Trend zu indirekten Steuern, was zu einem geringeren Pro-Kopf-Aufkommen an direkten Steuern führt, die Konsolidierung der öffentlichen Haushalte und nicht zuletzt das generelle Risiko des Ausstiegs aus dem Kirchensteuersystem. Schon länger wird eine Diskussion geführt, inwieweit nicht das Kirchensteuersystem sowohl der Glaubwürdigkeit der Kirche schadet als auch ihren Blick auf den Auftrag des Evangeliums verstellt. Nach Eugen Drewermann stellt die Abschaffung des Kirchensteuersystems den entscheidenden Hebel zur Reform dar. Denn dieses schaffe Sicherheit, gebe Macht, mache faul. Nicht aus rein geistiger Einsicht sei die Kirche reformierbar, sondern nur durch den Zusammenbruch ihrer Finanzgrundlagen. Von daher verlangt Drewermann die Abschaffung der Kirchensteuer (Berliner Morgenpost, 1992) und findet sich mit dieser Forderung durchaus in Gemeinschaft mit einflussreichen Kreisen im Vatikan. Drewermann hegt die Hoffnung, durch diesen drastischen Schritt zu einer anderen, glaubwürdigeren Kirche zu finden. Der Mensch stünde wieder im Mittelpunkt, weil in einer armen Kirche Glaube, Liebe und Hoffnung wieder sprießen könnten.

Aber geht diese Rechnung auf? Würde nicht die Aufgabe des Kirchensteuersystems zu einem Zusammenbruch der karitativen und sozialen Einrichtungen führen? Könnte die Kirche, so wie wir sie als Teil der Gesellschaft in Deutschland kennen, in dieser Form ihre Arbeit am und für den Menschen fortführen? Zu glauben, dass der Verlust der Kirchensteuer durch andere Finanzquellen auch nur annähernd ausgeglichen werden könnte, ist naiv. Zumal die Ausgaben der Kirche ständig wachsen: Wir beobachten eine beunruhigende Eigendynamik der Personalkosten, die Belastung durch die Instandhaltung einer zu großen Immobilieninfrastruktur, den Werteverzehr durch den Instandhaltungsstau. Das Finanzgebaren einiger kirchlicher Institutionen vergrößert die bestehenden latenten Risiken. So ist davon auszugehen, dass in etwa 20 Jahren – mit Blick auf den heutigen Aufgabenumfang – eine Haushaltslücke in der Größenordnung von 25 bis 30 Prozent klafft. Diese Lücke zu schließen, wird nicht nur durch eine Optimierung der Finanzpolitik zu realisieren sein, sondern muss durch schmerzliche strukturelle Einschnitte teuer erkauft werden. Die finanzielle Situation der katholischen Kirche in Deutschland passt sich somit zunehmend der Situation der Weltkirche an.

Es wird auch immer schwieriger, auf die Erosion der Finanzmittel rechtzeitig und angemessen zu reagieren. Schmerzhafte Einschnitte und

Trennung von Liebgewonnenem werden zu verkraften sein. Es ist mit einer wachsenden Kluft und Spannungen zwischen armen und reichen Gliederungen und Institutionen der Kirche zu rechnen. Mehr Eigenverantwortung wird notwendig sein für Gemeinden, Verbände und Einrichtungen. Vor allem die beiden Letztgenannten können nicht mehr auf Unterstützungen bauen, wenn Priorisierungen vorgenommen werden müssen. Dennoch sollte man auch die Chancen sehen, die in diesem unvermeidlichen Anpassungs- und Umstellungsprozess stecken – Chancen für eine geistliche, spirituelle Erneuerung und Wiederbelebung.

Insgesamt lassen sich sieben Hauptstoßrichtungen beschreiben: 1. Wir brauchen eine völlige Transparenz der und eine aktive Kommunikation über die kirchlichen Finanzströme, Vermögenswerte und deren Verwendungszwecke. Die Offenlegung der Diözesanhaushalte deckt nur einen Teil des finanziellen Engagements und der individuellen Aktivitäten der Kirche ab. Auch wenn diese vom Volumen her gesehen nicht so umfangreich sind, könnte man durch eine völlige Transparenz Klarheit schaffen (Tab. 34, S. 243). 2. Eine konsequente, langfristig ausgerichtete Finanzplanung ist sinnvoll. Die meisten Bistümer setzen diese Planung momentan sehr zielstrebig um. 3. Die Kostenentwicklung ist konsequent an die zurückgehenden Einnahmen anzupassen, was vor allem Effizienzsteigerung in den kirchlichen Verwaltungen bedeutet sowie eine stärkere überdiözesane Zusammenarbeit und Arbeitsteilung. 4. Die Immobilieninfrastruktur sollte schnellstmöglich an den tatsächlichen Bedarf angepasst werden. 5. Über die Schwerpunktsetzung pastoraler Einrichtungen und Reduzierung von Aufgaben und die Priorisierung von Verbänden und Einrichtungen muss nachgedacht werden. Gefragt ist mehr dezentrale Eigenverantwortung. 6. Es sind neue Finanzquellen wie z.B. Fundraising oder Sponsoring zu erschließen oder durch die Gründung von Kirchenvereinen die Sicherstellung der finanziellen Basis der Gemeinden vor Ort zu fördern, um die Abhängigkeit von der Kirchensteuer langfristig zu reduzieren. 7. Last but not least, sind die gesellschaftlichen Rahmenbedingungen positiv zu beeinflussen, um dem Risiko der Abschaffung des Kirchensteuersystems entgegenzuwirken.

6. Die Vermittlungskrise

»Die Kirche beantwortet Fragen, die die Menschen
gar nicht haben, und auf deren wirkliche
Fragen gibt sie wenig hilfreiche Antworten.«

(Eugen Biser)

Die oben diskutierten Krisenphänomene zeigen, dass sich immer mehr Katholiken vom aktiven Engagement in der Kirche zurückziehen, wesentliche Glaubensinhalte nicht mehr mit dem Lehramt teilen, nicht regelmäßig den Gottesdienst besuchen, nur noch sporadisch und in bestimmten Lebensabschnitten am kirchlichen Leben partizipieren bis hin zu Überlegungen, auszutreten bzw. schlussendlich die Trennung von der Kirche zu vollziehen. Die katholische Kirche erreicht immer weniger Menschen und hat ein enormes Problem, verstehbare und nachvollziehbare Antworten auf die Fragen der Menschen von heute zu geben. Die Kirche hat kein Austritts-, sie hat ein weitgehend hausgemachtes Auftrittsproblem.

Sinkende Mitgliederzahlen und Gottesdienstbesuch

Die Diskussion um die Krise der Kirche war im vergangenen Jahrzehnt stark vom Thema Kosteneinsparungen geprägt. Landauf, landab wurden Stellen gestrichen, Zuschüsse gekürzt, Immobilien verkauft. Die Finanznot wurde als ein erster wesentlicher Grund für die schrumpfende Mitgliederzahl und das unzureichende Engagement der Katholiken angeführt. Dabei haben sich die finanziellen Ressourcen, die sowohl der katholischen als auch der evangelischen Kirche zur Verfügung stehen, wie oben gezeigt in den letzten 50 Jahren drastisch erhöht. Der katholischen Kirche steht heute in realen Werten viermal so viel Geld zur Verfügung wie 1960. Während die Einnahmen stiegen, ist bei den Katholiken der regelmäßige Gottesdienstbesuch von 46 Prozent im Jahr 1960 auf 12,3 Prozent im Jahr 2011 eingebrochen.

10 Trotz im langjährigen Vergleich wachsender Ressourcen kommt die Botschaft nicht mehr an

Katholische Kirchensteuer (netto)
in Mrd. EUR

Regelmäßiger Gottesdienstbesuch
in Prozent

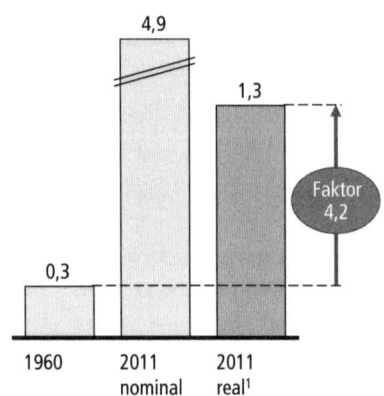

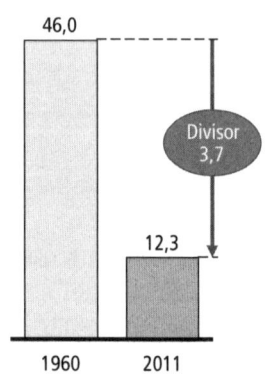

1 In Preisen von 1960
2 Robert Zollitsch, 20.02.2011, in: WamS

»Rückläufige Vermittlungs-
fähigkeit der Kirchen«[2]

Quelle: Statistisches Bundesamt, Deutsche Bischofskonferenz

Als zweiter Grund wird der Priestermangel für die rückläufige Zahl der Kirchenmitglieder verantwortlich gemacht. Im Zeitraum von 1990 bis 2011 ist die durchschnittliche Katholikenzahl pro Priester zwar von 1.451 auf 1.648 gestiegen, die Zahl der aktiven Katholiken, das heißt derjenigen, die regelmäßig in den Gottesdienst gehen, ist aber von rund 300 auf rund 200 pro Priester gesunken. Dies sind Durchschnittswerte, die nur bedingt aussagekräftig sind. Vor allem aber relativieren sie bis zu einem gewissen Grad das Problem und lenken von der Hauptursache für den Mitgliederschwund ab: der mangelnden Bindungsfähigkeit und Attraktivität der Kirche. Nicht der Priestermangel, sondern der bewusste Rückzug aus der Fläche, ohne Alternativen für kirchliches Leben vor Ort, die Bewegung weg vom Menschen und von den gewachsenen Gemeinden wird diesen Erosionsprozess noch beschleunigen.

Kirchenaustritte werden weiterhin ein entscheidender Faktor für den Bedeutungsverlust der Kirche bleiben. So ermittelte im Oktober 2011 eine Repräsentativuntersuchung des Sinus-Instituts, das sich mit dem Wertewandel in der Gesellschaft befasst, dass rund 1,6 Prozent der Katholiken und fast doppelt so viele Protestanten fest entschlossen sind, ihrer Kirche den Rücken zu kehren. Hinzu kommen 9,9 Prozent (Katholiken) bzw. 12,1 Prozent (Protestanten), die einen Austritt ernsthaft erwägen, aber noch unentschieden sind. Fast jeder dritte Konfessionsangehörige hat generell schon über Austritt nachgedacht. Laut Professorin Köcher von Allensbach sind dies deutlich mehr als noch vor einem Jahrzehnt (FAZ, 23.06.2011). Führt man die Zahlen zusammen, so ergibt sich ein Schrumpfungspotenzial von mehr als fünfeinhalb Mio. Mitgliedern für die beiden großen Kirchen. Bei der Beurteilung des Austritts- bzw. Entfremdungspotenzials ist zusätzlich zu berücksichtigen, dass sich 36 Prozent der noch formal zur Kirche gehörenden Katholiken als nicht-religiös bzw. indifferent bezeichnen (Köcher, a.a.O.).

Dramatischer entwickeln sich die Zahlen der Gottesdienstbesucher. Ging 1950 noch mehr als die Hälfte der Katholiken regelmäßig zur Messe, so sank die Teilnahmequote kontinuierlich bis auf 12,3 Prozent im Jahr 2011. Zwar stellen die 3 Mio. Katholiken, die Sonntag für Sonntag in die Kirche gehen, eine beachtliche Zahl dar. Keine andere Organisation, kein anderes Event vermag so viele Menschen regelmäßig anzuziehen und zeugt derart nachdrücklich von einer hohen Mobilisierungskraft. Doch waren es 2011 immerhin 100.000 Gottesdienstbesucher weniger als noch im Jahr zuvor, was einer Kleinstadt in der Größenordnung von Cottbus oder Hildesheim entspricht, bzw. 3,1 Mio. Gottesdienstbesucher weniger als vor zwanzig Jahren, was einer Großstadt wie Berlin entsprechen würde.

Eine Allensbach-Untersuchung aus dem Jahre 2009 lässt umgekehrt eine positive Beurteilung zu: Rund 24 Prozent der Katholiken sagten, dass sie jeden Sonntag oder fast jeden Sonntag zur Kirche gehen, rund 31 Prozent, dass sie ab und zu gehen; 34 Prozent gehen selten und elf Prozent gehen nie in die Kirche. Alles in allem lässt sich das so interpretieren: Immerhin knapp 90 Prozent der Katholiken haben noch eine, wenn auch teilweise schwache, Beziehung zum Gottesdienst und zur

Eucharistiefeier als dem Kern des Gemeindelebens. Außerdem geben 35 Prozent der Katholiken an, dass Gottesdienste und kirchliche Feiern sie ansprechen, 22 Prozent sagen, dass ihnen die Teilnahme an der Eucharistiefeier Kraft gibt. Geht man nach den Leitmilieus entsprechend der Sinus-Studie aus dem Jahr 2010 (vgl. S. 54), so sind die Konservativen, die zu 52 Prozent regelmäßig bzw. häufig den Gottesdienst besuchen, die treuesten Kirchgänger, gefolgt von den Traditionsverwurzelten (40 Prozent) und den Etablierten (33 Prozent). Bei diesen Gruppen sind die Verbundenheit mit der Gemeinde und das Engagement für eine funktionierende Kirche noch am stärksten ausgeprägt. Die große Nähe zu ihrer Kirchengemeinde beinhaltet für diese Menschen auch einen identitätsstiftenden Aspekt, insbesondere für die Traditionsverwurzelten und Konservativen, die aufgrund vieler gesellschaftlicher Veränderungen (von Individualisierung bis hin zur Globalisierung) immer weiter von generellen Entwicklungen abgehängt werden. Durch die Identifikation mit der Gemeinde vor Ort können sie sich jedoch noch als Teil einer wertkonstanten Gemeinschaft verstehen, die ihnen Heimat bietet. Sie beklagen sich, dass »um sie herum die Menschen mehr Wert auf Individualität und Sozialität legen« (*MDG-Studie 2010*). Das große Milieu der bürgerlichen Mitte interessiert sich schon weniger für die Kirche (22 Prozent), am geringsten aber ist der Kirchenbesuch bei den Konsummaterialisten (16 Prozent), Hedonisten (13 Prozent), modernen Performern (sieben Prozent) und Experimentalisten (zwei Prozent, vgl. Tab. 35, S. 244). Das größte Problem sowohl für die katholische wie auch für die evangelische Kirche stellt jedoch die Altersgebundenheit der kirchlich Engagierten dar. So beschreiben sich 57 Prozent der Über-60-Jährigen als religiös, jedoch nur 28 Prozent der Unter-30-Jährigen. Um es in den Worten von Kardinal Kasper auszudrücken: Hier tickt eine Zeitbombe, die nicht nur die Kirchen, sondern auch unsere Gesellschaft dramatisch verändern wird.

Abgesehen von der kirchlichen Milieuverengung besteht eine weitere Herausforderung für die Kirche darin, den verschiedenen religiösen Erwartungen und Empfindungen, die mit einem Gottesdienstbesuch verbunden werden, zu entsprechen. Die Bandbreite reicht vom klassischen Sonntagschrist, der nicht nur aus Gewohnheit und Tradition, sondern aus Überzeugung und ohne besondere Ansprüche den Gottesdienst besucht, über den entschieden Glaubenden, der eine bekenntnisstarke Gemeinde erwartet, weil er z.b. erst zum Glauben gefunden hat und diesen radikal leben will, über den neugierig Außenstehenden, der sich dem Religiösen erst oder wieder annähert, bis hin zu denen, die für sich oder andere Zuspruch und Segen erhoffen. Eine solche Vielfalt an Erwartungen kann ein Zelebrant innerhalb eines Gottesdienstes kaum befreidigend erfüllen.

Verbundenheit mit der Kirche

Wie nah fühlen sich Katholiken ihrer Kirche generell? Nach dem *MDG-Trendmonitor 2010* bezeichneten sich 17 Prozent der Katholiken als gläubige Kirchennahe (Protestanten: 12 Prozent). 37 Prozent der Befragten nannten sich kritisch kirchenverbunden, 32 Prozent kirchlich distanziert. Der Rest fühlte sich unsicher, nicht kirchengebunden oder völlig ablehnend. Immerhin ist dieser Umfrage zufolge der überwiegende Anteil von rund 85 Prozent der Katholiken im gewissen Umfang kirchlich orientiert. Nur 69 Prozent stufen sich als religiös ein, 20 Prozent fühlen sich nur noch aus Tradition verbunden, obwohl ihnen Religiosität fehlt, sie sind »Kirche ohne Religiosität«. Schließlich gibt es eine ganze Reihe von Gründen, sich mit einer der beiden Großkirchen verbunden zu fühlen: wertrationale Gründe wie die Übereinstimmung mit der christlichen Lehre und die Bedeutung des Glaubens für die Ausrichtung des eigenen Lebens, affektive Gründe wie Trost in schwierigen Situationen, innerer Halt, Orientierung, und instrumentale Gründe, wie nicht auf Beerdigungen, Trauungen, Taufen verzichten zu wollen. Natürlich gibt es auch funktionale Gründe aller Art, in erster Linie wohl das Engagement der Kirche für Arme, Kranke und Alte.

Für kirchlich Aktive sind es vor allem die wertorientierten, affektiven und traditionellen Gründe, die ausschlaggebend für die Mitgliedschaft sind, z.B.: Auch die Eltern waren oder sind in der Kirche. Für kirchlich Distanzierte sind traditionelle Gründe ebenso wichtig, aber auch die instrumentalen. Jedoch hinterlässt der Wertewandel hier seine Spuren. Der Trend, sein Leben individuell zu bestimmen und sich aus Fremdzwängen und Anweisungen zu lösen, setzt sich ungehindert fort. Sagten 1967 laut einer Allensbach-Untersuchung 47 Prozent, dass fester Glaube und eine feste religiöse Bindung für sie besonders wichtig seien, antworteten 2009 nur noch 34 Prozent, dass diese Orientierung ihnen wichtig sei. Sich in eine Ordnung einzufügen und sich ihr anzupassen, war 1967 für 60 Prozent der Katholiken noch besonders wichtig, 2009 nur noch für 38 Prozent (*MDG-Trendmonitor 2010*).

Ein wichtiger Beweggrund für die Mitgliedschaft zur Kirche ist nach wie vor die Familientradition. Eltern haben in den frühen Kinderjahren starken Einfluss auf die kirchliche Sozialisation. Sie stehen dafür, dass Glaubenswissen vermittelt und Rituale eingeübt werden, dass gelebter Glaube, Spiritualität sich entwickeln kann. Normalerweise üben Mütter diese Rolle aus, sehr häufig auch Großmütter. Das Fehlen der Großmutter, das Auseinanderbrechen der Großfamilie als Sozialverband führt aber dazu, dass diese entscheidende Vermittlungsfunktion zunehmend verloren geht. Weder Kindergarten noch Religionsunterricht können diese Leerstelle füllen. Bezeichneten laut einer Allensbach-Studie aus dem Jahr 2002 insgesamt 39 Prozent aller Katholiken ihr Elternhaus als sehr religiös (16 Prozent bei den Protestanten), so nimmt dieser Wert dramatisch ab, wenn man ihn nach Altersgruppen aufgliedert. Von den 16- bis 29-Jährigen charakterisieren 21 Prozent ihr Elternhaus als sehr religiös, 26 Prozent hingegen als nicht religiös.

Die Bedeutung des Elternhauses für die religiöse Prägung eines Menschen hat auch die *Shell-Jugendstudie 2006* sehr klar herausgearbeitet (Tab. 36, S. 244). Jugendliche zwischen zwölf und 25 Jahren, die ihr Elternhaus als sehr religiös bezeichneten, glaubten zu 58 Prozent, dass es einen persönlichen Gott gibt; nur sieben Prozent gingen davon aus, dass weder ein persönlicher Gott noch ein überirdisches Wesen existiert. Diese Zahlen ändern sich dramatisch bei denjenigen, die ihr Elternhaus als nicht religiös bezeichneten. Nur elf Prozent dieser Personengruppe glauben an die Existenz eines persönlichen Gottes; 44 Prozent jedoch gehen davon aus, dass weder ein persönlicher Gott noch ein überirdisches Wesen existiert. Bei der Vermittlung von Glauben kommt dem Elternhaus eine Schlüsselfunktion zu. Vor dem Hintergrund der genannten gesellschaftlichen Umbrüche tickt hier eine Zeitbombe. So sagen nur 33 Prozent der Altersgruppe der 16- bis 29-Jährigen, die die nächste Generation in der Herausbildung ihrer religiösen Verhaltensweisen prägen werden, dass sie sich der Kirche als gläubiges Mitglied oder immerhin kritisch positiv verbunden fühlen, während es in der

Gruppe 60 Jahre plus über 70 Prozent sind. 38 Prozent der Jüngeren sagen, dass sie sich zwar als Christen fühlen, die Kirche ihnen aber nichts bedeutet. Immerhin nur zwölf Prozent meinen, sie bräuchten keine Religion, was bei den Älteren nur zwei Prozent angeben.

Der hier angesprochene Erosionsprozess, der schon Jahrzehnte anhält, hat entscheidende Nachwirkungen, die nicht mehr aufzuholen sein werden und die bereits tiefe Spuren in der religiösen Landschaft unserer Gesellschaft hinterlassen haben. Der Anteil der Kinder und Jugendlichen, die heute in einem religiösen Elternhaus aufwachsen, hat sich gravierend verringert. Glaubenswissen wird damit nicht mehr weitergegeben, die Glaubenspraxis schmilzt dahin.

Mitgliederentwicklung und Kirchenaustritt

Zählte die katholische Kirche nach der Wiedervereinigung 1990 28,2 Mio. Mitglieder, so waren es Ende 2011 noch 24,5 Mio. Im Durchschnitt reduzierte sich die Mitgliederzahl jährlich um 0,6 Prozent oder rund 180.000 Gläubige. Eine verschmerzbare Zahl, würde man meinen. Aber dieser Erosionsprozess hat dazu geführt, dass innerhalb von 21 Jahren die Anzahl der Katholiken in Deutschland um 3,7 Mio. Mitglieder zurückgegangen ist.

Es gibt drei wesentlichen Gründe für den Mitgliederschwund: den demografischen Faktor, den Rückgang der Taufquote und die Zahl der Austritte. In dem oben genannten Zeitraum wurden 1 Mio. weniger Katholiken getauft, als durch den Tod ausgeschieden sind – eine Schere, die sich in den kommenden Jahrzehnten mit rasender Geschwindigkeit weiter öffnen wird. Dies macht sich auch in den Kasualien, das heißt in der Anzahl der Trauungen, Taufen und Bestattungen bemerkbar. Wurden 1960 noch jährlich 950.000 Kasualien erteilt (davon die Hälfte Taufen), so waren es 2011 nur noch 464.000 Kasualien (der Anteil der Taufen betrug gut ein Drittel). Mehr als 53 Prozent oder 248.000 der Amtshandlungen waren Bestattungen (Tab. 37, S. 245). Ein wenig provozierend könnte man formulieren, dass sich hier eine Institution mit ihren eigenen Ritualen beerdigt oder sich auf dem Weg vom Taufbecken zum Friedhof befindet. Die Zahl der Taufen und Trauungen ist nicht

nur durch Demografie und Mitgliederschwund rückläufig. Besorgniserregend ist, dass die Taufquote, d.h. ein Elternteil ist katholisch, von
75 Prozent 1990 auf 71 Prozent in 2010 (entspricht 300.000 potenziellen
Taufen) und die Trauquote, d.h. ein Partner ist katholisch, von 48 Prozent in 1990 auf nur noch 30 Prozent in 2010 zurückgegangen ist.

Was den zweiten großen Block, die Zahl der Austritte, betrifft, so haben
in den 20 Jahren zwischen 1990 und 2010 rund 3 Mio. Katholiken ihrer
Kirche formell den Rücken gekehrt. Im gleichen Zeitraum konnten nur
300.000 Katholiken diesen Saldo durch Eintritte, Übertritte und Wiedereintritte leicht reduzieren. Betrachtet man die Mitgliederentwicklung
seit 1950, so lassen sich fünf Phasen unterscheiden. Bis 1965 traten im
Schnitt jährlich knapp 25.000 Menschen aus der Kirche aus, die Zahl der
Eintritte lag ein wenig darunter, bei 20.000 Menschen. Seit dem Ende
der 1960er-Jahre vervierfachte sich die Zahl der Austritte bis 1989 auf
durchschnittlich 75.000 Menschen. Zwischen 1990 und 1992 lässt sich
ein steiler Anstieg feststellen, der seinen Höhepunkt 1992 mit 193.000
Austritten verzeichnete. Seit 2000 bis 2007 pendelte sich die Zahl der
Netto-Austritte auf durchschnittlich 100.000 ein. In den letzten Jahren
haben wir wieder einen Anstieg zu verzeichnen, der seinen vorläufigen
Höhepunkt – stark bedingt durch die Missbrauchsfälle – mit 181.000 im
Jahr 2010 erreichte. Im Jahr 2011 fielen die Austrittszahlen auf das
Niveau vor dem Missbrauchsskandal zurück, auf 126.000.

Hinter diesen Zahlenkolonnen stehen Einzelschicksale, die nicht ver-
nachlässigt werden sollten. Zweifelsohne stellt der Austritt aus der Kirche
ein wichtiges Datum in der eigenen Biografie dar, setzt eine Entscheidung voraus, markiert einen Übergang, ist privates Ereignis mit öffentli-
chem Bezug und geht nicht ohne Amtshandlung vonstatten. Austritte
erzeugen für die Betroffenen und ihr Umfeld Spannungen, etwa bei der
Frage, wie mit einem Patenamt, der Taufe, der Kommunion, der Fir-
mung, der Trauung umgegangen werden soll oder wie man sich bei Beerdigungen zu verhalten hat. Denn aus der Kirche auszutreten, bedeutet
nicht automatisch, sich auch von der Kirche, vom Glauben zu verabschieden. Religiöse und kirchliche Prägungen bleiben. Als Gründe für
den Austritt werden gerne Kritik am Papst, am Zölibat, an der Sexual-

11 Dramatischer Abwärtstrend fast aller wesentlicher Indikatoren

Veränderung: Rückgang 1990–2011
in Prozent

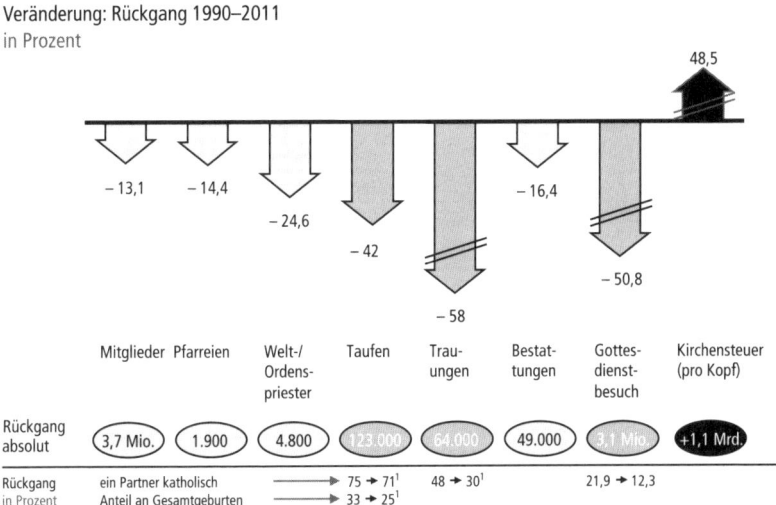

	Mitglieder	Pfarreien	Welt-/ Ordens- priester	Taufen	Trau- ungen	Bestat- tungen	Gottes- dienst- besuch	Kirchensteuer (pro Kopf)
Rückgang absolut	3,7 Mio.	1.900	4.800	123.000	64.000	49.000	3,1 Mio.	+1,1 Mrd.
Rückgang in Prozent	ein Partner katholisch Anteil an Gesamtgeburten		→ 75 → 71[1] → 33 → 25[1]	48 → 30[1]			21,9 → 12,3	

1 2010

Quelle: Deutsche Bischofskonferenz 2012

moral der Kirche vorgeschoben oder auch Ärger über das unglaubwürdige Auftreten eines Bischofs, die Predigt eines Pfarrers, die Gemeindearbeit vor Ort. Eine systematische Untersuchung von Austrittsgründen mit einer aussagefähigen statistischen Menge ist mir für die katholische Kirche nicht bekannt, wohl aber liegt mir für den Bereich der protestantischen Kirche eine Untersuchung der Westfälischen Wilhelms-Universität Münster vor, in der zwei Antworten mit Abstand die höchste Zustimmung erhielten: 1.»Ich kann auch ohne die Kirche christlich sein«; 2.»Ich spare dadurch Kirchensteuern«. Im Vordergrund stehen demnach also der Bindungsverlust und die Kirchensteuerersparnis, nicht aber Kritik an der Kirche, Ärger über kirchliche Praxis, Anstoß am Verhalten einzelner Geistlicher und auch nicht, dass man eine religiöse Alternative gefunden hat. Häufig sind sie letzter Anstoß oder Argumentation gegenüber Dritten: Wer gibt schon gerne zu, dass er Geld sparen will?

Kirchenaustritte finden am häufigsten im Alter zwischen 18 und 29 Jahren statt, also in einer Lebensphase, in der der Kontakt zur Herkunftsfamilie abbricht und eine Neufamilie oft noch nicht gegründet ist. Die Austrittsbereitschaft ist nach einer Untersuchung der protestantischen Kirche bei denjenigen Kirchenmitgliedern am höchsten, die einen jungen, kulturellen, modernen Lebensstil führen, für die Attraktivität und Unabhängigkeit im Vordergrund stehen, die kein Interesse an Nachbarschaftskontakten und häuslicher, familiärer Freizeitgestaltung haben. Am geringsten ist sie bei Menschen mit traditionsorientiertem Lebensstil, die sich unter anderem auch dadurch auszeichnen, dass sie gegenüber anderen, etwa Familie und Nachbarn, fürsorglich handeln und hohes gesellschaftliches Ansehen genießen.

Auch wenn sich die Austrittszahlen noch in Maßen halten, sorgen sie doch für einen erheblichen finanziellen Ausfall. Nicht so sehr der jährliche Steuerausfall von rund 25 Mio. Euro in 2011 fällt ins Gewicht, sondern der allein in diesem Jahr entgangene Barwert von ca. einer Mrd. Euro, der sich über ein gesamtes Kirchenleben anhäuft. Hinzu kommt, dass mit einem 30-Jährigen, der austritt, sehr wahrscheinlich auch seine möglichen Kinder und Enkel der Kirche als Mitglieder entgehen.

Grund genug, sich dieses Themas auch unter finanziellen Aspekten professionell anzunehmen. Zuerst müsste untersucht werden, wer warum und wann austritt. Zu beachten wären dabei der demografische und soziale Hintergrund der Person. Entscheidend ist dann ebenso, wie die Amtskirche auf Austritte reagiert. Greift sie den Menschen an, grenzt sie ihn aus, lässt sie ihn allein? Oder sucht sie den Austausch und gibt ihm damit die Möglichkeit, zur Kirche zurückzufinden? Mit Blick auf das oben erwähnte biblische Hirtenbeispiel könnten sich die Verantwortlichen an der lange geübten Praxis eines Bischofs orientieren, der seinen verloren gegangenen Schafen sprichwörtlich nachgelaufen ist: Er hat allen Ausgetretenen seines Bistums ein persönliches Gesprächsangebot gemacht.

Wichtig ist, dass die Kirche Austritte nicht einfach hinnehmen oder sich diese sogar noch schönreden darf, im Sinne von: »Das waren sowieso nur Karteileichen« oder »Der Weizen trennt sich von der Spreu«, sondern dass sie um jedes Mitglied kämpft. Zum einen, indem sie anhand der oben skizzierten Identifikation von Ursachen versucht, entweder generelle systemische oder einzelne Ursachen zu beseitigen, zum anderen, indem sie – auch als präventive Maßnahme – identifiziert, welche Menschen austrittsgefährdet sind, und diese gezielt anspricht. Dies erfordert eine enge Zusammenarbeit zwischen den Ordinariaten und den Mitarbeitern in den Gemeinden. Eine solche Vorgehensweise hat sich unter anderem in der Versicherungswirtschaft erfolgreich durchgesetzt und bewährt, um potenziellen Policenkündigungen zuvorzukommen. Auch die evangelische Kirche hat bereits reagiert. In Nürnberg hat sie eine Kircheneintrittsstelle eingerichtet, deren Aufgaben die Leiterin, Pfarrerin Elke Wewetzer, wie folgt zusammenfasst: »Die Gläubigen erwarten, dass wir auf sie zugehen. Entscheidend ist, dass man den Ausgetretenen nicht die Türe vor der Nase zuschlägt. Vielleicht sollte man sie nach fünf Jahren einfach mal wieder anschreiben.« Die Pfarrerin plädiert für deutlich mehr Mut im Umgang mit den Ausgetretenen.

Das Ziel wäre also, die Plausibilität, die Gründe für die Mitgliedschaft in der Kirche in gefährdeten Randgruppen zu erhöhen und vor allem als Kirche nah an diesen Menschen zu bleiben. Blickt man auf die Zahl der Eintritte und Wiedereintritte, so pendelt sie bei etwa 10.000 pro Jahr in beiden Kirchen. Einen nicht unbeachtlichen Teil machen Wiedereintritte von Menschen aus, die ihre jeweilige konfessionelle Prägung nicht verleugnen können. Auch das Thema kirchliche Bestattung spielt eine wichtige Rolle. Andere Gründe sind die Kirchenmitgliedschaft des Ehepartners oder die Taufe, Kommunion, Konfirmation der eigenen Kinder. Kircheneintritte werden altersmäßig vor allem in der Gruppe der Über-50-Jährigen vollzogen.

Deutlich weniger als 20 Mio. Katholiken zu erwarten

Was bedeutet die hier vorgestellte Faktenlage für die Zahl der Kirchenmitglieder in 20, 30 Jahren? Unterstellt man – und das ist noch optimistisch – die durchschnittliche Abnahmerate des letzten Jahrzehnts von jährlich ca. 0,8 Prozent und schreibt den demografischen Faktor fort, so ist innerhalb einer Generation mit einer Reduzierung zur heutigen Zahl um ein Drittel auf deutlich unter 20 Mio. Mitglieder zu rechnen. Geht man zudem davon aus, dass sich entsprechend dem über die letzten 50 Jahre fortgesetzten Trend die Austrittsrate immer weiter erhöht, ist eine Vorstellung von 15 Mio. Katholiken und die entsprechende Zahl an Protestanten nicht aus der Welt (Tab. 38, S. 245). Das bedeutet: Die

Mitglieder beider christlicher Gemeinschaften werden in absehbarer
Zeit eine Minderheit in unserem von christlichen Werten und christlicher Kulturgeschichte geprägten Land sein. Die Abbrüche werden vor
allem in den Gegenden, die noch durch einen Mehrheitskatholizismus
geprägt sind, am deutlichsten zu spüren sein.

Der bei Weitem überwiegende Teil der Ausgetretenen tritt keiner
anderen Konfession bei, was mit der oben genannten Hauptursache
Kirchensteuerersparnis und fehlende Kirchenbindung übereinstimmt.
Betrachtet man das heutige Drittel der Konfessionslosen in Deutschland,
so waren ursprünglich zehn Prozent katholisch, 35 Prozent protestantisch und drei Prozent in anderen Kirchen. 43 Prozent mit steigender
Tendenz wurden bereits »konfessionslos« geboren (Köcher, FAZ,
23.06.2011).

Welche Zukunft blüht der Kirche?

Gegen alle oben angeführten Ergebnisse von Meinungsumfragen und Gesellschaftsanalysen lassen sich einzeln betrachtet berechtigte Einwände vorbringen, die deren Aussagekraft infrage stellen. In der Summe jedoch ergeben diese Befunde ein konsistentes Bild, das viele erschrecken mag. Wir sind Zeugen des Endes einer Volkskirche, die seit der konstantinischen Wende im 4. Jahrhundert von einem strikten Gehorsamsglauben mit Ein- und Unterordnung geprägt war, die durch Staat und gesellschaftliche Normen gestützt war, die über Alleinstellungsmerkmale verfügte. Wir blicken auf das Finale eines Erosionsprozesses der letzten hundert Jahre, die Folgen eines gesellschaftlichen Individualisierungs- und Säkularisierungsprozesses, der dazu geführt hat, dass die Vermittlung von Glaube und Religion von der Bevölkerung als kaum noch relevant empfunden wird und dass bereits mehr als ein Drittel der Deutschen keiner christlichen Konfession mehr angehört. Elementarwissen über christliche Zusammenhänge und Ereignisse ist nur noch rudimentär vorhanden. Das eigentliche Skandalon ist nicht die steigende Zahl der Austritte, sondern die dramatisch zurückgehende Partizipation am kirchlichen Geschehen sowie der Bindungs- und Vertrauensverlust, dem sich vor allem die katholische Kirche ausgesetzt sieht.

Ursächlich für diese Entwicklung ist nicht der Mangel an finanziellen Mitteln oder an Priestern, auch nicht das Fehlverhalten einzelner Geistlicher, sondern vor allem unser aller Unvermögen, unseren Glauben authentisch zu leben und an die nächste Generation weiterzugeben. Dies scheint mir die eigentliche Herausforderung an die katholische Gemeinde zu sein. Änderungen in den kirchlichen Strukturen – ich denke etwa an die üblichen Themen wie Zölibat und Priesterweihe von Frauen – werden nicht über die Zukunft der Kirche bestimmen. Vielmehr wird es notwendig sein, ihre spirituelle Kraft und Ausstrahlung neu erscheinen zu lassen. Wir müssen uns fragen, warum wir in der Institution Kirche immer weniger diesen sicherlich vorhandenen Bedarf nach Spiritualität, nach Orientierung, nach Lebenssinn zu stillen vermögen. Dies hat Papst Benedikt XVI. in seiner Freiburger Rede 2011 in aller Deutlichkeit hervorgehoben.

Wie geht es weiter nach den turbulenten letzten Jahren? Kehrt nach der endlich umfangreichen und konsequenten Aufarbeitung der Miss-brauchsfälle Grabesruhe ein? Wiegen wir uns in dem Gefühl, alles getan zu haben? Machen wir weiter wie bisher oder machen wir uns auf den Weg? Lassen wir den Wandel über uns ergehen oder versuchen wir den Übergang, der unausweichlich ist, aktiv und systematisch mitzugestal-ten? Wir haben kein Erkenntnisproblem, die Fakten liegen alle auf dem Tisch; wir haben ein Akzeptanzproblem und ein Handlungsproblem – vor allem innerhalb eines Teils des Klerus und des Episkopats. Es wird viel von Reform und Aufbruch gesprochen, seit Jahren schon, doch den Worten folgen außer Anpassungen an den Priestermangel und den Rückgang der Gottesdienstbesucher keine wesentlichen und visionären Taten. Mangelverwaltung ist angesagt.

Wollen wir eine offene, dialogbereite, missionarische Kirche, die sich in einem säkularisierten Umfeld mit anderen sinnstiftenden Organisati-onen im Wettbewerb sieht? Oder einen Rückzug von der gesellschaftli-chen Realität in die Wagenburg, entsprechend einer aus meiner Sicht falschen Interpretation der von Benedikt XVI. angemahnten Entweltli-chung?

III. Weniger Realitätsverweigerung und Selbsttäuschung, mehr Krisenbewusstsein und Veränderungsbereitschaft sind angezeigt

»Der kalte Reif, der sich derzeit über unser kirchliches Leben legt,
hat etwas mit unserer Gegenwartsverweigerung zu tun.
Wir schauen mehr zurück als nach vorne.«

(Bischof Joachim Wanke)

Wirtschaftlich ist die katholische Kirche noch solide aufgestellt, ihre Stellung in Gesellschaft und Politik erscheint derzeit jedoch zunehmend in der Diskussion, aber vor allem die Verwurzelung der Kirche in der Bevölkerung ist gefährlich erodiert. Die Identitätskrise mit ihren oben dargelegten Facetten hat inzwischen ein solches Ausmaß erreicht, dass die Lern- und Reformfähigkeit der alten Institution vielfach, z.T. deutlich überfordert erscheinen.

Innerkirchlich ist wenig Bereitschaft zu verspüren, sich den Krisenphänomenen bewusst zu stellen, ihre Ursachen zu analysieren und wirksame Maßnahmen zu ergreifen. Es wird viel gesprochen, auch über Veränderungen, aber es passiert nichts, zumindest nichts Wesentliches. Reformen bleiben meist auf Strukturen beschränkt. Es sind Reaktionen auf das neuralgische Problem »Priestermangel«. Würde es als das aufgefasst, was es tatsächlich ist, nämlich ein »Weihemangel«, könnten und müssten in dieser Notsituation andere Konsequenzen gezogen werden. So bleibt der Blick vor der Realität verschlossen.

Es dominieren weitgehend und immer noch die typischen Verhaltensmuster des Nicht-wahrhaben-, des Sich-nicht-befassen-Wollens. Die Reaktionen reichen vom strikten Bestreiten der vorgebrachten Evidenzen über mehr oder meist weniger durchdachte Ausflüchte bis hin zu Formen institutioneller Selbst-Infragestellung. Dies gilt nicht nur für katholische Laien, sondern auch für nicht wenige Vertreter der Amtskirche.

Auf zwei Herbstvollversammlungen haben die Vorsitzenden der deutschen Bischofskonferenz – Kardinal Karl Lehmann im Jahr 2005 und Erzbischof Robert Zollitsch im Jahr 2010 – eindringlich darauf hingewiesen, dass die Auseinandersetzung mit den vielfältigen Aspekten der Krise und die offene Aufarbeitung der Probleme auch die Chance zur inhaltlichen und institutionellen Erneuerung eröffnet. Diese Erklärungen stimmen hoffnungsvoll; inwiefern sie auch von einer breiten Zustimmung zeugen, ist weniger klar. Für alle aber, die an einer lebendigen Kirche mit überzeugenden Antworten auf die Herausforderungen unserer Zeit interessiert sind, sollten sie ein Zeichen der Ermutigung sein.

»Krise, welche Krise denn?«

Eine wenig probate und doch häufig zu beobachtende Reaktionsweise ist die rigorose Infragestellung und Zurückweisung aller vorgebrachten empirischen Evidenz für die Krise. Abgeschmettert werden nicht nur Daten und Fakten, sondern insbesondere die zugrunde liegenden statistischen Analysen und Methoden. Ich selbst musste diese Erfahrung machen, als wir vonseiten McKinseys erstmals Analysen zum Thema »Vertrauen in die Kirche« präsentierten. Die Methodik unserer Online-Befragung *Perspektive Deutschland,* immerhin gemeinsam mit dem US-Nobelpreisträger Professor Daniel McFadden entwickelt, wurde von vornherein in Bausch und Bogen abgelehnt. Ähnliches passierte mit der *Sinus-Milieu-Studie 2006.* Diese wurde im Auftrag kirchlicher Stellen durchgeführt und von kirchlichen Führungskräften begleitet. Als die ziemlich deprimierenden Befunde bekannt wurden, äußerten Teile des kirchlichen Establishments plötzlich heftige Kritik am methodischen Ansatz – wodurch sich die Kritiker der Aufgabe enthoben glaubten, sich mit den Ergebnissen und Empfehlungen der Studie auseinandersetzen zu müssen. Ganz nach dem Motto, »dass nicht sein kann, was nicht sein darf«!

Lässt sich die Evidenz von Daten und Fakten nicht mehr aus methodischen Gründen zurückweisen, so kann man unbequeme Befunde immer noch für belanglos und irrelevant erklären. Unfehlbar treffsicher ist hier der Verweis auf die »Exzeptionalität« der Institution »Kirche«.

Kirchenvertreter wechseln dann die Argumentationsebene und bedeuten, ihre Kirche sei von Jesus Christus gegründet, sie könne – auf Petrus, den Fels, gebaut – nicht untergehen und die Pforten der Hölle würden sie nicht überwinden. Notfalls wird auf das Wirken des Heiligen Geistes oder eines sonstigen himmlischen Retters gesetzt. Meist genügt es schon, das Transzendente, das Numinose an der Kirche zu beschwören, um deutlich zu machen, dass sich das Phänomen Kirche eben nicht mit irdischen Maßstäben erfassen lasse. Weit gefehlt! Denn die eine reale Gestalt der Kirche kann sich gar nicht anders als in weltlichen und mit weltlichen Mitteln und evaluierbaren Formen beschreiben. Vor allem konservative Kreise stellen auf die Heiligkeit ab und behaupten damit keck die Unmöglichkeit, z.B. über organisatorische Defizite zu diskutieren.

Um keine Missverständnisse aufkommen zu lassen, *Lumen Gentium*, ein dogmatisches Schlüsseldokument des Zweiten Vatikanums, besagt klipp und klar: Die Kirche ist »eine einzige komplexe Wirklichkeit, die aus menschlichen und göttlichen Elementen zusammenwächst« (LG 8) – und die menschlichen Elemente sind natürlich hinterfragbar und vor allem veränderbar.

Viele, nur allzu bequeme Fluchtwege

Unbestreitbar hat die katholische Kirche in ihrer langen Geschichte schon eine Vielzahl von Schismen und z.T. auch existenzbedrohenden Konflikten überstanden. Nicht selten ist sie aus diesen Krisen – *ex post* betrachtet – gestärkt hervorgegangen und zu neuer Blüte gelangt. Insofern ist ein gerüttelt Maß an souveräner Abgeklärtheit und Traditionsbewusstsein durchaus berechtigt, ja angebracht. Problematisch wird ein solcher Historismus jedoch, wenn man daraus den Schluss zöge, dass sich die Kirche der heutigen Krise eigentlich gar nicht stellen müsse, da sie über überlegene Alternativoptionen verfüge.

Im Wesentlichen werden drei Argumentationsweisen, auch in den unterschiedlichsten Kombinationen, vorgebracht. Ich möchte sie wie folgt umreißen.

1.»Rückzug in den Glauben«: Natürlich ist für jeden Christen die (Rück-) Besinnung auf das Evangelium und das Bekenntnis zu Jesus Christus ebenso legitim wie notwendig. Schwieriger wird es, wenn man daraus, etwa in Anlehnung an Mutter Teresa, folgert:»Nicht die Kirche müsse sich ändern, sondern der Mensch.« Ist hier mit »Kirche« immateriell unser aller Glaube und Wertesystem gemeint, so ist der Aussage gewiss zuzustimmen. Erstreckt sich der Begriff auch auf die Strukturen der Kirche, ihre Organisation und Prozesse, ja insbesondere ihr Handeln im Tagesgeschehen, so ist schon Vorsicht angebracht: Was hilft der Kirche ein selbstgewisses Verharren in Abgehobenheit, wenn sie die Menschen nicht mehr erreicht? Damit würde sie ihrem seelsorgerischen und missionarischen Auftrag nicht mehr gerecht werden. Was die irdischen Dinge anbelangt, scheint mir nur eine Folgerung plausibel: Kirche und Menschen – beide müssen sich ändern.

Eine Rückbesinnung auf Jesus Christus ohne entsprechende Anpassungen bei kirchlichen Organisationformen, Strukturen und Prozessen ist undenkbar, denn Kirche als Institution wird im realen Leben immer über ihre Organisationsmerkmale wahrgenommen und erlebt. So wie es Matthäus formuliert hat:»Auch gießt nicht neuen Wein in alte Schläuche. Sonst zerreißen die Schläuche, der Wein wird verschüttet, und die Schläuche sind verdorben« (Mt 9,17). Reformen in der Organisation, für die Matthäus die Metapher »Schläuche« wählt, müssen Hand in Hand gehen mit der Aktualisierung und Erneuerung von Auslegungsweisen und Lehrinhalten, im Bildwort als »neuer Wein« bezeichnet.

An Reformansätzen, die sich an der biblischen Botschaft orientieren und die genau den von traditioneller Seite geforderten »Unterschied von der Welt« markieren, fehlt es wahrlich nicht. Erinnert sei z.B. an das Diktum Jesu im Markus-Evangelium:»Da rief Jesus sie [die Jünger] zu sich und sagte: Ihr wisst, dass die, die als Herrscher gelten, ihre Völker unterdrücken und die Mächtigen ihre Macht über die Menschen missbrauchen. Bei euch aber soll es nicht so sein, sondern wer bei euch groß sein will, der soll euer Diener sein, und wer bei euch der Erste sein will, soll der Sklave aller sein« (Mk 10,42–44). Hier wird eine Grundstruktur verankert, die genug Distanz zur weltlichen Ordnung aufweist – Verzicht auf ein Machtgefälle – und die doch ein damals übliches gesellschaftliches Strukturelement übernimmt: den diakonischen oder Sklaven-Dienst. Üblicherweise setzt an dieser Stelle eine Spiritualisierung ein, die »Dienen« in einem eher übertragenen Sinn versteht, ja, missinterpretiert.

Wer also vom »Dienst-Amt« spricht, vielleicht auch um Machtansprüche zu kaschieren, muss sich bewusst sein, dass er die Spur zumindest des »markinischen« Jesus verlassen hat. Wer grundsätzlich eine Rückbesinnung auf den Glauben vor aller Reform forciert, wird sich intensiv mit der Aktualisierung und Erneuerung von Auslegungsweisen und Lehrinhalten zu beschäftigen haben.

Die größten Fortschritte sind der Kirche gelungen, wenn sie nach leidenschaftlicher Diskussion und demütigem »In-sich-Gehen« den Mut zu tief greifenden Reformen fand: Mit den Reformen des Konzils von Trient im 16. Jahrhundert, der Formulierung der katholischen Soziallehre im 19. Jahrhundert und den Beschlüssen des Zweiten Vatikanums im 20. Jahrhundert hat sie nicht nur Kirchen-, sondern auch Weltgeschichte geschrieben. Die Ergebnisse und Folgewirkungen des Zweiten Vatikanums vor Augen, spricht denn auch Samuel Huntington in »Kampf der Kulturen« von einer katholischen Demokratisierungswelle, die in den 1970er-Jahren die iberischen und lateinamerikanischen Diktaturen erfasste und peu á peu hinwegspülte. So unbestreitbar diese Erfolge und Errungenschaften auch sind, für Selbstgenügsamkeit gibt es keinen Anlass. Hierin sehe ich die größte Gefahr für Kirche und Glaube. Lässt man alles beim Alten, so ist die Kirche bald nur noch mit sich selbst beschäftigt, der Glaubensmut verfällt, Pessimismus breitet sich unter Geistlichen und Gläubigen aus. Sie läuft unweigerlich Gefahr zu implodieren.

Ich erinnere mich an eine lebhafte, engagierte Diskussion über die Zukunft der Kirche mit dem Ständigen Rat der Deutschen Bischofskonferenz. Einer der anwesenden Bischöfe beteiligte sich nicht am Meinungsaustausch, dafür veröffentlichte er kurz darauf im Internet eine Rede, die er vor dem Priesterrat seiner Diözese gehalten hatte und in der er sich auf die Diskussion im Ständigen Rat bezog: »… nicht die schlauen Analysen und Ratschläge eines Unternehmensberaters retten die Kirche, sondern nur das Gebet!« Wo dieser Bischof einen Gegensatz konstruiert, besteht für mich keiner. Beten ist richtig, Handeln ist auch richtig und notwendig. Probleme lassen sich weder »wegbeten« noch »wegglauben«, bestenfalls kann sich die Perspektive verändern – aber die Sachfragen müssen konkret, sach- und lösungsorientiert angegangen werden. Gott hat uns Verstand gegeben, damit wir ihn nutzen und entsprechend handeln. Deshalb werden sich alle, die Verantwortung in der

Kirche haben – ob nun Geistliche oder Gläubige –, laufend kritisch die Frage stellen, ob, *was* sie tun, dem Evangelium entspricht und ob, *wie* sie es tun, dem Auftrag gerecht wird, das Evangelium allen Menschen verständlich und überzeugend nahezubringen. Gerade aus einer Rückbesinnung auf Jesus Christus und das Evangelium erwächst die Notwendigkeit, kirchliche Strukturen, aber auch Lehrmeinungen immer wieder aufs Neue zu überprüfen und ggf. zu reformieren. Anstöße für die kirchliche Erneuerung kamen in der Regel von unten, von Personen und Gruppen, die anfangs am Rand standen, selten von oben oder durch die Institution selbst.

2. *»Verweis auf die Belange der Weltkirche«*: Bei einem Gespräch im Vatikan vor einigen Jahren wies mich Prälat Georg Gänswein, Privatsekretär von Papst Benedikt XVI., darauf hin, dass die Zukunft der Kirche vor allem in der südlichen Hemisphäre liege. Rom habe andere Schwerpunkte zu setzen als die Kirche in Deutschland. In Afrika, Asien und Lateinamerika, so ist in Rom und anderswo oft zu hören, lebten auch tendenziell die »besseren« Katholiken, da sie einfach glauben und nicht wie im alten Europa über Gott und die Welt räsonieren und alle Glaubensdinge infrage stellen würden. Gegenüber solchen Argumenten ist m.E. große Vorsicht angebracht: Es hilft nicht den Menschen und schon gar nicht der Kirche, wenn Gläubige gegen Gläubige saldiert und dann noch nach »guten« und »weniger guten« Katholiken sortiert werden. Generell könnte dies fast die Sichtweise des CEO eines multinationalen Unternehmens sein, der zu Recht die verschiedenen Märkte nach ihrem Potenzial beurteilt und die Aktivitäten jeweils auf Wachstumsmärkte fokussiert. Ist so etwas aus Sicht der Kirche gutzuheißen? Ist dem Petrus nicht aufgetragen: »Weide meine Lämmer, weide meine Schafe« (Joh 21,15f.)? Und freut sich nicht der Vater im Himmel über jedes verlorene und wiedergefundene Schaf mehr als über die ganze Herde (Mt 18,12–14)?

Auch die Faktenlage ist keineswegs so eindeutig. Gewiss weist die Kirche in der 2. und 3. Welt Wachstumsraten bei der Anzahl der Gläubigen auf, die in Europa angesichts des durchweg bereits hohen katholischen Bevölkerungsanteils sowie der stagnierenden demografischen Entwicklung einfach nicht mehr denkbar sind. Prüft man die Wachstumsraten in Afrika, Asien und Lateinamerika einmal näher, so zeigt sich indes, dass die Zugewinne im Wesentlichen aus dem allgemeinen demografischen Wachstum resultieren. Ein Beleg für den wachsenden Anteil katholischer Gläubiger an der jeweiligen regionalen Gesamtbevölkerung sind sie mitnichten. Eher gilt das Gegenteil. Die Katholikenanteile stagnieren oder sind sogar tendenziell rückläufig. In Brasilien, der größten katholischen Nation der Welt mit ca. 155 Mio. Gläubigen, ist der Bevölkerungsanteil der Katholiken kontinuierlich zurückgegangen – von weit über 90 Prozent in den 1950er-Jahren auf heute noch etwa 60–70 Prozent, je nachdem welche Daten zur Bevölkerungsentwicklung man zugrunde legt. Dramatisch ist die Erosion vor allem in Großstädten wie Rio de Janeiro und São Paulo, wo sich inzwischen weniger als 60 Prozent der Einwohner zum katholischen Glauben bekennen. Anders als in Westeuropa sind viele enttäuschte Katholiken nicht ins Lager der Konfessionslosen, sondern massiv zu evangelikalen Gruppierungen abgewandert. Diese profitieren seit Jahren von der »stillen Flucht« aus der katholischen Kirche. Nach eigenen Angaben bekennen sich bereits 40 Mio. Brasilianer zu evangelikalen Freikirchen, Pfingstkirchen und einer Vielzahl sonstiger evangelikaler Sekten.

Der Verweis auf die Weltkirche dient häufig auch als Argument, dass sich um der Gesamtheit und Einheit der Kirche willen (möglichst) auch hier in Deutschland nichts ändern dürfe. Dabei verwechselt man rasch Einheit und Einheitlichkeit: Die Einheit von Kirche und Glauben wird mit der Einheitlichkeit von Strukturen, Regularien und Riten gleichgesetzt. In den verschiedenen katholischen Regionen gibt es dagegen eine erhebliche Vielfalt in Liturgie und pastoraler Praxis, also offensichtlich Spielräume. Diese sollte man sorgsam pflegen, denn darin könnte der Fingerzeig liegen für eine lebendige, zukunftsweisende Kirchenarbeit »nahe am Menschen«.

Mir scheint, die einzelnen Ortskirchen haben insgesamt deutlich mehr Freiheitsgrade, als es der vorauseilende Gehorsam gegenüber Rom erlauben möchte. Von den Bischofskonferenzen in Australien, Kanada und Südafrika, die beschlossen, den protestantischen Ehepartner eines katholischen Kirchenmitglieds jeweils zum Empfang der Kommunion zuzulassen, war schon die Rede. Dass der »Spielraum« tatsächlich größer ist, macht der Fingerzeig des ehemaligen evangelischen Landesbischofs in Bayern deutlich. Wie Johannes Friedrich bezeugt, habe ihm der damalige Kardinal Ratzinger im persönlichen Gespräch versichert, Rom würde nicht intervenieren, wenn die Deutsche Bischofskonferenz Ähnliches beschließen sollte, um die pastorale Not in gemischt konfessionellen Ehen zu mindern. In ihrem Hirtenwort haben 1980 die österreichischen Bischöfe festgelegt, dass Geschiedene, die wieder geheiratet haben, bei Vorliegen besonderer Verhältnisse nach einem Gespräch mit einem erfahrenen Seelsorger die Kommunion empfangen können. Liegt es also weniger an Rom, sondern vor allem am Konsensprinzip im deutschen Episkopat, wenn Möglichkeiten einer – wahrhaftig notwendigen – Gestaltung ungenutzt bleiben? Mir liegt nichts ferner, als einem »deutschen Sonderweg« das Wort zu reden. Es geht nicht um ein »Alles oder nichts«, vielmehr will ich, dass auch in Deutschland die Möglichkeiten kirchlicher Vielfalt zum Wohl der Christen vor Ort genutzt werden.

Mit dem Hinweis auf Rom und die Weltkirche werden oft die Festlegungen des Kirchenrechts ins Feld geführt, die Veränderungen im Weg stehen. Das ist eine falsche Überhöhung des Kirchenrechts. Das Kirchenrecht hat einen instrumentalen und konsekutiven Charakter. Es muss sich nach den jeweils gültigen theologischen Erkenntnissen und Aussagen des Lehramts richten. Was nützen rechtliche Festlegungen, wenn ihnen die argumentative Basis fehlt? Papst Benedikt XVI. hat im Jahr 2012 vor der *Rota Romana*, dem Gerichtshof der katholischen Kirche, vor einer Verabsolutierung des Kirchenrechts gewarnt. Die kirchliche Wirklichkeit müsste stärker bei seiner Auslegung berücksichtigt werden.

3. »*Flucht in die Wagenburg*«: Gemeint ist damit der Weg zurück, ins eigene Milieu, in die wohlige Wärme der kleinen Herde. Manchmal wird dieses vermeintliche Idyll auch noch verbrämt durch den Hinweis, dass eine kleinere Herde viel weniger Hierarchie benötige. Zudem könnten die Interaktionen zwischen Gläubigen und Geistlichen und besonders die Entscheidungsprozesse weniger autoritär und viel progressiver verlaufen – fast auf Augenhöhe sozusagen! Umschrieben wird damit ein wenig erbaulicher, potenziell endloser Schrumpfungsprozess. Manche Traditionalisten sehen darin eine Antwort auf die Herausforderungen der Moderne, insbesondere auf den durch die Säkularisierung bedingten

Verlust von kirchlicher Größe, von Macht und Einfluss. Für sie ist eine
»Theologie des Gesund-Schrumpfens« der notwendige Weg der Reini-
gung. Am Ende würde eine kleine Elite »echter« Katholiken übrig bleiben. Das ist nichts anderes als die Ideologie des heiligen Rests, wobei
über die Wertung »gesund« trefflich zu diskutieren ist. Aus meiner Sicht
wäre »Kaputt-Schrumpfen« der angebrachtere Begriff.

Ich frage mich, wie eine derart dezimierte Kirche noch begeistern
könne – gestützt auf eine Kleinschar »perfekter« Katholiken, ebenso
abgehoben wie unbeirrbar? Oder, um mit Paul M. Zulehner zu sprechen:
»Was dann übrig bleibt, ist eine geschrumpfte Kirche. Sie wird in sich
abgeschlossen sein, mit geringen inneren Spannungen von der traditionellen Frömmigkeit auf die sakramentalen Feiern zentriert, mit weniger
diakonalen Außenpräsenz bei den Armen und in der Welt von heute.
Kirche wird zu einer Art antimoderner Oase inmitten einer modernen
Welt. Eine Zuflucht für Weltflüchter« (in: Wie geht's, Herr Pfarrer?).
Besonders puristische Anhänger der Wagenburg-Option vertreten immer wieder die These, mit dem Rückgang der Zahl der Gläubigen
wachse zwangsläufig die Vitalität der kleinen, aber zunehmend gekräftig-
ten Kirche, denn die »Lauen« unter den Gläubigen würden ja im an-
stehenden Transformationsprozess sozusagen »ausgespuckt«. Wäre an
dieser These etwas dran, so müsste sich der Gottesdienstbesuch eigentlich zunehmend stabilisieren, tendenziell der Anteil der Kirchgänger
unter den Kirchenmitgliedern sogar erhöhen. Wir haben freilich gesehen, dass die Entwicklung des Gottesdienstbesuchs bei Katholiken wie
Protestanten in den letzten Jahren deutlich abnimmt. Auch von einer
Zunahme des Anteils regelmäßiger Kirchgänger findet sich in den Statis-
tiken keine Spur.

Verlockungen der Selbstmarginalisierung und Selbstsäkularisierung

Teile des deutschen Episkopats, aber auch eine ganze Reihe jüngerer,
eher konservativ ausgerichteter Kleriker hängen der These an, dass die
Gesellschaft von heute einfach nicht mehr die Welt der Kirche sei – zu
stark seien die Gegenkräfte der Säkularisierung, zu dominant die modernen, der Kirche feindlich gesonnenen Medien. Gerade in der öffentlichen Diskussion um den Missbrauchsskandal seien die Muster einer

Medienkampagne erkennbar, die auf eine Schwächung der Kirche »von außen« abzielten. Sicherlich stößt die Kirche in manchen Bereichen unserer Gesellschaft auf Vorbehalte und Ablehnung. Kulturpessimismus, Larmoyanz und Resignation sind dadurch lange noch nicht gerechtfertigt. Soll sich die Kirche mit einer Diasporasituation in ganz Deutschland zufriedengeben, mit einer Rolle am Rande der Gesellschaft?

Eines ist klar: Angst bzw. Scheu vor dem Wettbewerb oder Fatalismus verbessern das Angebot der Kirche nicht, machen sie auch als Institution nicht attraktiver. Aus gutem Grund warnten die deutschen Bischöfe in ihrem Hirtenbrief vom Oktober 2004 vor »angsterfüllter Seelsorge«. Schon heute, so beklagten sie damals, gehe von der Kirche wenig Faszination aus, der Kirchenbetrieb sei vielfach selbstzweckhaft, ohne Ausstrahlung und geprägt von Leuten mit Akten, die von Sitzung zu Sitzung hasten, von Termin zu Termin. Und Bischof Joachim Wanke wies zu Recht auf die Gefahr hin, mit der Selbstaufgabe als Institution letztlich am Evangelium zu scheitern: »Ja, da sehe ich manchmal auch in unseren Reihen Unchristliches, wenn Dinge nur schematisch und positionshaft vorgetragen werden. Es geht letztlich um die Frage, ob wir … die Fenster und Türen öffnen, damit frische Luft ins Haus kommt. Jesus ist hinausgegangen zu den Menschen, er hat sich nicht verbarrikadiert. Das gehört zu den ältesten Prinzipien des Christentums« (SZ, 17.09.2011).

Nicht weniger verlockend erscheint es, auf die Herausforderungen der Säkularisierung mit »Selbst-Säkularisierung« zu reagieren – mit opportunistischer Anpassung an den Zeitgeist. Die Kluft zwischen Kirche und Gesellschaft lässt sich so nicht überwinden. Vielmehr besteht die Gefahr, das eigene Profil zu verlieren und in Beliebigkeit zu versinken. Denn dies passiert unweigerlich, wenn man versucht, den Auftrag des Evangeliums auf spirituelle Daseinsvorsorge für »alle und jeden« zu reduzieren. Das Ergebnis wäre eine beliebig konsumierbare Wellness-Spiritualität und kirchliches Leben verkäme zu einer Art Popkultur. Im Vorfeld des Katholikentages in Mannheim 2012 warnte Kardinal Walter Kasper laut KNA zu Recht vor einer »Überanpassung an die Welt«. Jesus Christus sei nicht gekommen, »damit wir uns gemütlich einrichten«.

Mit solchen Formen der Anbiederung an die säkularisierte Gesellschaft haben die reformierten Kirchen mehr und konsequenter experimentiert als die katholische Kirche, wie auch Kardinal Karl Lehmann in einem Impuls-Referat (2005) anmerkte: »Aus vielen Gründen orientieren sich – wenigstens seit der Aufklärung – viele reformatorische Kirchen intensiv an den geistigen und gesellschaftlichen Veränderungen der Zeit. In diesem Sinne haben sie eine hohe Geistesgegenwart. Sie reagieren schneller, büßen aufgrund dieser Anpassungsfähigkeit aber auch rascher ihre Identität ein ... Es ist ganz selbstverständlich, dass sich dabei manches mischt, das im ersten Augenblick kaum recht zu unterscheiden ist: zwischen wirklich neuen Herausforderungen und einem mitunter riskanten Anpassen.« Im Kontrast dazu ist es nach Kardinal Lehmann geradezu ein Wesensmerkmal der katholischen Kirche, dass sie, über ihre gesamte historische Entwicklung, auf die Spannung zwischen Drängen auf Veränderung und Tradition jeweils mit Weisheit reagiert habe. Immerhin: Sie reagiert, das ist besser, als sich gar nicht zu bewegen.

Ob das Glas nun halb leer oder halb voll ist – bekanntlich ist das Ansichtssache. In jeder Krise liegt stets auch eine Chance zur Verbesserung, zur Erneuerung. Das haben auch die deutschen Bischöfe in ihrem Hirtenbrief so formuliert: »Umbruchzeiten sind Gnadenzeiten. Sie bedeuten Abschied und Aufbruch, Trauerarbeit und Lust an der Innovation. Gott selbst ist es, der unsere Verhältnisse gründlich aufmischt, um uns auf Neuland zu locken, wie Abraham, wie Mose, wie Bonifatius. Ja, wir haben eine Mission in unserem Land. Darin sind wir unvertretbar. Haben wir doch mit dem Evangelium eine Botschaft, für die es in dieser Welt keine bessere Alternative gibt. Sie fordert uns heraus, selbst neu auf sie zu hören und sie mit ihrer befreienden Kraft in das Gespräch mit unseren Zeitgenossen, mit den anderen Religionen und Völkern einzubringen« (21.09.2004).

Im Prinzip ist damit schon das Wichtigste gesagt. Vor allem wäre es aus Sicht eines erfolgreichen Marketings entscheidend, weniger von der Krise, sondern mehr über die Stärken und das Potenzial zu sprechen und entsprechend zu handeln. Nur mit Begeisterung gelingt der Umbau. Allen Bemühungen voraus geht ein neues Hören auf die bleibende Botschaft. Das ist freilich unendlich schwierig, weil jeder meint, schon alles zu wissen; echten Austausch – auch von Argumenten, denen man bei fehlenden Gegenargumenten dann auch folgen müsste – habe ich vergleichsweise selten im Bereich der Kirche erlebt. Unternehmen, die so hartnäckig jeglicher Entwicklung trotzen, haben ihr Schicksal mit einem solchen

Verhalten schon besiegelt. Deshalb wäre es – bei aller Sachkompetenz innerhalb der Amtskirche – dringend angeraten, vermehrt mit Fachleuten aus den theologischen wie aus sozialwissenschaftlichen Disziplinen, vor allem aber mit unbequemen Kirchenleuten ins Gespräch zu kommen. Von wem, wenn nicht von Menschen mit anderer Meinung, kann man mehr lernen? Selbstbestätigung lässt auf der Stelle treten und Selbstgenügsamkeit führt zu Trägheit. Ein solch innerer Dialog würde auch den notwendigen Dialog nach außen vorbereiten und stärken, sich immer wieder aufs Neue dem Wettbewerb um die besten Ideen und Lösungen zu stellen.

Entscheidend ist, dass die Kirche ihre drei Grundvollzüge Liturgie, Verkündigung und Diakonie glaubhaft lebt und dass es zwischen ihnen eine Balance gibt, keine also zulasten der anderen hervorgehoben wird, wie es zurzeit mit einer Überbetonung der Liturgie und der Eucharistiefeier in einigen Bistümern zu beobachten ist. Die Feier der Liturgie ist ebenso »Gottesdienst« wie der diakonische Dienst am Nächsten und das Zeugnis, das Christen durch ihr Leben und ihren Glauben abgeben. »Sorge um die Seele« und »Sorge um den Leib« sind die zwei Seiten der gleichen Medaille. Deshalb brauchen wir auch keine Kultpriester, sondern Geistliche, die voll im Glauben und in unserer Gegenwartsgesellschaft stehen. Sie müssen imstande sein, einen bewegenden Gottesdienst mit überzeugender Seelsorge und aufrichtiger sozialer Zuwendung zu verbinden. Damit erweisen sie sich als authentische Jünger Jesu. Damit verweisen sie auch auf den größeren Horizont, von dem die Kirche verschieden ist und auf den zu sie sich zu bewegen hat: Sie ist als Glaubensgemeinschaft mit den Menschen unterwegs im Horizont der Gottesherrschaft.

IV. Eigentlich müsste die Kirche boomen

»Lasset das Zagen, verbannet die Klage.«
(Johann Sebastian Bach, Weihnachtsoratorium, Kantate Nr. 1)

Wie der Zulauf zu Freikirchen und Evangelikalen, aber auch zu der Vielzahl von Sekten und Anbietern spiritueller Wellness oder östlicher Selbsterfahrungslehren zeigt, besteht in unserer Gesellschaft nach wie vor eine ungebrochene Nachfrage nach Spiritualität, Orientierung und Gemeinschaftserlebnissen angesichts der säkularisierten Welt. Denn die Brüchigkeit der Existenz, Daseinsängste und Sinnzweifel gehören zu den Grunderfahrungen des postmodernen Menschen.

12 Eigentlich müsste Kirche boomen

»Nachfrage«

Suche des Einzelnen nach
- Spiritualität
- Orientierung
- Gemeinschaft

Traditionelle Kirchen
- Identitätskrise und Verlust der Bindungskraft
- Innenorientierung und Ressourcendiskussion
- Verlust missionarischen Selbstbewusstseins

»Angebot«

»Wettbewerb«

Unübersichtlicher religiös-spiritueller Markt
- Freikirchen
- Evangelikale
- Sekten
- Esoterik
- Fernöstliche Philosophie

»Angebot«

»... zu den etablierten Kirchen mit ihren überkommenen Strukturen finden viele Suchende keinen Kontakt. Warum eigentlich?«

Papst Benedikt XVI., Rede vor dem ZdK, Freiburg, 24.09.2011

In seiner Freiburger Rede (2011) hat Papst Benedikt XVI. die Frage gestellt, warum es ausgerechnet den etablierten Kirchen so schwer fällt, sich den vielen Sinnsuchenden in unserer Gesellschaft gegenüber bemerkbar zu machen, ihnen Aufnahme und Zuspruch zu gewähren. Umfragen zeigen, dass es in weiten Kreisen der Bevölkerung eine bemerkenswerte Sehnsucht nach Spiritualität und auch Religiosität gibt. Hinzu kommen die Enttäuschungen über die säkularisierte Wohlstandsgesellschaft: Ökonomische Sicherheit und soziale Errungenschaften schwinden. Neue Bedrohungen zeichnen sich ab; alte, die bereits als überwunden galten, kehren zurück. Hier eröffnet sich den beiden großen Kirchen in Deutschland ein breites und überaus lohnendes Feld. Gerade die katholische Kirche kann sich dabei auf vielfältige beeindruckende Stärken stützen.

Religiosität – eine *Condition humaine*

Individualisierung der Lebensentwürfe, Lockerung sozialer und religiöser Bindungen sowie eine zunehmend konsumtive Suche nach »Sinnerlebnissen« – dies sind die charakteristischen Begleitphänomene einer postmodernen Gesellschaftsordnung. Seit dem Ende des Kalten Kriegs hat sie sich immer markanter herausgebildet, mit teilweise grotesk-narzisstischen Ausprägungen, etwa in der Medien- und Entertainment-Kultur. Kein Wunder, dass sich in dieser neo-libertären Welt eine kommerzielle, zunehmend globalisierte Sinnstiftungsindustrie mit jährlichen Milliardenumsätzen etablieren konnte. Ihr neuer Markt umfasst ein kaum noch überschaubares Spektrum von Angeboten – von esoterisch-psychedelischen Lebensformen über »Christentum in der Schwundstufe« bis hin zu Okkultismus, Spiritismus oder meist fernöstlich geprägten Wiedergeburtsfantasien. Auf christlicher Seite haben davon zuletzt insbesondere die aus den USA expandierenden »evangelikalen« Bewegungen mit ihren vielfältigen Erscheinungsformen profitiert.

Bedeutet dies, dass mithin die religiöse Basis der großen Kirchen ernsthaft gefährdet und infrage gestellt sei? Dafür spricht wenig, eher ist das Gegenteil richtig. »Religiosität« ist nach wie vor eine *Condition humaine*, ein Grundtatbestand menschlicher Existenz und Gesellschaft. Typischerweise konzentriert um die klassischen Sinnfragen des »*ubi, unde et quo*«: Wer sind wir, woher kommen wir, wohin gehen wir? Was ist unsere Bestimmung, was sind unsere Ziele?

Inzwischen wird z.T. sehr kontrovers darüber diskutiert, ob es sogar einen wachsenden Trend zur »Religiosität« gibt, ob Religiosität nicht vor einer Renaissance stehe. Vermutet wird zum einen, dass religiöse Bedürfnisse mit dem Alter zunehmen – was in einer demografisch alternden Gesellschaft natürlich positive Perspektiven eröffnet. Zum andern sei es, so Paul M. Zulehner, gerade die Unzufriedenheit mit den Lebensumständen in einer zunehmend säkularisierten Welt, die einen Trend zur Religiosität erzeuge.

13 Noch ist Religiosität vorhanden, die mobilisiert werden könnte

Religiosität der Menschen
Anteil der Befragten, die sich selbst als religiös bezeichnen würden, in Prozent

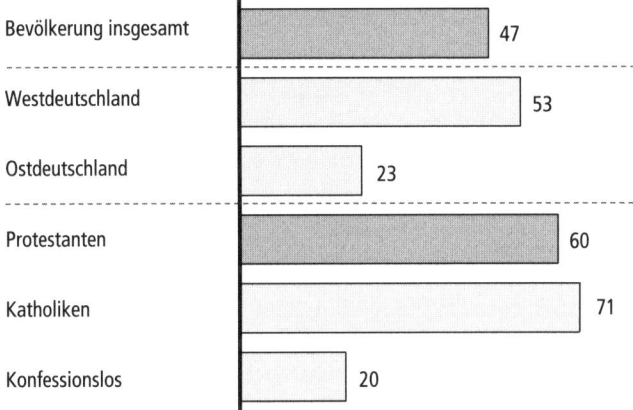

Quelle: Allensbach Archiv, IfD-Umfrage 10047 (Nov. 2009)

Das Institut für Demoskopie Allensbach erhebt seit Langem die Entwicklung der religiösen Befindlichkeit in der deutschen Bevölkerung. Ihren Umfragen zufolge gibt es ein ziemlich konstantes, robustes Bekenntnis zur Religiosität: Ende 2009 bezeichnen sich 47 Prozent der Gesamtbevölkerung als religiös, in Westdeutschland sind es 53 Prozent, in den immer noch DDR-geprägten neuen Bundesländern 23 Prozent. Den höchsten Anteil weisen die Katholiken mit 71 Prozent auf.

Die demoskopisch gesicherten Erkenntnisse zeichnen – wie sich oben bereits gezeigt hat – ein für die Kirchen herausforderndes, aber durchaus Potenzial aufzeigendes Bild: Nach der bekannten Sinus-Milieu-Studie für Katholiken lassen sich 91 Prozent der »Konservativen«, 89 Prozent der »Traditionsverwurzelten« und 85 Prozent der »Etablierten« als religiös (wenn auch im weitesten Sinne) bezeichnen.

Und selbst in den restlichen, relativ kirchenfernen Gruppen sind die Anteile derjenigen, die sich als religiös bezeichnen lassen, in der Summe noch signifikant: Bei den »Hedonisten« sind es 64 Prozent, bei den »Konsum-Materialisten« sind es 51 Prozent und bei den »Experimentalisten« 35 Prozent.

Allerdings nimmt die Relevanz der kirchlichen Botschaft und Gemeinschaft für viele dieser Segmente weiter ab. Schlimmer noch: Gerade weil viele auf der Suche nach Spiritualität, nach gelebtem Glauben sind, wenden sie sich von der verfassten Kirche ab oder bleiben ihr gegenüber gleichgültig, obwohl sie generell religiös ansprechbar wären. Unterstellen wir, dass die etablierten Kirchen mit der Botschaft des Evangeliums und mit ihren kulturellen sowie den sozialstaatlichen Leistungen über ein einzigartiges Angebot *second to none* verfügen, so sollten sich ihnen nach wie vor Wettbewerbschancen bieten. Sie müssten freilich lernen und imstande sein, die religiösen Grundbedürfnisse jeweils adressatengerecht anzusprechen. Anders als früher muss sich die Kirche mit den Anforderungen und Besonderheiten einer heute zunehmend individuellen Spiritualität auseinandersetzen. Es gilt – idealtypisch betrachtet –, den Erwartungen eines aufgeklärten, kritischen und zu Recht selbstbewussten Gläubigen gerecht zu werden.

Zieht man Eignung und Qualität des religiösen Angebots nicht in Zweifel und bleibt dennoch erfolglos, rückt für den Unternehmensberater die Umsetzung ins Blickfeld, die als unzureichend zu charakterisieren wäre. Dafür kommen nur zwei »Fehlerquellen« in Betracht: Intern wären es die aus der modernen Institutionenforschung bekannten Ein- und Aufstellungsprobleme, also mangelnde Motivation, ein rückwärtsgerichtetes Selbstverständnis, zu geringe Artikulationsfähigkeit, aber auch Schwächen bei Organisation und Prozessen. Extern wären es mangelnder Zugang zu den Zielgruppen sowie ggf. das Unvermögen, Herz und Verstand der Gläubigen zu erreichen, d.h. zu vermitteln, welches Potenzial in den Evangelien und der kirchlichen Botschaft eigentlich liegt.

Die Krise der Wohlstandsgesellschaft

Kirchen hatten in Krisenzeiten immer Hochkonjunktur. Sie waren gefragt, um Halt und Orientierung zu geben. In Zeiten der Verunsicherung rücken Sinnfragen eher wieder in den Vordergrund. Insofern sind unter diesem Aspekt die Rahmenbedingungen für beide Kirchen eher günstiger geworden. Auch wenn die Bundesrepublik und die deutschsprachigen Nachbarstaaten derzeit eher wie eine »Insel der Seligen« im Unwetter der globalen Finanz- und Wirtschaftskrise wirken, so gilt doch: Objektives, aber auch subjektives Wohlbefinden haben sich in unserer Wohlstandsgesellschaft seit den 1990er-Jahren dramatisch verändert. Eher kurz- als längerfristig werden wir uns der allgegenwärtigen Sinn-, Vertrauens- und Institutionenkrise stellen müssen, die unsere Gesellschaft erodieren lässt, politisch-soziale Teilnahme zusehends erschwert und weitere soziale Randgruppen schafft.

Unbestreitbar ist die Verschlechterung des sozio-ökonomischen Umfelds. Wesentlich beigetragen hat dazu eine Verkettung durchaus unterschiedlicher Entwicklungen:

1. Erosion traditioneller Arbeitsverhältnisse: »Beim Daimler gelernt, beim Daimler gearbeitet, beim Daimler in Rente gegangen.« Von diesem traditionellen Beschäftigungsmodell ist nicht mehr viel übrig geblieben. Zwar haben wir inzwischen über 41 Mio. Beschäftigungsverhältnisse in Deutschland, doch (langfristig) sichere, sozialversicherungspflichtige Arbeitsplätze sind ein rares Gut. Über ein Drittel der Arbeitnehmer arbeiten bereits teilzeitig, als Leiharbeiter oder sonst wie freiberuflich auf »Projektbasis«. Gleichzeitig schaffen wir es nicht mehr, den Sockel an meist älteren Langfristarbeitslosen zu reduzieren. Auch bei der Weiterqualifizierung von leistungsschwächeren Schulabgängern sowie oft nur angelernten Arbeitskräften sind wir nur begrenzt erfolgreich.

2. Wohlstandsgefälle und steigende Armut: Wie in fast allen westlichen Gesellschaften konzentriert sich auch bei uns die Teilhabe an der Wohlstandsentwicklung auf einen immer kleiner werdenden Bevölkerungskreis. In den übrigen Bevölkerungsgruppen wächst dagegen die Armut. Inzwischen leben 4,5 Mio. Erwachsene und 1,6 Mio. Kinder unter 15 Jahren von Hartz IV Einkommen (Die Zeit, 16./17.02.2012; SZ,

26.01.2012). Am bedenklichsten aber erscheint die schon heute prognostizierbare Altersarmut quer durch alle jüngeren Jahrgänge.

3. Alterung der Gesellschaft und sinkende Geburtenraten: Seit den 1960er-Jahren hat uns v.a. die moderne Medizin im Durchschnitt 10–15 Jahre zusätzliche Lebenszeit geschenkt. Kehrseite ist eine wachsende Überalterung der Gesellschaft. Verschärft wird sie noch durch die immer länger verzögerte Familiengründung und sinkende Geburtenraten, insbesondere in Kreisen der Mittelschicht.

4. Überlastung der Sozialsysteme: Das Ausscheiden der Babyboom-Generation aus dem Erwerbsleben und die weiterhin niedrigen Geburtsraten bergen, als langfristige Mega-Trends, die Gefahr, dass unsere bislang über den Generationenvertrag finanzierten Sozialsysteme aus Überlastung zusammenbrechen. Denn künftig werden immer weniger (voll) sozialversicherungspflichtige Beitragszahler für die Versorgung der immer mehr nicht bzw. nicht mehr erwerbstätigen Mitbürger aufkommen müssen. Damit droht der Kollaps der umlagefinanzierten Sozialsysteme. Seit den Zeiten von Bismarck und Adenauer ging man davon aus, dass in einer sich kontinuierlich regenerierenden Gesamtbevölkerung Arbeitnehmer und Arbeitgeber imstande sind, jeweils gemeinsam für die Kosten der Gesundheits- und Rentenversicherung aufzukommen. Diese Grundprämisse wird sich jedoch, aller Voraussicht nach, schon in dieser Generation als hinfällig erweisen.

5. Auflösung traditioneller Familien- und Gesellschaftsstrukturen: Träger unserer Gesellschaftsordnung waren bis weit in die 1970er-Jahre hinein Großfamilie und Ehe. Eine funktionierende Großfamilie, in der mehrere Generationen arbeitsteilig zusammenleben, gibt es nur noch in wenigen Bevölkerungsgruppen, gesellschaftlich hat sie als Solidar- und Notfallgemeinschaft so gut wie keine Bedeutung mehr. Als Institution hat die Ehe inzwischen längst nicht nur ihre lebenslange Verbindlichkeit, sondern auch ihre »Monopolstellung« bei der Familiengründung verloren. Ein Viertel leben in einer festen Beziehung ohne Trauschein mit wachsender Tendenz. 3 Mio. Kinder (25 Prozent) wachsen heute bei Alleinerziehenden oder in nicht formalisierten Lebensgemeinschaften auf. 16 Mio.

Single-Haushalte sind seit Jahren mit 40 Prozent schon der dominierende Haushaltstyp in Deutschland, Single-Status ist die dominierende Lebensform nicht nur unter den jüngeren, sondern zunehmend auch unter den älteren Jahrgängen.

6. *Wachsende globale Umweltprobleme und Klimawandel:* Raubbau an natürlichen Ressourcen, Treibhauseffekte industrieller Produktion sowie fortschreitende Versteppung und Wüstenbildung bedrohen bereits heute weite Teile der Erde. Bisher wird Deutschland von Umweltzerstörung und Klimawandel allenfalls indirekt erfasst, schon in absehbarer Frist werden wir aber die Folgen von Nahrungsmittelverknappung, Wirtschaftsflucht und Kampf um die verbleibenden Ressourcen zu spüren bekommen. Längst geht es nicht mehr darum, ob wir eine Erderwärmung haben werden, sondern darum, ihren globalen Anstieg auf zwei Grad Celsius zu begrenzen.

Mit den sozio-ökonomischen Veränderungen einher geht eine schon lange nicht mehr ignorierbare Sinn- und Vertrauenskrise, die Individuum und Gesellschaft gleichermaßen erfasst. Wir haben ein dramatisches Anwachsen der Individualängste: Angst um den Arbeitsplatz, vor Altersarmut oder Wohlstandsverlust, aber auch Gefühle multipler Überforderung, z.B. infolge der digitalen Revolution oder aufgrund von Schockerlebnissen, die zeigen, wie austauschbar der Einzelne in Beruf und Familie geworden ist. Damit verbunden sind Burn-out-Effekte, Depression und Vereinsamung.

Konfrontiert mit der Überkomplexität unserer Alltagsrealität erleben wir zugleich einen erstaunlichen Verfall von Gewissheiten und Wertvorstellungen. Was ist heutzutage richtig, was falsch? Wem kann man noch trauen, wem nicht? Weltwirtschafts- und Euro-Krise haben das Vertrauen in Medienkultur und auch wissenschaftliche Expertise nachhaltig erschüttert. Hinzu kommen traumatische Reflexreaktionen: Die beiden Nachkriegsinflationen von 1919/23 und 1945/48, verbunden mit der Verarmung großer Teile des Bürgertums, haben sich tief ins historische Bewusstsein der Deutschen eingegraben und lassen immer wieder virulente Existenzängste aufkommen. Vor diesem Hintergrund attestieren die Demoskopen schon seit Langem Banken, Wirtschaftsunternehmen,

Parteien und Regierungsorganen einen dramatischen, weiter fortschreitenden Vertrauensverfall.

Selbst das Vertrauen in Grundgesetz und Demokratie ist im Schwinden. Befragt, inwieweit sie mit dem Grundgesetz zufrieden sind, äußern sich in einer aktuellen Emnid-Erhebung zwar immer noch knapp zwei Drittel der Deutschen positiv, aber ein starkes Drittel bekundet offen seine Unzufriedenheit. Fasst man nach, so sind 56 Prozent der Gesamtbevölkerung, nach eigenen Angaben, mit der »derzeitigen Praxis« des politischen Systems unzufrieden, 69 Prozent sind es unter den Arbeitern. 78 Prozent der Bevölkerung sagen, dass auf die Interessen des Volkes kaum noch Rücksicht genommen wird. Noch pessimistischer sind die Zukunftserwartungen: Gerade mal sechs Prozent (!) meinen, sie könnten die Politik durch Wahlen im starken Maße mitbestimmen, im Osten sogar nur ein Prozent. 41 Prozent, mehr als ein Drittel der Bundesbürger, halten es für »kaum« noch möglich (Stern 11/2011).

Symptome dieser sich rapide verbreitenden Sinn- und Vertrauenskrise finden sich beileibe nicht nur in Deutschland, sondern in jeweils geringfügigen Variationen inzwischen in nahezu allen Ländern Europas. Kardinal Reinhard Marx ist jüngst sehr bewusst auf sie eingegangen. Bei seiner Weihnachtspredigt 2011 im Münchner Liebfrauendom hat er mit eindringlichen Worten Kirche und Gläubige zum Handeln aufgefordert: »Die gegenwärtige Krise in Europa ist nicht nur eine Finanz- und Schuldenkrise, sondern auch eine Identitätskrise. Im Mittelpunkt muss das wahre und richtige Menschenbild stehen, wenn wir zukunftsfähig sein wollen. Dieses Menschenbild hängt zusammen mit dem Bild Gottes und dem Bild des Menschen, wie es uns in Jesus Christus gezeigt wird. Wir haben eine große Wertorientierungskrise« (Münchner Merkur, 24.12.2011).

Auch mir scheint, dass es jetzt für uns alle, als Bürger wie als Katholiken, an der Zeit ist zu handeln, uns zu engagieren. Zumindest, wenn wir dem Auftrag, weltweit eine christliche, demokratische Zivilgesellschaft auf- und auszubauen, gerecht werden wollen. Skeptiker mögen darauf verweisen, dass auch die Kirche, wie dargestellt, von der Vertrauenskrise schwer getroffen wurde, insbesondere im Nachgang zum Missbrauchsskandal. Damit verbindet sich die naheliegende Frage, ob wir als Kirche noch imstande sind, die Sorgen der Mitbürger aufzugreifen und entsprechend Trost und Zuversicht zu vermitteln. Kirchenfeste und Eucharistie in würdigem Ritus zu feiern, ist schön und gut, richtig verstanden zielen die Zweifel der Skeptiker aber weit darüber hinaus: Sind wir als gläubige und bekennende Katholiken jetzt und auch künftig imstande, ein authentisches, christliches Leben zu führen und damit andere zu ermutigen, gar zu überzeugen? Meine Antwort darauf ist ein vorsichtiges »Ja, im Prinzip«! Dabei kann ich mich auch auf überraschend erfreuliche Umfrageergebnisse von Allensbach stützen. Besser als früher vermag es die Kirche heute, ihre Mitglieder in gewissen Lebensbefindlichkeiten anzusprechen: Gerade in leidvollen Situationen ist sie gefragt, Menschen zu begleiten und Trost zu spenden. Verbanden zu Beginn der 1990er-Jahre 52 Prozent der Kirchenmitglieder mit ihrer Mitgliedschaft auch die Möglichkeit, Kasualien, z.B. Heirat oder Taufe, gebührend zu begehen, so sind es in 2010 etwa 65 Prozent. Zogen damals 25 Prozent der Katholiken aus ihrer Kirchenmitgliedschaft den Gewinn, zur Ruhe zu kommen, Gelegenheit zur Reflektion sowie Meditation zu finden, so sind es inzwischen 39 Prozent. Zudem ist der Anteil derer, die aus der Mitgliedschaft Trost in schwierigen Lebenssituationen schöpfen, von 25 Prozent auf 32 Prozent gestiegen (FAZ, 23.06.2011).

Auf Stärken lässt sich bauen

Bei aller Kritik an Auftreten und Erscheinungsbild der Kirche gibt es in Deutschland ein vielfältiges, aktives, katholisches Gemeindeleben und eine Vielzahl von Initiativen, die die kirchlichen Strukturen vor Ort mit Leben füllen. Katholikentage sind bestens besucht, der Wallfahrts- und Pilgerboom hält an. Kirchliches Ehrenamt genießt hohes Ansehen, auch die kirchliche Arbeit im sozialen und karitativen Bereich und im Bildungsbereich erfreut sich großen Engagements.

Heute stellt die katholische Kirche mit Abstand das größte soziale Netzwerk in unserer säkularen Gesellschaft dar. Besonders rege sind die Aktivitäten neuer geistlicher Bewegungen und Initiativen, allein in Deutschland sind mehr als 300 registriert, mit teils nationaler, teils internationaler Ausrichtung. Beispielhaft sei die Gemeinschaft Sant' Egidio genannt, die 1968 von Andrea Ricardi in Rom gegründet wurde und sich die tätige Unterstützung von Armen zum Ziel gesetzt hat. Bemerkenswert ist in diesem Zusammenhang, dass viele dieser Bewegungen »neben« den klassischen Strukturen der Diözesankirchen entstanden sind. Dort sind auch die Männer- und Frauenorden mit über 25.000 Ordensmitgliedern anzusiedeln, die in vielfältigster Weise zum Gemeinwohl beitragen. Sie sind ebenfalls eine Stärke, auf die sich noch stärker aufbauen ließe.

Erzbischof Robert Zollitsch hat das Wirken vielfältiger Gruppen und Einzelpersonen 2010 vor der Deutschen Bischofskonferenz gewürdigt: »Es gibt in der Kirche viele gute und gut gemachte Erfahrungen der Lebendigkeit in Einheit und Vielfalt. Es macht Mut, dass Zehntausende Kinder und Jugendliche die Schulen in kirchlicher Trägerschaft besuchen. Ihre Eltern vertrauen uns ihre Söhne und Töchter gerne an. Tausende junger Menschen haben ihre Ferien in Zeltlagern und Ferienfahrten der Kirche verbracht. Die großartige Wallfahrt der Ministranten nach Rom hat uns erleben lassen, wie junge Menschen mit Freude, Elan und Neugierde den Glauben mit Gleichgesinnten leben und feiern. Dasselbe gilt für das geistliche und ökumenische Zentrum von Taizé, das ich neulich besuchte.« Besonders erfreulich war sein Resümee über die Arbeit von Kirche und ehrenamtlichen Mitarbeitern im Münchner Raum anlässlich des Zweiten Ökumenischen Kirchentages: »Ich jedenfalls war aufs Neue beeindruckt von der Breite des kirchlichen Engagements, das in München zu erleben war. Besonders von den Ehrenamtlichen, den vielen Stunden zur Unterstützung unserer Gemeinden und Verbände. Sie sind keineswegs Zeugen eines Zusammenbruchs des kirchlichen Lebens und Glaubens. Ich wundere mich sogar darüber, wie geflissentlich oft das viele Gute übersehen wird, das auch heute aus dem kirchlichen Raum erwächst.«

Ein beeindruckendes Bild der Stärken der Kirche, der Vielfalt und Vitalität kirchlicher Aktivitäten in Deutschland liefert die Faktensammlung der Deutschen Bischofskonferenz, erstmals im September 2011 veröffentlicht: Mit 11.400 Pfarreien sowie 24.500 Kirchen verfügt die katholische Kirche über eine Flächenpräsenz wie kaum eine andere Institution, in der zudem mehr als 650.000 Laien als ehrenamtliche Mitarbeiter tätig sind. Wo es längst keine Postämter mehr gibt, zeigt die katholische Kirche immer noch Flagge, wird sie auch geografisch nach wie vor ihrem Anspruch gerecht, nahe beim Menschen zu sein.

14 Die Kirche wurde immer weniger als »zeitgemäß« erlebt: Rückgang gestoppt?

»Wie gut passt die Kirche Ihrer Meinung nach eigentlich in unsere Zeit? Hier habe ich eine Leiter.
Welche Stufe von 0 (passt überhaupt nicht in unsere Zeit) bis 10 (passt sehr gut in unsere Zeit)
würden Sie wählen?«

in Prozent der Bevölkerung[1]

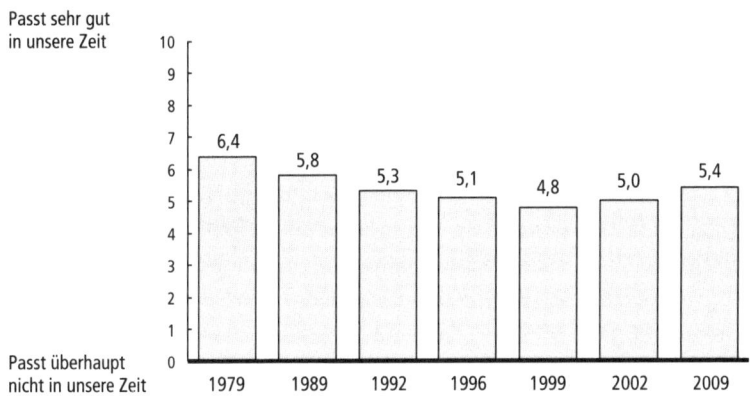

Passt sehr gut in unsere Zeit

Passt überhaupt nicht in unsere Zeit

1 Katholiken ab 16 Jahre, Bundesrepublik Deutschland

Quelle: Allensbacher Archiv, IfD-Umfragen 3072, 5016, 5065, 6032, 4213, 4263, 5266

Eine stabile, tendenziell wachsende Zustimmung in der Bevölkerung zur pastoralen und sozialen Arbeit der Kirche lässt sich auch demoskopisch nachweisen. Auf einer Skala von 1 bis 10 des Instituts Allensbach wird die Frage »Wie gut passt die Kirche (…) in unsere Zeit« mit einer durchschnittlichen Zustimmung von 5,4 beantwortet; damit werden wieder die Zustimmungswerte wie Anfang der 1990er-Jahre erreicht (Religionsmonitor, 2010). Am Tiefpunkt im Jahr 1999 lag die Zustimmung mit 4,8 sogar tendenziell im negativen Bereich.

Eine ähnlich erfreuliche Entwicklung zeigt sich, wenn man nach der Bedeutung religiöser Erziehung fragt. Hier sind die Zustimmungswerte für die katholische Kirche in den letzten 30 Jahren insgesamt angestiegen: von 65 Prozent (1979) über 63 Prozent (1989) auf 69 Prozent im März 2010 (Religionsmonitor 2010).

Ausgesprochen lebhaft ist die Nachfrage nach Kindergartenplätzen in kirchlicher Trägerschaft, in denen ca. 76.000 Mitarbeiterinnen und Mitarbeiter täglich rund 600.000 Kinder betreuen. Bundesweit bekommen jährlich 370.000 Schüler in 900 katholischen Schulen christliche Werte vermittelt. Der Andrang ist nach wie vor stark; Insider gehen davon aus, dass man durchaus noch einmal 900 Schulen errichten könnte, deren Plätze sofort belegt wären. Der Missbrauchsskandal scheint hier keine negativen Auswirkungen gehabt zu haben.

Jährlich nehmen im Rahmen der Erwachsenenbildung deutschlandweit über 5 Mio. Erwachsene in 750 katholischen Einrichtungen an Fortbildungskursen teil, die von 3.000 hauptamtlichen und 50.000 neben- und ehrenamtlichen Mitarbeitern durchgeführt werden.

In rund 18.000 Chören und Musikensembles haben sich 420.000 katholische Laienmusiker zusammengefunden. Bemerkenswert ist, dass sich mittlerweile auch rund 5.000 katholische Kinder- und Jugendchöre mit etwa 100.000 Mitgliedern gebildet haben. Gerade in den letzten Jahren ist ihre Mitgliederzahl rasant angewachsen. Vor allem im ländlichen Bereich bietet die Kirche, neben dem Sportverein, oft das einzige Freizeitangebot, das Kinder haben.

Welche Bedeutung die Kirche gerade in der Fläche hat, mögen einige weitere Zahlen verdeutlichen. Nicht weniger als 6 Mio. Mitglieder – d.h. 25 Prozent aller deutschen Katholiken – sind in katholischen Verbänden und Vereinen organisiert. Besonders zu erwähnen sind die Katholische Frauengemeinschaft Deutschlands (kfd), der Katholische Deutsche Frauenbund (KDFB), die Katholische Arbeitnehmer-Bewegung (KAB) und die örtlichen Einrichtungen des Bundes der deutschen katholischen Jugend (BDKJ) – auch wenn Letztere z.T. mit Nachwuchsproblemen zu kämpfen haben. Insgesamt gibt es in der Arbeitsgemeinschaft der katholischen Organisationen Deutschlands (AGKOD) gut 125 organisierte Verbände, Bewegungen und Initiativen. Mit ihren Aktivitäten repräsentieren sie ein breites Spektrum gesellschaftlichen Lebens. Alle ihre Vertreter sind demokratisch gewählt und dokumentieren mit ihrer Person und ihrem Wirken in eindrucksvoller Weise die Leistungs- und Partizipationsbereitschaft des deutschen Katholizismus. Diese neben der Amtskirche zweite Säule ist ein Wesensmerkmal der deutschen Kirche.

Diese Form ist in der Weltkirche einzigartig, was u.a. die starke Partizipation von Laien hierzulande erklärt. Größter Arbeitgeber in Deutschland ist die Caritas; ihre mehr als 500.000 Voll- und Teilzeitmitarbeiter betreuen und beraten jährlich mehr als 9,7 Mio. Menschen. Hinzu kommen die Aktivitäten in 18 karitativen Fachverbänden wie der Malteser Hilfsdienst oder in 262 Ordensgemeinschaften und Vereinigungen. Nicht zu vergessen ist eine Vielzahl sozialer und kultureller Einrichtungen auf Gemeindeebene. Diese Institutionen erfreuen sich höchster gesellschaftlicher Wertschätzung. Und schließlich verfügt die katholische Kirche nach wie vor über eine enorme Mobilisierungskraft: Rund 3 Mio. Menschen gehen jeden Sonntag in die Kirche, ca. 12 bis 15 Mio. an Weihnachten. 1 Mio. Besucher gab es beim Weltjugendtag 2005 in Köln, 160.000 beim Zweiten Ökumenischen Kirchentag 2010 in München. Welche andere Organisation kann in diesem Umfang Menschen bewegen? Was sich in diesen Zahlen aber mehr als alles andere dokumentiert, ist trotz aller Widrigkeiten eine Ausstrahlungskraft der Kirche, nicht nur global, sondern auch weit in die Verästelungen unserer Gesellschaft hinein.

Mit der Person des Papstes hat die römisch-katholische Kirche zudem eine markante Führungspersönlichkeit an der Spitze, die Gesprächspartner für viele Regierungen und Nicht-Regierungsorganisationen der Welt ist. Politisch hat sich die Kirche im Zug des Zweiten Vatikanums der modernen Welt zugewendet. Sie hat es sich zur Aufgabe gemacht, weltweit zu helfen, die Menschenrechte durchzusetzen und eine demokratische Zivilgesellschaft aufzubauen. In diesem Sinne steht sie im Dialog mit allen Reformkräften der Welt.

Als Institution besitzt die Kirche eine einzigartige »Brand Recognition« und eine einzigartige Angebotsqualität. Sie verbindet die Einheit der katholischen Kirchenlehre mit der Vielfalt der Glaubenstraditionen und Riten vor Ort. Und sie spricht jeweils den »ganzen« Menschen an – in seiner Intellektualität ebenso wie in seiner emotionalen Befindlichkeit oder seinen sozialen Bedürfnissen. Mit den Evangelien verfügt sie über eine stets aktuelle und höchst attraktive Botschaft mit zeitlos gültigen, aber immer neu zu interpretierenden Inhalten und Wertvorstellungen. In der Tat, auf diese Stärken lässt sich trefflich bauen.

V. Wege aus der Krise

»Prüft alles und behaltet das Gute!«
(1. Brief an die Thessalonicher 5,21)

Das Wort Krise stammt von griech. *krisis*, das eine entscheidende Wendung, eine schwierige Situation, einen Moment bezeichnet, der den Höhe- und Wendepunkt einer gefährlichen Entwicklung darstellt. Einen Augenblick, in dem etwas auf Messers Schneide zum Guten oder zum Schlechten steht. Die Krise einmal von der Katastrophe, mit der sie landläufig verbunden wird, losgelöst zu betrachten, verändert den Blickwinkel. Krise kann dann auch ein *Kairos* – ebenfalls griechisch – sein, ein günstiger Moment für eine Entscheidung, für eine positive Entwicklung. So steckt bekanntlich in jeder Krise auch eine Chance.

Krisenzeiten bergen auch Potenzial für die Zukunft, sie sind Zeiten der Läuterung und Klärung. Man akzeptiert die realen Gegebenheiten, denkt über mögliche Lösungswege, über Alternativen nach und fängt moglicherweise von vorne an. Alles zu prüfen und das Gute zu behalten, wie es Paulus an seine Gemeinde in Thessaloniki schreibt, hat Aufforderungscharakter und an Aktualität nichts verloren. Vor allem unter traditionsbewussten, konservativen Katholiken wird die Krise der Kirche nicht als Chance erkannt, längst überfällige Veränderungen einzuleiten. Vielmehr wird die Krise dann als eine Art Bewährungsprobe empfunden, als eine Zeit, in der sich Spreu vom Weizen trenne. Andere schüren Ängste vor einem deutschen Sonderweg, der im Widerspruch zu Rom stünde, und wieder andere befürchten eine Kirchenspaltung.

Aber haben wir nicht längst schon eine Kirchenspaltung? Was ist mit den 80 bis 90 Prozent Katholiken, die der Institution Kirche tendenziell eher fern, indifferent oder kritisch gegenüberstehen, nicht mehr regelmäßig den Gottesdienst besuchen? Gibt es nicht bereits die Kirchenspaltung zwischen Klerus und Laien, kritischen, aber doch der Kirche innerlich noch verbundenen Menschen, die immer weniger ihren Bischof als guten Hirten sehen können und daher zunehmend ihre eigenen Wege gehen? Sie haben ihre Kirche noch nicht verloren gegeben, sie lieben sie, sie glauben an sie, sie wollen, dass sie fortbesteht, dass sie an Attraktivität gewinnt und damit auch ihren Kindern und Kindeskindern ein Hort, eine Quelle der Hoffnung, der Lebensorientierung und der Freude ist. Aber zu viele Amtsträger halten an überkommenen Strukturen fest und meinen, damit zentrale Werte und Glaubensaussagen zu verteidigen. Vorausschauende Konservative wie der Präsident des Zentralkomitees der Katholiken, Alois Glück, betonen gerade umgekehrt, dass, um bewährte gesellschaftliche Werte zu erhalten, Strukturen zu hinterfragen sind. Nicht Strukturkonservatismus ist gefragt, sondern Wertkonservatismus. Das gilt auch für die Kirche. Die Apostel und ersten Generationen der Christen haben den Auftrag Jesu zur Verkündigung des Evangeliums in den gesellschaftlichen Formen zu erfüllen versucht, in denen sie lebten, und dabei auf Strukturen der jüdischen Gemeinden und der griechisch-römischen Verwaltungswelt zurückgegriffen. »Die Strukturen der Gemeinde können sein, wie menschliches Ermessen es für angemessen und selbstverständlich hält. Wenn nur das Evangelium weitergeht«, bestätigte Professor Otto Hermann Pesch in einem Vortrag vor der Biser-Stiftung im März 2011 in München.

Tradition ist ein Prozess, der sich dynamisch weiterentwickelt

Vom lateinischen Wort *tradere* (hinübertragen, hinübersetzen) leitet sich das deutsche Wort Tradition ab. Tradition bedeutet also nicht, am Althergebrachten krampfhaft festhalten oder rückwärtsschauen, sondern die Erkenntnisse und Strukturen der Vergangenheit laufend auf ihre Zeitgemäßheit überprüfen und sie auf der Basis des Evangeliums an neue Herausforderungen anpassen, wie Kardinal Walter Kasper in seinem Buch über »Die Lehre von der Tradition in der römischen Schule« darlegt. Nur so kann eine Institution zukunftsfähig, wetterfest gemacht werden. Die Kirche kann die Überlieferung des Evangeliums in die heutige und künftige Welt nur erfolgreich meistern, wenn sie nicht nur mit den strukturellen Gegebenheiten und Instrumenten der Vergangenheit operiert. Sie muss den Schritt von einer verharrenden zu einer agierenden Kirche vollziehen. Das Volk Gottes ist auf Pilgerschaft. Die

Bibel ruft uns auf, Änderungen nicht zu scheuen. So spricht Gott durch den Propheten Jesaja: »Denkt nicht mehr an das, was früher war; auf das, was vergangen ist, sollt ihr nicht achten. Seht her, nun mache ich etwas Neues. Schon kommt es zum Vorschein, merkt ihr es nicht?« (Jes 43,18f.). Und Paulus riet den Philippern: »Ich vergesse, was hinter mir liegt, und strecke mich nach dem aus, was vor mir ist« (Phil 3,13). Und der Konzilspapst Johannes XXIII. hat es auf den Punkt gebracht: »Tradition ist nicht die Anbetung der Asche, sondern die Weitergabe des Feuers.«

Als Argument gegen eine Reform der »irdischen Institution Kirche« wird die Freiburger Rede von Papst Benedikt XVI. mit seinem Aufruf zur »Entweltlichung der Kirche« ins Feld geführt. Nicht wenige haben diesen Aufruf so verstanden, als könne sich die Kirche aller Probleme dadurch entledigen, dass sie sich gleichsam in einen Raum zwischen Himmel und Erde katapultiere, sich auf eine neue Plattform stelle und dadurch allen unangenehmen Diskussionen entziehe. Diese Interpretation ist ganz und gar unzulässig. Auch der Papst will, dass seine Kirche sich mit der heutigen Gesellschaft auseinandersetzt – mit dem wirtschaftlichen Wachstumswahn zulasten zukünftiger Generationen, der immer größer werdenden Kluft zwischen Arm und Reich, den Problemen der Gegenwart. Aber er fragt zu Recht, ob die Verantwortlichen in der Kirche sich nicht wundern müssten, warum wir mit den heutigen kirchlichen Strukturen immer weniger die spirituellen Bedürfnisse der Menschen unserer Zeit träfen.

Vor 50 Jahren eröffnete Papst Johannes XXIII. das Zweite Vatikanische Konzil mit der Zielsetzung des »Aggiornamento«, womit er die Öffnung der katholischen Kirche für die Fragen der gegenwärtigen Zeit meinte. Das italienische Wort *aggiornamento* bedeutet so viel wie die Buchhaltung bzw. die Konten auf den aktuellen Stand bringen. Der Papst war der Auffassung, dass eine Öffnung dringend notwendig sei, um der Kirche ihren Dienst in der modernen Welt zu erleichtern, und setzte sie gegen zum Teil heftigen Widerstand innerhalb seiner eigenen Kurie durch.

Der protestantische Theologe, Glaubens- und Blutzeuge des Dritten Reichs, Dietrich Bonhoeffer, warf den beiden Kirchen bereits 1944 vor, die Bestandsbewahrung um ihrer selbst willen in den Mittelpunkt zu stellen. Sie würden um sich selbst kreisen und dadurch die Verkündigung schwächen. Nur wenn sie aus der Krise als Kirchen hervorgingen, die

gekennzeichnet seien durch die Tiefe ihrer Spiritualität und die Radika-
lität ihres Dienens, hätten sie eine Chance. Auch für die Christen früherer Epochen war nicht absehbar, wohin sich die *ecclesia semper reformanda*,
die Kirche, deren Wesen es ist, sich immer wieder zu erneuern, entwickeln würde. Doch klar war und bleibt: Man muss die Kirche mutig
weiterdenken, in eine Zukunft hinein, in der sie sich trotz dramatisch
veränderten gesellschaftlichen, wirtschaftlichen und politischen Rahmenbedingungen treu bleibt, gehört wird und möglichst vielen Menschen eine Heimat bietet. Es geht nicht darum, sich dem Zeitgeist anzupassen, sondern vielmehr nach den »Zeichen der Zeit zu forschen und
sie im Licht des Evangeliums zu deuten« *(Gaudium et spes 4)*.

Kardinal Walter Kasper warnte in einem Vortrag an der katholischen
Akademie in München Ende 2011 davor, sich auf die Strukturkrise und
Strukturdebatten zu konzentrieren, die Glaubenskrise aber und die abnehmende Vermittlungskraft außer Acht zu lassen. Strukturreformen
bewegten vor allem diejenigen, die innerhalb der Kirche engagiert seien.
Die vielen Menschen, die kaum oder nichts mehr mit der Kirche zu tun
hätten, seien an solchen innerkirchlichen Querelen nicht interessiert.
Entscheidend sei, dass neben einer Weiterentwicklung in den Strukturfragen vor allem das Problem der Glaubenskrise in den Vordergrund
rücke und man damit auch die eher Kirchenfernen erreiche. So rief
Kasper zu einer Wende der Theologie auf: Wir müssten mehr von Gott
reden, denn ohne Gott werde alles relativ. Aber er wies entschieden auch
eine einseitige alleinige Konzentration auf die Glaubenskrise zurück.
Glaubenserneuerung und Kirchenerneuerung gehörten wie siamesische
Zwillinge zusammen.

Eine Erneuerung der Kirche kann nur mittels einer stärkeren und
konsequenten Ausrichtung auf Jesus Christus und sein Evangelium gelingen. Eine Reform an Strukturen und Prozessen ohne diese Orientierung
wäre ein ziel- und sinnloser Aktionismus, ohne Tiefe und Ausrichtung.
Umgekehrt gilt freilich auch, dass eine geistliche Erneuerung ohne konkrete Konsequenzen, die sich in den Strukturen niederschlagen, ein
»weltfremder und weltflüchtiger Spiritualismus« (Kardinal Kasper) ist,
der ebenso rasch verdampft und zu einem weiteren Reformstau führt, der
sich wie Mehltau auf das kirchliche Leben legt. Wir brauchen beides, so
der Kardinal: »geistliche Erneuerung und konkrete Kirchenreformen«.

Wirft man einen Blick auf die protestantische Kirche, wird deutlich, wie viel sie von dem hat, was innerhalb der katholischen Kirche gegenwärtig gefordert wird. Sie hat die Frauenordination, kennt keinen Zölibat, hat einen sehr stark basisdemokratischen Charakter, sie sieht das Wort Gottes als einzige Quelle der Offenbarung an. Ihr Führungspersonal ist deutlich jünger als das der katholischen Kirche, ihre Geistlichen bringen ihre Erfahrungen als Väter und Mütter aus den unterschiedlichsten gesellschaftlichen Schichten ein und spiegeln so unsere pluralistische Gesellschaft deutlicher wider. Und vor allem hat sie mutig, unter der Leitung des ehemaligen Präses der Evangelischen Kirche Deutschlands (EKD), Bischof Wolfgang Huber, ein langfristiges, sehr konkretes Konzept unter dem Titel »Kirche der Freiheit« entwickelt. Trotzdem steht sie nicht stärker da als ihre Schwesterkirche, eher im Gegenteil. Seit 1970 hat sie 70 Prozent mehr Gläubige durch Austritte verloren als die katholische Kirche. Auch alle anderen Indikatoren weisen sehr viel deutlicher nach unten. Im Laufe der Herbst-Synode 2011 hat die EKD eine kritische Bestandsaufnahme gemacht. Viele Aktivitäten und Diskussionen, Programme und Initiativen mit der Zielrichtung Reform sind innerhalb der Kirche gelaufen. Daher sei die Herausforderung, nicht ein weiteres Aktionsprogramm aufzulegen, sondern sich wieder, wie der Hannoveraner Landesbischof Rolf Meister betonte, auf »das Zentrum, auf Gott und Christus selbst auszurichten, bescheiden, aber beharrlich, kritisch und fromm, nachdenklich und gewissenhaft, erschüttert und befreit« (vgl. CiG 48/2011).

Die Tradition ist ein lebendiger, sich ständig verändernder Prozess und muss es bleiben – andernfalls führt sie zwangsläufig ins Museum. Sind nicht die Geschichte des Christentums und der Kirche, z.B. die Integration der Heidenchristen, die Öffnung der jüdisch geprägten ersten Christengemeinden hin zur griechisch geprägten Antike, die Überführung aus dem römisch-christlich geprägten Mittelmeerraum in die germanische Welt, überzeugende Beweise dafür, dass sich die Tradition immer dynamisch weiterentwickelt hat? Zu denken wäre auch an das Hinaustragen der christlichen Botschaft im 15. bis 17. Jahrhundert auf die amerikanischen und asiatischen Kontinente oder in den letzten Jahrhunderten der Übergang, wenn auch mit Schmerz und Rückschlag, in die Moderne.

Die Kirche als das pilgernde Volk Gottes durch die Zeit ist das zentrale Bild des Zweiten Vatikanums. Es ist Zeit, dass wir weiterpilgern. Eine Frau drückte es bei der Neubesetzung eines Bischofsstuhls so aus: »Herr Bischof, wir haben uns auf den Weg gemacht. Wenn Sie Lust haben, können Sie mitgehen. Wir gehen auf jeden Fall weiter.« Eine pilgernde Kirche braucht Sensibilität und Gespür, nicht nur für diejenigen, die ihr nahestehen oder ihr zumindest wohlwollend gesonnen sind, sondern vor allem auch für die Suchenden, die Wartenden, die Kirchenfernen. Reagiert die Amtskirche auf die Vorwärtsbewegung in gewohnter Manier mit Machtdemonstration und auf den Machtverlust rückwärtsgewandt mit Dekreten, verbaut sie sich eine Chance, verschreckt sie vor allem religiöse, freundliche, postmoderne Christen und Menschen, die ansprechbar wären. Ich bin mir im Klaren, dass die Abarbeitung der bekannten Dauerthemen wie z.B. Zölibat, Kommunionempfang für Wiederverheiratete und gemischtkonfessionelle Ehepaare drängt, aber sich nur darauf zu konzentrieren, wäre zu kurz gesprungen. Um den Glauben an die nächste Generation weiterzugeben, braucht es deutlich mehr an Tiefe und Breite.

Viele Aktivitäten sind zu sehen, aber selbst bei denjenigen, die die Kirche nach vorne bringen wollen, ist eine depressive Ratlosigkeit zu verspüren. Man merkt zwar sehr wohl, etwas geht zu Ende oder ist bereits zu Ende gegangen, aber man weiß nicht, was kommt. Wir brauchen eine befreiende Vision, die die Kultur einer nach vorne gerichteten, strahlenden und attraktiven Kirche kennzeichnet. Ich gestehe ehrlich, auch ich weiß nicht, wie diese Vision konkret aussehen könnte. Auch ich habe kein Patentrezept für die angesprochenen Probleme zur Hand, wie wohl niemand. Trotzdem möchte ich im Folgenden versuchen, wesentliche Elemente der Vision einer zukunftsfähigen, fröhlichen und blühenden Kirche aufzuzeigen.

15 Fünf Stoßrichtungen zur Überwindung der Kirchenkrise

Krise …   … und Bewältigung

1. Neues Selbstverständnis entwickeln

>*»Eine Kirche, die nicht dient, dient zu nichts.«*
>(Jacques Gaillot)

»Für mich gilt auch vom Lebensgefühl her: *ecclesia semper reformanda* – die Kirche muss sich immer wieder verändern. Das heißt nicht, dass wir die Kirche neu erfinden, sondern dass wir sie immer wieder in die aktuelle Situation hineinführen müssen ... Das Problem ist, dass über den Begriff Reform keine Übereinstimmung besteht ... Reform kann doch nicht heißen: Wie machen wir es uns einfach ein bisschen bequemer! Vielmehr geht es darum, wie wir geistlicher und intensiver nach dem Evangelium leben können«, so äußerte sich Kardinal Reinhard Marx in einem Interview (Münchner Merkur, 31.12.2011). Und er fuhr fort: »Wir machen uns als Kirche auf den Weg, in dieser sehr modernen, differenzierten Gesellschaft das Evangelium in neuer Weise auszusagen. Das wird über die nächsten Jahrzehnte eine Suchbewegung innerhalb der Kirche sein. Insofern bin ich nicht einfach euphorisch, was diesen Weg angeht. Er wird schwierig, aber ich sehe keine Alternative und ich habe die Hoffnung, dass der christliche Glaube zu allen Zeiten seine Kraft entfalten kann.« Er weist damit deutlich auf die Notwendigkeit eines veränderten Selbstverständnisses hin.

Viele Reorganisationen, Neuausrichtungen von Unternehmen scheitern, weil man eine Veränderung im Handeln, im Selbstverständnis der Organisation und der sie tragenden und prägenden Führungskräfte und Mitarbeitergruppen nicht erreicht hat. Die entscheidende Voraussetzung für eine erfolgreiche Reform ist die Verankerung eines neuen Denkens, einer neuen Mentalität vor allem in den Köpfen von Bischöfen und Klerus, wollen sie nicht Gefahr laufen, dass große Teile der Gläubigen, die im Denken weiter sind, die Sache selbst in die Hand nehmen. Noch haben sie die Chance, sich als zukunftsorientierte Kirchenführer an die Spitze der Bewegung zu stellen, um zuallererst die Menschen mitzunehmen. Diese neue Mentalität ist in den Worten des Münchner Kardinals zu spüren; wir werden sehen, welche Taten ihnen folgen.

Die Kirche, zumindest ein Großteil der Gläubigen, ist in Aufbruchsstimmung. Gegenwärtig sind viele neue Initiativen und Aktionen unter dem Stichwort »missionarische Kirche« zu beobachten. Weil viele nicht mehr wüssten, was Glaube bedeute, müsse die Kirche, so eine berechtigte Annahme, in einer entchristlichten Umwelt missionarischer werden. Etliche Reformen von Strukturen und Prozessen sind bisher jedoch daran gescheitert, dass das Bewusstsein, die Einstellung der betroffenen Menschen nicht genügend berücksichtigt wurden. Ausgangspunkt für jedwede Neuerung, die erfolgreich sein soll, kann nur die Rücksichtnahme auf die Mentalität der handelnden Akteure sein. Dazu bedarf es der kreativen, dynamischen Gegenüberstellung von gesellschaftlicher Wirklichkeit und Evangelium. Es gilt, die »Zeichen der Zeit zu deuten«, was wiederum »erfordert, sich der Realität der Gegenwart mit der für Christen typischen Ehrlichkeit zu stellen, inklusive der Ehrlichkeit der eigenen Sprach- und Hilflosigkeit … Sie [die Kirche] muss ihre Angst vor der heutigen Welt, ihrer Komplexität und ihren Herausforderungen ablegen. Sie muss vor allem die große Mehrheit der Halbüberzeugten ins Visier nehmen und akzeptieren, entsprechend Konrad Adenauers Feststellung: ›Sie müssen die Menschen nehmen, wie sie sind – andere gibt's nicht!‹«. So formulierte es Kardinal Karl Lehmann bereits 2005 auf der Herbstvollversammlung der Deutschen Bischofskonferenz und fuhr fort: »Anerkennung der pluralistischen Grundsituation und Bekenntnis zum eigenen Standpunkt; Mut und Strategie für eine geistige Offensive; Entschlossenheit zur konkreten Alternative und zum persönlichen Zeugnis; neues Miteinander aller katholischen Christen, zuerst Leidenschaft für Gott, zuerst das Evangelium … das sind die Parolen der Stunde. Es geht nicht darum, viel zu tun, sondern zielgerichtet zu handeln, auch einmal innezuhalten. Nicht Aktivismus, sondern aktive Erkenntnis und Fokussierung sind die Herausforderungen.« Nur wer sich der Realität, so wie sie ist, ohne Wenn und Aber stellt, kann mit einer gehörigen Portion Entschlossenheit für eine geistige Offensive nach vorne antreten.

Die Hierarchie auf den Kopf stellen

Man wird sich vom alten Modell der konstantinischen Kirche, wie wir es aus den letzten Jahrhunderten kennen, verabschieden müssen: weg von einer mahnenden, lehrenden, Gehorsam einfordernden, herrschenden Kirche, hin zu einer dienenden, hörenden und lernenden Kirche. Diese Vision eines neuen Selbstverständnisses hat Erzbischof Robert Zollitsch beim Eröffnungsreferat der Vollversammlung der Bischofskonferenz im Herbst 2010 klar und unmissverständlich formuliert.

Um Wirtschaftsunternehmen mehr auf Mitarbeiter, Markt und Kunden auszurichten sowie die Mentalität und das Selbstverständnis der Organisation daraufhin zu verändern, wird oft das Bild einer umgekehrten Pyramide benutzt: unten der Vorstand und die Geschäftsführung, dann das Management, oben die Mitarbeiter und zuletzt die Kunden. Damit werden weder Leitungsbeziehungen und Kompetenzen verändert, noch wird die Basis-Demokratie im Unternehmen ausgerufen. Alles bleibt beim Alten, aber die neue Ausrichtung bzw. Denkweise wird visuell verdeutlicht.

Das traditionelle Bild der katholischen Kirche ist ebenfalls das einer Pyramide – in dieser Form sogar im Youcat so beschrieben: oben der Papst, als Stellvertreter Christi, dann die Bischöfe, Priester und unten die Laien. Es ist das Modell einer hierarchisch gegliederten Kirche mit klarer Über- und Unterordnung, mit Trennung von Klerus und Laien. Es entsteht der Eindruck von Herrschern und Beherrschten, von oben und unten und damit optisch auch von Wertigkeit, womöglich sogar das Falschbild größerer Nähe oder weiterer Distanz zu Gott. Entscheidungen, Impulse scheinen nur von oben nach unten zu gehen. Um die Mentalität der Beteiligten zu verändern, will ich diese Pyramide auf den Kopf stellen: Oben das Volk Gottes, im Horizont der Gottesherrschaft, pilgernd auf dem Weg, getragen und geführt dabei vom Klerus und vom Papst – »dem Diener der Diener Gottes«, so einer der päpstlichen Titel. Auf ihm ruht wie beim heiligen Christophorus die ganze Last der Kirche. Mit diesem Paradigmenwechsel werden weder Kompetenzen noch Strukturen infrage gestellt. Er wäre kein Ausdruck einer Kirche von unten, einer Übernahme aller Entscheidungen durch die Laien, keine Basiskirche, sondern Ausdruck des Selbstverständnisses einer hörenden, dienenden und helfenden Kirche. Der Klerus hat hierbei einen deutlich instrumentalen Charakter. Man könnte theologisch einwenden, ein Umdrehen der traditionellen hierarchischen Pyramide ginge nicht, da alles von Christus ausgeht, auf den alles ausgerichtet ist. Die umgedrehte Pyramide könnte aber auch bildlich ausdrücken, dass alles in ihm gegründet ist, dass er der Eckstein, die Quelle, die Wurzel ist, aus der seine Kirche hervorgeht. Manchmal drücken Bilder mehr aus als Worte, dies könnte so ein Bild sein.

16 Kirche mental auf den Kopf stellen

Traditionelles Kirchenselbstverständnis   Neues Kirchenselbstverständnis

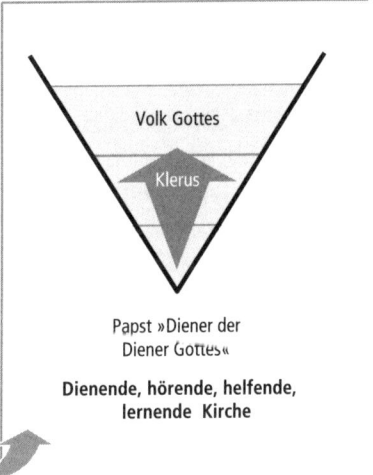

Und wenn man in diesem Bild bleibt, kann man eine herkömmliche Pyramide auch als einengende und einschnürende Bedeckung, als Topf sehen, der übergestülpt wird und alles kontrolliert. Umgedreht wird aus der Pyramide eine Vase, die mit ihren Seitenbegrenzungen klare Orientierung bietet, die Einheit erhält, aber nach oben hin offen ist und Wachstum, Vitalität und Neues auf der Ebene der Gemeinden zulässt und somit Vielfalt in Einheit fördert.

Ist die Vision der zukünftigen Kirche nicht vor allem die einer aufmerksam zuhörenden Kirche? Vorbild könnte König Salomo sein, der von Gott mit Wohlergehen, Glück, Machtfülle und Reichtum dafür ausgezeichnet wird, dass er sich einzig ein hörendes Herz wünscht, um sein Volk verständig zu regieren (1 Könige 3). Genau diese Passage hat Papst Benedikt XVI. in seiner Rede vor dem deutschen Bundestag im Herbst 2011 mit Blick auf die staatlichen Verantwortungsträger zitiert. Neben einer zuhörenden brauchen wir eine dienende Kirche. Selbstbewusste Demut sollte die Institution auszeichnen. Steckt nicht auch in dem Wort Demut das Wort Mut zum Dienen, dienstwillig zu sein? Jesus Christus hat im Johannes-Evangelium mit der Fußwaschung ein leuchtendes Beispiel gegeben, gleichsam ein »Sakrament des Dienens« gestiftet. Mit ihm kam einer in die Welt, um zu dienen, und nicht, um zu herrschen und sich bedienen zu lassen. Ist dies nicht der Maßstab, an dem alles kirchliche Handeln sich messen lassen muss – und nicht kirchenrechtliche Festlegungen? Zuhören und Dienen dürfen freilich nicht dazu führen, dass die Kirche jeglichen Anspruch aufgibt, Orientierung zu bieten. Sie kann und muss sich dort, wo es notwendig erscheint, auch kritisch einmischen. Dies kann sie umso authentischer, je selbstkritischer sie mit sich umgeht.

Damit ein solcher Zukunftstraum einer dienenden und hörenden Kirche Realität werden kann, ist es erforderlich, nicht passiv abzuwarten, sondern aktiv zu handeln und dabei auf das Wirken des Heiligen Geistes zu vertrauen.

Den Auftrag, hinaus zu den Menschen zu gehen und zu handeln, hat die Kirche von ihrem Gründer selbst ins Stammbuch geschrieben bekommen. »Geht zu allen Völkern und macht alle Menschen zu meinen Jüngern«, sagt Jesus im Matthäus-Evangelium (Mt 28,19). In diesem Sinne erinnerte Bischof Joachim Wanke in einem Interview daran, dass die Zukunft der Kirche nicht im Kirchenraum entschieden wird, sondern an den Gartentoren und Straßen unserer Gesellschaft. Diesen missionarischen Aspekt könne man auch an den großen Heiligen ablesen, die nicht in ihren Kämmerlein geblieben, sondern ausgeschwärmt sind. »Den Glauben an Jesus Christus kann man nur in der Freiheit finden, nicht weil man zu irgendetwas überredet wurde. Es hat auch keinen Sinn auf Traditionen zu pochen, die nur noch oberflächlich bleiben, das blättert in der Moderne erbarmungslos ab« (SZ, 17.09.2011).

Wir brauchen Mut zum Ausbruch aus der Selbstgenügsamkeit, aus der Mittelmäßigkeit, die in der Kirche zu häufig Höhepunkte erlebt. Angst war noch nie ein guter Ratgeber – und gerade das Evangelium als befreiende Botschaft spricht uns zu, mit Mut in die Zukunft zu blicken. Es geht nicht um eine Mentalität, die sich an den Zeitgeist anpasst, die den Abstand zwischen eigener Position und gesellschaftlichen Erwartungen möglichst kleinhalten will und auf die Zustimmung und Beifall der Medien aus ist, sondern darum, sich mit dem Zeitgeist ernsthaft und argumentativ auseinanderzusetzen. So ist beispielsweise das Thema »Rolle der Frau«, das Papst Johannes XXIII. als eines von drei Beispielen für die »Zeichen der Zeit« nannte, unter dem Aspekt zu diskutieren, dass sich ihre Rolle in der Gesellschaft im letzten Jahrhundert revolutionär und dauerhaft verändert hat. Wie will man auf dieses Zeichen der Zeit im Sinne des Evangeliums antworten? Wie will man diese epochale Veränderung tradieren und so selbst zur Tradition der Kirche werden lassen?

Die Kirche darf einen solch epochalen Wandel nicht ignorieren, sie darf an den Zeichen der Zeit nicht vorbeigehen. Das Beharren auf Althergebrachtem kann als Ausdruck von Hilflosigkeit verstanden werden. Dabei ginge es in erster Linie um eine nüchterne, selbstkritische Wahrnehmung der faktischen Situation. Dieser Prozess der Erkenntnis und Akzeptanz sollte ohne Ängstlichkeit erfolgen, wobei die Fakten alle auf dem Tisch liegen. Wie bereits gesagt: Wir haben kein Erkenntnisproblem, wir haben ein Handlungsproblem.

Die Päpste Johannes Paul II. und Benedikt XVI. haben mit Nachdruck eine Ordination von Frauen, jetzt, vor allem aber auch in aller Zukunft, ausgeschlossen. Laufen sie damit nicht Gefahr, dass es ihnen genauso ergeht wie Pius IX.? Dieser stellte 1864 zusammen mit der Enzyklika *Quanta cura* ein Verzeichnis von 80 Thesen auf, die als Irrtümer der modernen Zeit zu verurteilen seien *(Syllabus errorum modernorum)*. Er lehnte damit u.a. Menschenrechte, Gewissensfreiheit, Pressefreiheit und Religionsfreiheit ab und schloss quasi mit einer Generalklausel aus, dass sich der römische Pontifex jemals »mit dem

Fortschritt, mit dem Liberalismus und mit der neuen Zivilisation versöhne und einige«. Genau 100 Jahre später – für die Kirchengeschichte ein kurzer Zeitraum – vollzog das Zweite Vatikanum eine Kehrtwendung und bekannte sich voll und mit Nachdruck zu den vom Papst verurteilten Thesen.

Evangeliumsgemäßer werden

Von nicht wenigen Oberhirten ist derzeit zu hören: »Wir brauchen weniger die Institution Kirche, sondern mehr Jesus Christus.« »Zuerst das Evangelium«, forderte Kardinal Karl Lehmann 2005 seine Amtsbrüder auf. Und Apostel Paulus spricht im zweiten Brief an die Korinther: »Wir verkündigen nämlich nicht uns selbst, sondern Jesus Christus als den Herrn. ... Denn Gott ... ist in unseren Herzen aufgeleuchtet, damit wir erleuchtet werden zur Erkenntnis des göttlichen Glanzes auf dem Antlitz Christi. Diesen Schatz tragen wir in zerbrechlichen Gefäßen« (2 Kor 4,5–7). Das Evangelium, die frohe Botschaft, ist der Schatz, das Gefäß sind die Worte und Auslegungen, jeweils Produkte, Überzeugungen, Sprachen, Kulturen ihrer Zeit. Wenn der Schatz die Menschen heute nicht mehr in seinen Bann zu ziehen vermag, dann ist es notwendig, das Gefäß zu zerbrechen, um den Schatz in all seinem Glanz, in all seiner Attraktivität, in all seiner Ausstrahlung freizulegen. Denn im Laufe der Kirchengeschichte ist das Gefäß immer dicker, immer undurchdringlicher geworden.

Jede Zeit hat ihre Auslegungen des göttlichen Wortes beigesteuert, ihre Bedürfnisse und Gepflogenheiten in den Strom der Tradition eingebracht. So ist viel hinzugewachsen, was in der jeweiligen Zeit sinnvoll gewesen sein mag, heute aber auf seine Sinnhaftigkeit hin hinterfragt werden muss. In neun Briefen an seinen »lieben Bruder Benedikt« merkt ein unbekannter Autor alias Apostel Paulus hierzu an: »Da wird in Dogmen, Lehrsätzen, Vorschriften, Regeln, Anweisungen, Befehlen, Richtlinien, Erlassen, Konstitutionen und was weiß ich nicht alles noch das Evangelium so eingemauert, dass seine Klarheit und seine befreiende Kraft nicht mehr sichtbar ist« (27). *Ad fontes*, zu den Quellen unseres Glaubens und zu den Ursprüngen der Kirche zurückzukehren, das ist vergleichbar damit, die Quelle eines Gebirgsbaches aufzuspüren, mühsam bergauf zu wandern und unterwegs viele Steine oder Hindernisse aus dem Weg zu räumen. Aber es ist der Mühe wert.

Es lohnt, auf die Anfänge der jungen Kirche einen intensiveren Blick zu werfen, um die Spur aufnehmen zu können, die unsere heutige Kirche in eine evangeliumsgemäße Zukunft führen könnte. Alles begann im »Urchristentum« mit Versammlungen in einem Haus, kleinen Hausgemeinden, an deren Spitze traditionell ein Hausvater stand. Ein solcher *pater familias* repräsentierte das Haus nach außen, hatte die rechtliche Verfügungsgewalt und verwaltete den Besitz. All diese Funktionen, dazu noch der Vorsitz bei der Versammlung mit Herrenmahl und die Lehrtätigkeit für seine Kinder, sind Ausgangspunkt für die späteren »Bischöfe«. Als nun – wie z.b. in Korinth – mehrere dieser Hausgemeinden an einem Ort in Konkurrenz zueinander stehen und um die (organisatorische oder spirituelle) Vormacht streiten, greift Paulus korrigierend ein. Er verwendet das Bild des Leibes (1 Kor 12), in dem es keine Über- oder Unterordnung gibt. Die Gesamtgemeinde stellt er vielmehr als einen lebendigen Organismus dar, in dem alle kooperieren müssen, wenn der ganze Leib überleben will. Paulus nennt dieses Gemeindemodell *ekklesía*. Die Ekklesia ist das demokratische Organ der antiken griechischen Stadt, hier versammeln sich die freien Bürger. Während ein *pater familias* in der Ekklesia sein Haus repräsentiert, stellt Paulus dieses Modell gleichsam auf den Kopf: Die »Volksversammlung« findet im Haus statt und alle Christen haben dort »Sitz und Stimme«, denn: Nach einer alten Taufformel im Brief an die Galater gibt es »nicht mehr Juden und Griechen, nicht Sklaven und Freie, nicht Mann und Frau; denn ihr alle seid ›einer‹ in Christus Jesus« (Gal 3,28). Paulus stellt also dem patriarchalen Machtmodell, dass ein Mann in der christlichen Gemeinde das Sagen hat, eine gemeinschaftliche Organisationsform entgegen, die er zudem um Sklaven und Frauen erweitert.

Auch im Markus-Evangelium finden sich kritische Töne gegenüber einer Hausvatermacht. Dort wird das Haus nämlich generell ohne irdischen und nur mit Gott als Vater gedacht. Alle Versammelten sind Schwestern und Brüder (Mk 10,29f.). Neben diesem Modell der geschwisterlichen Gemeinschaft kennen die neutestamentlichen Schriften auch kollegiale Strukturen, die vor allem aus den jüdisch geprägten Gemeinden übernommen wurden: das Presbyterium, der Ältestenrat, der einerseits die Macht einzelner Hausväter bricht und andererseits ausdrücklich auf ein Exekutivamt mit Herrschaftsfunktion verzichtet. Der oberste Hirte, so drückt es der erste Petrusbrief aus, ist allein Christus (1 Petr 5,1–4). Zwei Generationen nach Paulus findet in seinen Gemeinden eine weitreichende Korrektur statt. Die Pastoralbriefe im Neuen Testament verstehen nun die gesamte Gemeinde als »Haus«, das ein einzelner Mann als Hausvorstand (Episkopos/»Bischof«) leitet. Ihm werden alle anderen Leitungsstrukturen zugeordnet, ihm werden alle Funktionen eines *pater familias* zugewiesen. Frauen werden aus ihren gemeindlichen Rollen zurück- und ins Private abgedrängt, notfalls diszipliniert (1 Tim 2,9ff.). Die Briefe lassen erkennen, dass es sich bei diesen Veränderungen um Krisenmanagement gehandelt haben muss: Angeblich kursierende Irrlehren sollten unter einer straffen Führung keine Chance bekommen. Zudem hat man sich den gängigen gesellschaftlichen Strukturen durch die Haus-Organisation deutlich angepasst. Wer die Pastoralbriefe und deren Kirchenkonzept eins zu eins auf heute übertragen will – und nicht selten führen konservative Kreise eben diese Schriften im Munde –, hat etwas Wesentliches nicht verstanden: Diese Briefe plädieren dafür, in Krisensituationen die aktuellen Gesellschafts- und Verwaltungsstrukturen zu übernehmen und für die Überwindung der Krise zu nutzen!

Diese Überlegungen des Neutestamentlers Martin Ebner lassen folgende Impulse für die Suche nach einer Kirche in der Spur ihres Ursprungs zu: Es gab und sollte kein Modell für Kirche-Sein geben, um das nicht gestritten und gerungen werden dürfte. Die biblischen Schriften belegen, dass es eine Vielzahl von Strukturvarianten geben könnte, die sich mit gleicher Berechtigung auf biblische Traditionen berufen dürfen. Sodann ist die Kritik an der Herrschaftsmacht eines Einzelnen nicht zu überhören. Kollegiale Organisation, synodale Elemente und die Übernahme gesellschaftlich bewährter Strukturen könnten z.B. bedeuten: eine echte Wahl der Amtsträger, wie sie schon bei der Papstwahl mit Berufung auf das Wirken des Heiligen Geistes praktiziert wird; Rechenschaftspflicht der Amtsträger; prinzipielle Gleichheit aller Christen. Dass keine Abstimmung über Glaubenswahrheiten intendiert sein kann, versteht sich. Abschließend wäre darüber nachzudenken, wie die Charismen einzelner Christen effektiver zum Tragen kämen. Die durch das

Amtsverständnis entstandene Verknüpfung von Gemeindeleitung, Eucharistievorsitz und Lehre müsste wieder gelockert oder ganz entkoppelt werden – die paulinischen Gemeinden waren in dieser Hinsicht schon weiter.

Mit Blick auf ein solches biblisches Strukturdenken darf man auch an den Kirchenvater Cyprian von Karthago erinnern, der im 3. Jahrhundert über kirchliche Entscheidungen sagte: »Nichts ohne den Bischof, nichts ohne den Rat des Presbyteriums, nichts ohne die Zustimmung des Volkes.« Von Papst Coelestin I. (422–432) ist das Prinzip überliefert: »Ein Bischof darf nicht aufgezwungen werden«, und Papst Leo der Große schrieb um 460: »Wer allen vorsteht, soll von allen gewählt werden.« Dies mag genügen, um deutlich zu machen, dass unser vorfindliches Kirchensystem stets in Bewegung und in den ersten Jahrhunderten näher an den Vorstellungen unserer heutigen Zeit war.

Starr wurde es erst durch die Stärkung hierarchischer Elemente. Mit den gregorianischen Reformen im 11. und 12. Jahrhundert erfuhr das Papsttum eine signifikante Stärkung, die im 17. und 18. Jahrhundert in der Herausbildung einer absolutistisch, monarchisch geprägten Kirche gipfelte. Noch heute leiden wir unter der damals angelegten Überakzentuierung menschlicher Ordnungen und zentralistischer Machtstrukturen, in denen der Geist Jesu Christi kaum noch erkennbar ist. Diese innerkirchlichen Strukturen basieren sehr stark auf dem persönlichen Gehorsamseid – dem zuständigen Bischof gegenüber! Der Gehorsamseid geht zurück auf den Lehnseid im frühen Mittelalter, das Treueversprechen, das ein Vasall gegenüber seinem Herrn zu leisten hatte. Sollte die Kirche nicht bei aller unbestreitbaren Notwendigkeit einer gewissen hierarchischen Ordnung das Thema Unter- und Überordnung in den Hintergrund stellen und sich sehr viel konsequenter für eine Kirche der Diakonie, des Dienens entscheiden? Inwiefern dient ein Bischof seiner Kirche, wenn er Wortgottesdienste an Samstagen und Sonntagen verbietet? Ist solches Handeln überhaupt mit dem Sinn des Evangeliums zu vereinbaren?

In der Pastoralkonstitution des Zweiten Vatikanums, *Gaudium et spes*, ist ausdrücklich vom Verzicht auf Privilegien die Rede. Die Kirche wäre eine glaubwürdige Nachfolgerin Jesu Christi, wenn sie eine Kirche der Armen wäre. Sie muss zur apostolischen Einfachheit zurückkehren, ihre

Kraft allein aus Jesus Christus und dem Evangelium ziehen, nicht aus Reichtum, politischer oder wirtschaftlicher Macht. Vielmehr wird sie, wenn sie sich in der Spur Jesu bewegt, alles Feudale, Herrschaftliche, höfische Gepränge sowohl im äußeren Auftreten, aber auch in der Mentalität und Stil aufgeben müssen. Folgerichtig hat Paul VI. sich zwar noch mit der Tiara, dem Symbol päpstlicher Macht, krönen lassen, sie aber im November 1964, also zu Beginn des dritten Jahres des Vatikanischen Konzils, zugunsten armer Menschen verschenkt. Auch seine drei Nachfolger ließen sich nicht mehr mit einer Tiara krönen. Papst Benedikt XVI. ersetzte in seinem Papstwappen die Tiara durch eine einfache Mitra mit drei goldenen Querstreifen. In der bereits mehrfach zitierten Freiburger Rede hat er darauf hingewiesen, dass eine von materiellen und politischen Lasten und Privilegien befreite Kirche sich besser, auf wahrhaft christliche Weise, der ganzen Welt zuwenden kann, wirklich offen ist und damit evangeliumsgemäßer wird. Diese zu Recht geforderte apostolische Einfachheit lässt sich für viele Gläubige schwer vereinbaren mit der Wahrnehmung des Auftretens und Verhaltens von Teilen der Amtskirche, die noch sehr den absolutistischen Strukturen und dem Gepränge des 18. Jahrhunderts anhängen.

Die wiederholten Einlassungen des Lehramtes zu Themen wie Ehe, Empfängnisverhütung, Abtreibung, Homosexualität, vorehelichen Geschlechtsverkehr und anderen finden immer weniger Widerhall, rufen oftmals nur noch ein müdes Lächeln, Schulterzucken oder gar Nichtbeachtung hervor. Kirche wird nicht wahrgenommen als Kirche der Barmherzigkeit, sondern als Kirche der Normvorschriften für private Lebensführung und damit zunehmend als nicht verbindlich oder ganz und gar irrelevant. Man nimmt die Weisungen nicht mehr ernst, setzt sich über sie hinweg. Sie müssten dringend im Sinne des Evangeliums unter Berücksichtigung von theologischen, pastoralen und humanwissenschaftlichen Gesichtspunkten überarbeitet werden. Auch die Kirche muss das Scheitern, insbesondere zwischenmenschlicher Beziehungen, als eine Form menschlichen Lebens akzeptieren und darauf eine Antwort aus dem Geiste des Evangeliums geben. Das soll aber nicht heißen, irgendeiner Beliebigkeit das Wort zu reden. Auch ein Leben nach dem Evangelium hat seinen Preis und ist nicht zum Nulltarif zu haben.

Der Theologe Eugen Biser hat es klar formuliert: Die Kirche muss sich bemühen, ein allzu einseitig moralisierendes Kirchenbild hinter sich zu lassen, das sich in der Folge der josephinischen Aufklärung und des 19. Jahrhunderts herausgebildet hat. Nur so kann sie zu neuer spiritueller Tiefe und zur solidarischen Breite des Evangeliums gelangen. Sie muss diese therapeutische Kraft wieder freilegen und so in der Nachfolge Jesu, des »Heilands«, eine wieder umfassend heilende Kirche für die Menschen werden.

Evangeliumsgemäßer bedeutet nicht zwangsläufig, protestantischer zu werden, d.h. dem Risiko ausgesetzt zu sein, sich in vielen Fragen so weit anzupassen, dass zwischen gesellschaftlichen Vorstellungen einerseits und ihrer kirchlichen Antwort andererseits ein möglichst geringer Abstand besteht; evangeliumsgemäßer heißt auch nicht, die Bedeutung von Tradition und Lehramt völlig abzulehnen. Das würde heißen, das Wirken des Heiligen Geistes in der Weiterentwicklung der Kirche zu leugnen. Der gläubige Mensch braucht Orientierung; mit der eigenen Auslegung der Schrift ist er im Zweifelsfall überfordert. Was soll ich glauben? Was soll ich nicht glauben? Laufe ich nicht Gefahr, am Ende gar nichts mehr zu glauben oder nur noch das, was mir persönlich passt? Entscheidend ist, dass sich die katholische Kirche ihrer biblischen Grundlagen immer neu und auf dem Stand der wissenschaftlichen Forschung bewusst wird, ihre Identität und ihre Alleinstellungsmerkmale wahrt, indem sie diese immer ins Heute übersetzt, sie transparent, aber nicht unsichtbar macht, ihre Glaubenswahrheiten orientierend formuliert und dabei die Attraktivität des Gefäßes für diesen Schatz stets neu sucht.

Katholischer, nicht römischer werden

Die katholische Kirche muss bewusst ihr katholisches Profil herausarbeiten, sie kann dadurch viel an Attraktivität und spiritueller Ausstrahlung gewinnen. Was aber ist das typisch katholische Profil?

Das bewusste Ansprechen des Menschen als ganzen, seines Verstandes, seiner Sinne, seiner Psyche, seiner Gefühle und Emotionen im Zusammenspiel von Ritualen, Musik und Raum, ob im feierlich zelebrierten Hochamt mit Bischof und Orchestermesse, in der Dorfkirche mit dem Pfarrchor, im Vatikan mit der Schola. Mancher mag dies als Inszenierung abtun, aber sie ist notwendig: Gott kann man nicht nur denken oder rational nachvollziehen, man kann und muss ihn erfahren, ahnen, spüren und fühlen, sich von ihm berühren lassen. Das Barock hat dieses katholi-sche Lebensgefühl angesprochen mit seiner bewussten Manifestation von Lebensfreude und Pracht – anders als das Mittelalter mit seinen düsteren Kirchenbildern, die den Gläubigen Hölle und Fegefeuer vor Augen hielten – auch wenn sich der moderne Mensch durch die Ästhetik eines gotischen Doms wieder angesprochen fühlt. Das Barock verbreite-te eine positive Grundstimmung zum diesseitigen Leben und nahm den Menschen die Angst vorm Jenseits. Es holte den himmlischen Glanz ins Diesseits. Vor einiger Zeit schrieb eine Redakteurin, die eine Dokumen-tation über die Renovierung der barocken Kirchen in Neapel drehte, im Feuilleton der Süddeutschen Zeitung folgendes Erlebnis auf: Als sie kurz vor der Morgenmesse an einem Werktag neben einem Priester stand, der die Messe zelebrieren sollte, und bewundernd in die neu renovierte ba-rocke Kirche schaute, habe sie bemerkt: »Schön ist das Barock.« Wor-aufhin der Geistliche den Kopf geschüttelt und gemeint habe: »Nein, schön ist der Glaube, und das Barock ist Ausdruck des Glaubens.«

Betrachtet man die Figuren in der Sixtinischen Kapelle, die leicht beklei-deten Körper von Heiligen, die lustvollen Darstellungen von Göttinnen aus der griechischen Mythologie oder von Engeln, könnte man fast meinen, ein erotisches Programm vor sich zu haben. Die römische Kir-che hat sich in vielen Zeiten ihrer Geschichte zu Leiblichkeit, zu einer verantwortungsvollen Sexualität bekannt, die auch mit Lust verbunden war. Erst im 19. Jahrhundert wurde eine gewisse Leibfeindlichkeit der frühen Kirche wiederentdeckt, stark beeinflusst durch den protestanti-schen Pietismus und ein Lebensgefühl, das auf Enthaltsamkeit, Askese und Ernsthaftigkeit ausgerichtet war. Katholisch sein heißt aber gerade auch, Lebensfreude zu empfinden. »Der Menschensohn ist gekommen, er isst und trinkt; darauf sagen sie: Dieser Fresser und Säufer, dieser Freund der Zöllner und Sünder! Und doch hat die Weisheit durch die Taten, die sie bewirkt hat, recht bekommen« (Mt 11,19). Clemens von Alexandria hat zu Beginn des 3. Jahrhunderts einen christlichen Lebens-berater geschrieben, in dem er die Christen nicht zum Verzicht, sondern zum, wenn auch maßvollen, Genuss von Wein, Essen und Schlaf aufrief. »Denn überhaupt darf man dem Menschen von allem, was ihm von der Natur gegeben ist, nichts mit Gewalt nehmen. Vielmehr muss man alles durch das richtige Maß und die richtige Zeit bestimmen.« Angesprochen mit diesen Zeilen waren nicht etwa diejenigen, die in Übermaß lebten, sondern vor allem die besonders frommen, leib- und weltfeindlichen Christen, die die Verachtung aller schönen Dinge propagierten.

Im Zusammenhang mit dem Zweiten Vatikanum, beeinflusst durch das sehr rationale Denken der Moderne, wurde alles, was mit unreflektiertem Gefühl zu tun hatte, zu schnell als minderwertig angesehen. Wer eine Litanei oder einen Rosenkranz betete, auf den schaute man verächtlich herab. Erst der postmoderne Mensch hat diese Einstellung überwunden, er ist und braucht Seele und Verstand; insofern ist das Beten von Litaneien, die Verehrung von Heiligen ein Element des Katholisch-Seins, zu dem man sich bekennen kann. Dazu gehört auch die Bejahung der besonderen Stellung der Gottesmutter Maria. Gerade für Frauen ist sie eine ganz wesentliche Bezugsgröße, etwa wenn es darum geht, das einem Menschen auferlegte Schicksal zu akzeptieren oder Leid zu ertragen. Selbst für meine tiefprotestantische Mutter, die es in ihrem Leben nicht immer einfach hatte und von etlichen Schicksalsschlägen getroffen wurde, war Maria eine Figur der Zuflucht. So erinnere ich mich, dass sie in den 1950er-Jahren regelmäßig mit uns Kindern zur Maiandacht in ein benachbartes Kirchlein ging – unabhängig von der Tatsache, dass sie dem evangelischen Kirchenvorstand angehörte. Diese Ausflüge fanden nicht nur aus dem Antrieb heraus statt, ihre Kinder katholisch zu erziehen, sondern waren ihr ein inneres Bedürfnis. Liest man dagegen den Katechismus, so ist dieser stark vom Verstand her bestimmt, »verkopft«, dogmatisch, Herz und Gefühle werden kaum angesprochen. Beispielsweise kommt kein einziges Mal das Wort Mystik und Spiritualität vor, dagegen aber das Verbot des Spiritismus.

Seit den 1960/70er-Jahren haben östliche, sinnstiftende Religionen einen großen Zulauf in der westlichen Hemisphäre. Attraktiv erscheint vielen Menschen die Meditation, also der Versuch, durch Selbsterkenntnis zur Ruhe zu gelangen, den Blick aufs Wesentliche zu richten, den Sinn des eigenen Lebens auszumachen und sich so auch das Transzendente zu erschließen. Hier hat die katholische Kirche grundlos Terrain aufgegeben, indem sie auf Rationalismus gesetzt hat, anstatt den gesamten Schatz der monastischen Spiritualität und der mittelalterlichen Mystik zu nutzen. Sie hat grundlos ein Monopol abgegeben und versucht heute mühsam, aber mit großem Erfolg insbesondere in Klöstern, aber auch in Gemeinden durch entsprechende Angebote wie »Exerzitien im Alltag« wieder Boden zu gewinnen. So nehmen jährlich mehr als 250.000 Menschen an Exerzitien mit wachsender Tendenz teil (SZ, 22.02.12). Katholischer werden, heißt, nicht nur zur Vereinbarkeit von Glaube und Vernunft Ja zu sagen, sondern auch zur Vereinbarkeit von Glauben mit Seele und Psyche; Ja zum Sakramentalen, zum Transzendenten, zum Heiligen; Ja zum *mysterium fidei*, zum Geheimnis des Glaubens. Die Kirche darf nicht verkopfen. Die spirituelle Strahlkraft, die Fähigkeit, das Transzendente zu vermitteln und erfahrbar werden zu lassen, wird letztendlich über die Zukunft der Kirche mit entscheiden.

Kardinal Reinhard Marx hat es in seiner Osterpredigt 2008 auf den Punkt gebracht: »Habt Mut, kommt raus aus euren katholischen Mäuselöchern, bewegt euch, macht euch auf die Socken, schämt euch nicht, katholisch zu sein.« Dazu ist es auch erforderlich, sich nicht in geschlossenen Kirchenräumen zu verstecken, sondern mit selbstbewusster Demut an die Öffentlichkeit zu gehen und dort ein Glaubenszeugnis abzugeben, z.B. an Fronleichnamsprozessionen, Umzügen, Gottesdiensten im Freien teilzunehmen oder sich karitativ in der Gemeinde zu engagieren. Die Kirche braucht solche öffentlichen Zeugnisse.

Katholisch aber meint auch, allumfassend zu integrieren, eine Vielfalt von Unterschiedlichem zu umfassen. So schreibt der Anonymus alias Apostel Paulus an Papst Benedikt XVI. im oben erwähnten Buch: »Werde endlich katholisch im wahren Sinne des Wortes. Werde katholisch – alle Zeiten umfangend, vor allem aber in die Zukunft ausschreitend! Werde katholisch – alle Menschen umfangend, gleich ob Jude oder Grieche, Herr oder Sklave, Mann oder Frau! Werde katholisch – alle Kulturen umfangend, gleich ob semitisch oder griechisch, deutsch oder chinesisch oder was auch immer! Werde katholisch – alle Denkweisen umfangend, selbst wenn manche Vorstellung dir nicht genehm ist! Werde katholisch – und habe Mut zur Freiheit und Offenheit, zum Aufbruch und zur Erneuerung, zum Leben aus dem Geist, nicht nach dem Buchstaben!« (126) Die Vielfalt der Glaubenswege, Frömmigkeitsformen, Praxen spiritueller Lebensführung ist ein Reichtum der katholischen Kirche, keine Bedrohung der Einheit.

Katholisch sein heißt, gegenüber der ganzen Welt und allen Menschen eine positive Grundhaltung einzunehmen; überall scheint das Heilige, die gottgewollte Schöpfung durch. Das Wort »katholisch« bedeutet, das Ganze betreffend. Tatsächlich betrifft, umspannt die katholische Kirche die ganze Welt. Dies ist es, was Kirche attraktiv erscheinen lässt, was dem Gläubigen das tröstliche Gefühl gibt, einer großen, weltweiten Werte- und Glaubensgemeinschaft anzugehören. Wie beruhigend ist es zu wissen, dass rund um die Welt nach gleicher Liturgie die Messe gefeiert wird, mit überall gleicher Lesung, gleichem Evangelium. Wie erhebend ist es zu sehen, dass die Weltkirche eine Solidargemeinschaft ist, die die Not der anderen sieht und hilft. Die Globalisierung bietet gerade der katholischen Kirche aufgrund ihrer weltweiten Präsenz besser als anderen die Chance, eine funktionierende, pluralistische, globale »Gesellschaft« Realität werden zu lassen, wenn sie »Einheit« und »Vielfalt« vorbildlich vorlebt. Diese globale Präsenz bietet das Potenzial, aus der kulturellen Vielfalt zu schöpfen, Impulse für die Gestaltung der Liturgie aus anderen Teilen der Welt aufzunehmen, den Glaubensvollzug in anderen Ländern mitzuerleben und zu sehen, dass auch dort Kirche möglich und notwendig ist. Ich bin jedes Mal aufs Neue tief beeindruckt, wenn in unserer Gemeinde an Christi Himmelfahrt Liturgie und Gottesdienst sehr stark von den Tutzinger Missionsbenediktinerinnen geprägt werden, wenn Nonnen aus Südamerika, aus Asien, aus Afrika mit Tanz und Gesängen den Lobpreis Gottes erklingen lassen. Gleichzeitig stiftet die Kirche vor Ort Identität und Gemeinschaft, sie ist Geschichte, generell und persönlich, sie drückt Wärme und Geborgenheit aus, hat für viele von Kindesbeinen an bekannte Rituale und Formen von tiefer Volksfrömmigkeit. Katholisch sein heißt daher »glo-kal« sein – gleichzeitig global und lokal.

Die genannten Aspekte »des« Katholischen relativieren die Diskussionen um die Notwendigkeit regelkonformer Liturgie, wie sie zunehmend in fundamentalistisch orientierten Kreisen geführt werden. Der Gottesdienst aber darf nicht im Traditionalismus erstarren, denn kulturelle Vielfalt bereichert das gottesdienstliche Leben und verträgt sich nicht mit Tendenzen einer zentralistischen Vereinheitlichung. Nur wenn die Feier des Glaubens konkrete Lebenssituationen aufnimmt, erreicht die

kirchliche Botschaft die Menschen; andernfalls bleibt sie starrer Kult.
Zielführend wäre, die Vielfalt der Menschen und Glaubenswege nicht als
Bedrohung, als vermeintliche Verwischung des verlorenen Profils, son-
dern als Bereicherung einer bunten, von Gott vielfältig geschaffenen
Welt zu verstehen.

Katholisch ist die Kirche dann, wenn sie Einheit und Vielfalt in sich
integrieren kann und das kreative Potenzial dieser Spannung zur Stärkung ihrer Zukunftsfähigkeit nutzt. Sie ist noch nicht vollendet, sie ist
nicht das irdische Reich Gottes, sondern ein Weg zu Gott, zu seiner am
Horizont erscheinenden Herrschaft. In dem Buch »Salz der Erde« hat
der damalige Kardinal Joseph Ratzinger und jetzige Papst Benedikt XVI.
selbst betont, dass es so viele Wege zu Gott gibt, wie es Menschen gibt.
Gerade diese vielen Formen von Frömmigkeit, Glaubenswegen, persönlichem Glaubensbezug sind ein Schatz, der gepflegt werden muss und
nicht durch Gleichmacherei verkleinert werden darf. In einer solchen
Vielfalt muss es selbstverständlich akzeptiert sein, dass die Messe nach
dem tridentinischen Ritus auf Latein gehalten werden kann ebenso wie
eine nachkonziliare Messe auf Deutsch gefeiert wird. Nicht die Monopo-
lisierung in der eigenen Vorstellung, sondern die Akzeptanz vielfältiger
Vorstellungen ist der Weg für die Kirche der Zukunft, ist der Weg für
eine pluralistische Kirche. Ignatius von Loyola hatte hinsichtlich unterschiedlicher Formen der Glaubenspraxis eine sehr souveräne, aus dem
Geist des Evangeliums geprägte Haltung, die sich deutlich von den star-
ren dogmatischen Regeln seiner Zeit, beispielsweise von der Häufigkeit
des Kommunionempfangs, abhob. Einer bei ihm ratsuchenden Gläubigen
antwortete er: »Alles ist Ihnen im Herzen erlaubt, wenn Sie es für nütz-
lich halten, dass dadurch ihre Seele größere Hilfe erfährt und stärker zur
Liebe ihres Schöpfers und Herrn angetrieben wird.«

Eine Minderheit sollte nicht die Deutungshoheit darüber beanspruchen, was wirklich katholisch ist, und damit andere Formen des Glaubensvollzugs außer Kraft setzen. Entscheidend ist, dass alle auf dem gemeinsamen Fundament des Evangeliums stehen. Um es pointiert mit
dem Apostel Paulus auszudrücken: »Wenn du mit deinem Mund bekennst:
›Jesus ist der Herr‹ und in deinem Herzen glaubst: ›Gott hat ihn von den
Toten auferweckt‹, so wirst du gerettet werden« (Röm 10,9). Diese Kurz-
formel bringt alles Wesentliche auf den Punkt, der Rest ist Garnitur.

Das »römische« Element betont, ja, überbetont die Bewahrung der Einheit durch Sicherstellung der Einheitlichkeit. Daraus ist zunehmend eine Einstellung geworden, die als rückwärtsgerichtet bezeichnet werden kann; Veränderungen, auch schon die Diskussion über Veränderungen werden unterdrückt, sodass die Gefahr besteht, dass die Kirche im Überholten erstarrt. Erzbischof Robert Zollitsch fordert eine andere Deutungs- und Handlungsweise: »Ich wünsche mir mehr Beweglichkeit, ganz klar, und auch mehr Bewusstsein für Vielfalt. Eine größere Weite, getragen vom Vertrauen auf die Führung des Heiligen Geistes und vom Vertrauen zueinander. Es muss nicht in Lateinamerika alles so sein wie in Europa. Wenn man um die große Einheit weiß und in ihr verwurzelt ist, kann man mit Vielfalt und Verschiedenheit viel gelassener umgehen. Wir sind in so manchem zu unbeweglich geworden, weil wir oft zu sehr und vor allem auf das schauen, was wir zu bewahren haben. Dieser Blick muss ergänzt werden durch die Bereitschaft, uns mutig im Vertrauen auf Gott den Herausforderungen zu stellen, durch mehr Gottes- und Nächstenliebe und weniger Bewahrungsmentalität.«

Ein großes Verdienst des Zweiten Vatikanums war die Einführung der Liturgie in der jeweiligen Landessprache. Natürlich gehört Latein zur katholischen Kirche, obwohl es nur noch Bruchteile der Gläubigen verstehen. Es ist ein weithin bekanntes Merkmal der katholischen Kirche und zeugt von ihrer Universalität und Geschichte. Im ersten christlichen Jahrtausend fand in der Liturgie im östlichen Teil das Griechische, im westlichen Teil das Lateinische Verwendung, während in den germanischen, westeuropäischen Gebieten Großteile der Liturgie anfangs noch in der jeweiligen Muttersprache gehalten wurden. Erst mit der Vereinheitlichung und der schriftlichen Fixierung der Messtexte, die Karl der Große in seinem damaligen Reich einführte, wurde das Lateinische verbindlich.

Es mag verständlich sein, dass aus der geschichtlichen Entwicklung und der Tradition die Messen im Petersdom in lateinischer Sprache gefeiert werden, wobei der Papst nicht in lateinischer, sondern italienischer Sprache predigt. Inwieweit es aber sinnvoll war, wie etwa jüngst in Freiburg geschehen, vor 80.000 deutschen Gläubigen Großteile der Messe auf Lateinisch zu halten, sei dahingestellt. Was könnte damit intendiert sein? Ein bewusstes Entziehen des Ritus aus der Verständlichkeit der

Gläubigen? Die Inszenierung von etwas Transzendentem und damit die Erzielung von mehr emotionaler Wirkung? In jedem Fall betont die Verwendung der lateinischen Sprache sehr stark die Trennung zwischen Klerus auf der einen und Laien auf der anderen Seite.

Entscheidend wird sein, dass die Kirche nicht römischer wird. Auch hierfür ließen sich aus der Geschichte Traditionslinien entwickeln. Im ersten Jahrtausend war die Kirche gekennzeichnet durch eine große Vielfalt, auch durch unterschiedlichste Formen der Liturgie. Damals spielte der Bischof von Rom eine wichtige, aber nicht die entscheidende Rolle. Es gab wichtige Kirchenkonzilien, zu denen die Gesandten des Papstes, des Bischofs von Rom, nicht einmal zugelassen wurden, die aber unter der Führung des römischen Kaisers wichtige dogmatische Aussagen trafen. Erst mit den gregorianischen Reformen im 11. Jahrhundert wurde der Machtanspruch des Papstes und damit Roms entscheidend gefestigt. Seither beansprucht Rom für sich allein, Hüterin der Wahrheit zu sein. Die Weiterentwicklung kulminierte im Dogma der Unfehlbarkeit des Papstes, das während des Ersten Vatikanums gegen den Widerstand eines nicht unbeträchtlichen Teils der Bischöfe, darunter auch der Begründer der katholischen Soziallehre, Bischof von Ketteler, entschieden und festgelegt wurde. Das Zweite Vatikanum endlich betonte den synodalen Charakter der Kirche und unterstrich ein Communio-Modell. Zwar wurde die Stellung des Papstes nicht infrage gestellt, aber seine Kollegialität mit den Bischöfen betont.

Gerade in schwierigen Zeiten kann eine universale Weltkirche mit einem Papst an der Spitze, der sich als Brückenbauer versteht und der Kirche ein authentisches Gesicht gibt, der in enger Zusammenarbeit und Abstimmung mit seinen Bischöfen das Schiff Kirche durch die Zeiten steuert, einen echten Wettbewerbsvorteil haben. Er sollte einerseits nicht als Herrscher im Sinne des Absolutismus wahrgenommen werden, umgeben von höfischen Institutionen, Stilen und Strukturen. Dieses Amtsverständnis würde letztendlich zu einer Schwächung des Petrusamtes führen. Andererseits darf der Papst nicht nur wahrgenommen werden als einer, der ohne Rast um den Globus jettet und die Botschaft auf Großevents verkündet oder sie in den letzten Winkel der Welt bringt. Er ist kein »Weltpfarrer«, sondern muss sein Augenmerk auch darauf legen,

Beratungen zu nach vorne gerichteten Entscheidungsprozessen anzustoßen bzw. Entscheide selbst zu fällen. Vielleicht weniger mit dem Anspruch der dauerhaften Endgültigkeit, sondern eher in vollem Bewusstsein einer gewissen Unvollkommenheit und Ungewissheit. Dies würde seiner Glaubwürdigkeit keinen Abbruch tun, sondern sie vielmehr stärken.

Das absolutistische, zentralisierende und alles kontrollieren wollende Element, das Kennzeichen des römischen Systems, wie es Hans Küng in seinem Buch »Ist die Kirche noch zu retten?« bezeichnet, ist ein Wesenselement der römischen Dimension der katholischen Kirche. Tausend Jahre ist man ohne dieses absolutistische Element ausgekommen, erst dann wurde es mit zunehmender Vehemenz durchgesetzt. Bedauerlich ist, dass gerade im Pontifikat von Papst Johannes Paul II. ein Rückschritt in Richtung auf mehr Zentralisierung stattgefunden hat. Man hat in zu vielen Dekreten und Initiativen der letzten Jahre den Eindruck, dass hier Einheit durch Einheitlichkeit und nicht durch Rückführung auf den gleichen Glaubensgrund erzielt werden soll. »So wird es unausweichlich sein …, einen alles steuern wollenden kurialen Zentralismus zurückzufahren und den Ortskirchen … mehr Eigenverantwortung zu geben« (Kardinal Walter Kasper, 2010).

Große, global agierende Unternehmen haben erkannt, dass die Steuerung ihrer dezentralen internationalen Einheiten dann erst richtig erfolgreich ist, wenn sie nicht auf Zentralismus und strikten Vorgaben beruht, sondern lediglich auf Rahmenrichtlinien und vor allem auf Zielen und Unternehmenswerten, die von allen geteilt werden, nach denen alle ihr Handeln, so unterschiedlich es sein mag, konsequent ausrichten. So zentral wie nötig und so dezentral wie nur möglich – nur so lassen sich die Führungskräfte und Mitarbeiter vor Ort motivieren, nur so kann man der jeweils spezifischen Situation vor Ort wirklich gerecht werden. Von dieser Führungsphilosophie hat sich die römische Kirche zunehmend entfernt. Hans Küng sieht im Auflösen des römischen Herrschaftssystems die Grundvoraussetzung für die Überlebensfähigkeit der katholischen Kirche als Glaubensgemeinschaft (Der Spiegel, 38/2002).

Menschlicher werden

Jus prima, salus animarum, das Heil der Seelen muss immer das oberste Gesetz sein, heißt es im letzten Satz des kirchlichen Gesetzbuches (CIC, can. 1752). Stand das Seelenheil in der Vergangenheit an erster Stelle, so ist die Kirche heute gefordert, nicht nur Anweisungen zu geben, wie das Heil der Seele für das Jenseits gerettet werden kann – obwohl wir laut Paulus ohnehin durch die Gnade und nicht durch das Gesetz erlöst sind. Die Kirche sollte auch Hilfe geben bei der Frage, wie ein Leben hier und heute im Sinne des Evangeliums gelingen kann, das heißt, sie ist in all ihrem Tun und Handeln auf den Menschen auszurichten, mit all seinen Stärken, mit all seinen Schwächen. Die Bibel erzählt an vielen Stellen von Menschen, die in ihrem Leben gescheitert sind, und wie Jesus gezielt auf diese Menschen zugegangen ist, auf die Randgruppen der Gesellschaft, die Ausgestoßenen. Die Kirche ist für den Menschen da und nicht der Mensch für die Kirche (nach Mk 2,27).

Leider lässt sich der Eindruck gewinnen, dass dies nicht überall der Fall ist: Wir sehen zunehmend junge Priester, deren größtes Anliegen es ist, die Eucharistie in korrekter Form zu feiern, die ihre Unsicherheit und Berührungsängste hinter dem korrekt sitzenden Messgewand verstecken und damit immer mehr zu Kultpriestern werden. Ihre eigentliche Aufgabe wäre es jedoch, in all ihrem Tun und Handeln die Liebe Jesu Christi zu den Menschen eben diesen näherzubringen, sei es im Gottesdienst, der auf die Menschen eingeht, sei es in der persönlichen Seelsorge oder im karitativen Tun. Man kann sich des Gefühls nicht erwehren, Zeuge einer Weltflucht zu werden. Der Priester als Verkünder der Liebe Gottes, als Seelsorger tritt in den Hintergrund zugunsten eines Kultpriesters.

Statt um konkrete Fragen der Seelsorge werden viele innerkirchliche Diskussionen darüber geführt, wie man auf knapper werdende Ressourcen reagiert. So stellt der anonyme Autor alias Apostel Paulus fest: »Nicht die Sorge um den Menschen ist das Dauerthema Eurer Räte und Entscheidungsgremien, sondern die Strukturen. Nicht Aufbauen ist euch wichtig, sondern Verschlanken, Verkleinern, Einsparen, Gemeinderäume und Kirchen aufgeben …« Bereits 60 Jahre zuvor hat Alfred Delp in seinem Aufsatz »Schicksal der Kirchen« formuliert: »Zwischen den klaren Schlüssen unserer Fundamentaltheologie und den vernehmenden

Herzen der Menschen liegt der große Berg des Überdrusses ... Wir haben durch unsere Existenz den Menschen das Vertrauen zu uns genommen und gerade in den letzten Zeiten hat ein müde gewordener Mensch in der Kirche auch nur den müde gewordenen Menschen getroffen, der dann auch die Unehrlichkeit beging, seine Müdigkeit hinter frommen Worten und Gebärden zu tarnen.« Zutreffender könnte man auch die heutige Situation nicht beschreiben. Die Kirche ist kein Selbstzweck, es gibt für sie nur eine einzige Aufgabe, nämlich den Menschen die Liebe Gottes zu vermitteln oder, wie Eugen Biser es formulierte, dem Anspruch des Christentums als der Liebeserklärung Gottes an die Menschheit gerecht zu werden. Das heißt insbesondere, die Lebenswirklichkeit der heutigen Menschen zu akzeptieren und auf sie einzugehen.

Etwa 40 Prozent der Ehen werden inzwischen geschieden, hinter fast jeder Scheidung verbirgt sich eine menschliche Tragödie, verbirgt sich das Scheitern von Lebensläufen. Was, wenn diese Unglücklichen doch noch einmal das Glück finden, sie sich auf eine neue Liebe einlassen, sie eine Familie gründen, Kinder haben und damit den Zweck der Ehe erfüllen wollen? Ist es nicht unbarmherzig, geradezu unchristlich, daran festzuhalten, Geschiedenen für den Rest ihres Lebens eine neue eheliche Beziehung zu verwehren und sie von den Sakramenten auszuschließen? Diese Menschen brauchen die Hilfestellung und den Trost der Kirche, stattdessen werden ihre Seelennöte durch das Pochen auf die Unauflöslichkeit der Ehe noch vergrößert.

Den Umgang mit Geschiedenen und Wiederverheirateten sieht auch Kardinal Reinhard Marx als eines der dringendsten Probleme an, die es zu lösen gilt. Gleichwohl spricht er von einem hochkomplexen theologischen Problem. Aber hat man nicht andere, noch komplexere Themen in deutlich kürzerer Zeit gelöst? Müssten hier nicht das »*Privilegium Paulinum*« oder »*Privilegium Petrinum*« theologisch mit Hochdruck weiterentwickelt werden? Kann man nicht das »Oikonomia-Prinzip« der orthodoxen Kirche anwenden, ohne den Anspruch der Unauflöslichkeit der Ehe aufzugeben, das einen Sakramentenempfang und eine Wiederverheiratung ermöglicht? Theologisch kann sich diese Schwester-Kirche doch nicht so sehr irren! Ist das Problem wirklich so groß? Und: Was hätte Jesus getan? Wo bleiben Liebe und Barmherzigkeit? »Gerechtigkeit und Barmherzigkeit gründen in der ergangenen Frohbotschaft. Sie sind davon nicht ablösbar«, so Kardinal Karl Lehmann 2005. Man kann Erzbischof Robert Zollitsch nur zustimmen, der im September 2010 vor seinen Amtsbrüdern beklagte, dass die »Theologie des Scheiterns« bisher zu kurz kam. Das Gebot der Kirche ist das Gebot der Solidarität mit den Sündern. Deshalb wäre ein Verhalten entsprechend der Bitte im Hochgebet angebracht: »Schau nicht auf unsere Sünden, sondern auf den Glauben deiner Kirche.« Oder wie es das Matthäus-Evangelium formuliert: »Wie oft muss ich meinem Bruder vergeben …? … siebzigmal siebenmal!« (Mt 18,21f.).

Zu diesem Themenfeld gehört auch ein volles Akzeptieren und Integrieren von Menschen mit homosexueller Veranlagung. Gott hat den Menschen als sein Ebenbild erschaffen, und er hat eben auch einen Teil der Bevölkerung (man spricht von drei bis zehn Prozent) mit homosexueller Prägung ausgestattet. Können wir es uns anmaßen, diese Menschen auszuschließen, sie in der kirchlichen Praxis entgegen dem Gebot des Katechismus zu diskriminieren? Müssen wir sie nicht im Gegenteil akzeptieren und dem Umfeld ggf. helfen, damit umzugehen, anstatt Ängste weiter zu schüren und sie zu stigmatisieren? Abgesehen davon ist Homosexualität bekanntlich ein Phänomen, das auch im Klerus in nicht unerheblichem Ausmaß praktiziert wird. Die kirchliche Hochschätzung der Ehe steht außer Frage, aber das darf doch nicht bedeuten, dass Menschen ausgegrenzt werden, die dem Evangelium entsprechend in Liebe und Treue und gegenseitiger Fürsorge in einer zweiten oder in einer gleichgeschlechtlichen Beziehung leben. Bemerkenswert äußerte sich hierzu der Berliner Kardinal Woelki, »dass dort, wo Menschen Verantwortung füreinander übernehmen, wo sie in einer dauerhaften homosexuellen Beziehung leben, dass das in ähnlicher Weise zu einer heterosexuellen Beziehung anzusehen ist« (WamS, 27.05.2012). Die Freiheitsbotschaft des Evangeliums, die Botschaft der Liebe Jesu Christi zu den Menschen ist der einzige glaubwürdige Maßstab für jegliches kirchliches Handeln.

Einer der drei Themenschwerpunkte des ersten Gesprächsforums in Mannheim (Juli 2011), dem Auftakt des von der Deutschen Bischofskonferenz initiierten Gesprächsprozesses der katholischen Kirche in Deutschland, war die *Compassio:* der barmherzige Umgang mit gebrochenen Biografien. Es geht um eine Pastoral der Barmherzigkeit, die sich dem einzelnen Menschen in seiner spezifischen Lebenssituation zuwendet, ihm zuhört, ihn so, wie er ist, denkt und fühlt, ernst nimmt. Und ihm hilft, heiter zu glauben. »Glauben ist die Heiterkeit, die von Gott kommt«, sagte Papst Johannes XXIII.

Wir müssen akzeptieren, dass Menschen heute große Glaubenszweifel hegen, dass sie geprägt sind von Vorurteilen, dass sie über ein geringes religiöses Wissen verfügen, dass sie eine Vielzahl von kirchlichen Texten nicht mehr verstehen. Insofern kann man Papst Benedikt XVI. mit dem von ihm genannten Beispiel der Mutter Teresa missverstehen, wonach nicht die Kirche, sondern die Menschen sich zu ändern hätten. Denn wenn ich den Auftrag der Kirche ernst nehme, den heutigen Menschen die frohe Botschaft zu verkünden, so muss der Wurm dem Fisch schmecken und nicht der Fisch dem Wurm. Auf die Menschen zugehen im Sinne eines puren Belehrens mit lebensfremdem, dogmatischem Rigorismus und Moralismus geht an der eigentlichen Idee der Verkündigung vorbei. Entsprechend heißt menschlicher zu werden auch: Man muss den heutigen Menschen so, wie er ist, akzeptieren, in seiner religiösen Selektion und Individualität, in seiner Sprache, in seiner konkreten Lebenssituation. Bischof Joachim Wanke spricht in diesem Zusammenhang von »Kirche verheutigen« und meint damit »eine Bereitschaft, sich auf diese offene, liberale, aber auch fragende Gesellschaft einzulassen, auf Menschen, so wie sie heute sind, nicht wie sie nach unseren christlichen Vorstellungen sein sollten« (in: Leitschuh, Aufbruch, 101ff.). So sagte der katholische Theologe Eberhard Tiefensee anlässlich einer Veranstaltung der evangelisch-lutherischen Kirche Deutschlands, auch aus seinen Erfahrungen als DDR-Bürger sprechend, dass alle Menschen eine hintergründige Sehnsucht nach gelingendem Menschsein hätten. Dies treffe zu für diejenigen Religionsfreien, die sich als Humanisten bezeichnen würden, aber auch für viele Getaufte, die große Schwierigkeiten mit den manchmal bis zur Floskelhaftigkeit erstarrten Gottesvorstellungen hätten. Auch die gelte es zu erreichen. Ganz folgerichtig verlangt Tiefensee eine entschiedene Ernsthaftigkeit in der Akzeptanz der Verschieden- und Andersheit von uns Menschen. Der Mensch in seinem Tun, Fühlen und Denken muss wieder in den Vordergrund rücken, die Liebe zum Menschen Handlungsmaxime der Kirche sein. Wir dürfen das Sakrament der Liebe auch Freunden, Fernstehenden oder Andersartigen, die sich außerhalb der Kirche sehen, nicht vorenthalten, weil auch Jesus so gehandelt hat, als er einen ausgestoßenen Krüppel regelrecht in die Mitte stellte, ins Zentrum rückte (Mk 3,2).

Tatsächlich ist das Christentum eine Religion des Wachstums, wie es zahlreiche biblische Geschichten entfalten; eine Religion der Entfaltung von menschlichen Fähigkeiten, wie es die Gleichnisse von Talenten oder die Charismen der paulinischen Gemeinden zum Ausdruck bringen; und eine Religion des Lebens, die alles Geschaffene als Gottes gute Schöpfung ansieht und akzeptiert. Gott will den Menschen als seinen Partner groß machen. Er sieht ihn als sein Ebenbild. Aber hat es nicht häufig den Anschein, dass ein Teil der Amtskirche die Menschen eher kleinhalten will? Dass sie durch die Betonung ihrer angeblich besonderen Stellung von oben herab das Evangelium verkündet und den Abstand zum Menschen vergrößert? Die Kirche sollte Vordenker und Gestalter sein, nicht Hinterherläufer und Verwalter. Sie muss auf die drängenden Fragen der heutigen Menschen Antworten finden; viele existenzielle Fragen können auch heute nicht durch die Naturwissenschaften abschließend geklärt werden, gerade die Fragen vom Anfang und Ende des Lebens, Fragen nach dem Leid und dem persönlichen Umgang damit. Auf solche Fragen, nach dem Woher und Wohin, nach dem Warum, müssen Theologie und Kirche Antwortversuche anbieten können, die den Menschen des 21. Jahrhunderts erreichen.

Von entscheidender Bedeutung ist dabei auch, dass die Kirche dem suchenden, postmodernen Menschen hilft, dass sein Leben hier und heute gelingt. Nur wenn ihr Tun, ihre Botschaften für das Leben des Einzelnen relevant sind, nur dann wird die Kirche gehört, beachtet werden und kann zur Hilfe und zur Befreiung im Sinne des Evangeliums werden. So betonte die Pastoralkonstitution *Gaudium et spes* die engste Verbundenheit der Kirche mit der gesamten Menschheitsfamilie: »Freude und Hoffnung, Trauer und Angst der Menschen von heute, besonders der Armen und Bedrängten aller Art, sind auch Freude und Hoffnung, Trauer und Angst der Jünger Christi« (GS 1). Wurde nicht der Auftrag zum Dienst am Menschen besonders gewichtet und unterstrichen? »Der Mensch also, der eine und ganze Mensch, mit Leib und Seele, Herz und Gewissen, Vernunft und Willen steht im Mittelpunkt unserer Ausführungen« (GS 3).

2. Sprachlosigkeit überwinden

>*Im Anfang war das Wort, und das Wort
war bei Gott, und Gott war das Wort.*«
(Johannes-Evangelium 1,1)

Bis heute haben das Wort, die Rede, die Sprache oberste Bedeutung für die Kirche: Sie sind ihr Lebenselixier. Die Kirche läuft aber zunehmend Gefahr, sprachlos zu werden bzw. überhört zu werden. Denn zum einen schweigt sie immer wieder gerade dann, wenn reden nottäte; zum anderen bedient sie sich einer Sprache, die trotz Muttersprachlichkeit nicht verstanden wird. Damit meine ich also weniger die Verwendung des Lateinischen, sondern vielmehr das Reden in Worthülsen und mit Floskeln einer binnenkirchlichen Begrifflichkeit, und alles gerne im Ton des Oberlehrers. Jesus hat es im Gegensatz dazu verstanden, seine Botschaften in der Lebenswirklichkeit seiner Umwelt zu verankern und dadurch in die Herzen und Köpfe seiner Zuhörer einzuschreiben. Er war ein begnadeter Erzähler, der z.B. seine Gleichnisse in der Lebenswelt seiner Zuhörer ansiedelte und oft mit einer überraschenden Pointe schloss. Jeder konnte seine Gleichnisse verstehen. Er verkündete seine frohe Botschaft vom Reich Gottes durch Taten der Liebe und der Hinwendung zum Nächsten, vor allem aber durch das Wort. In der Pastoralinstruktion *Communio et Progressio* (1971) wird Jesus als der Vorbildkommunikator par excellence gewürdigt: So »erwies sich Christus als Meister der Kommunikation … er sprach ihnen aus dem Herzen, ganz in ihrer Mitte stehend. Er verkündete die göttliche Botschaft verbindlich, mit Macht und ohne Kompromiss. Andererseits glich er sich ihnen in der Art und Weise des Redens und Denkens an, da er aus ihrer Situation heraus sprach« (CeP 11). Er hat in der Sprache der Menschen, mit Bildern aus ihrer Lebenswelt, zu Themen, die für sie relevant waren, gesprochen. Ein echter Unterschied zur heutigen kirchlichen Kommunikation!

Viele Jahrhunderte später war es das Verdienst von Martin Luther, die Bibel ins Deutsche zu übertragen und den Gläubigen somit den individuellen Zugang zur Schrift zu ermöglichen; er hat die Menschen gewissermaßen aus der Abhängigkeit des Latein sprechenden Klerus befreit. Mit der Einführung der volkssprachlichen Liturgie durch das Zweite Vatikanum ist in den 1960er-Jahren der letzte große Schritt vollzogen worden, die Gläubigen am Wort Gottes direkt teilhaben zu lassen.

Die Sprache der Menschen sprechen

Trotz dieser Errungenschaften müssen wir feststellen, dass auch aufgrund des zurückgehenden Wissens um Glaube, Lehre und Tradition wesentliche Kirchentexte, aber auch kirchliche Handlungen vielen Menschen heute unverständlich geworden sind, ganz unabhängig davon, in welcher Sprache sie verlesen oder praktiziert werden. Insofern ist die Kirche dringend aufgerufen, eine Sprache zu finden, die den Menschen verständlich erklärt, worum es der Kirche, in der Bibel, ja im Christentum geht; eine Sprache, die den Menschen die befreiende Botschaft von Jesus Christus verkündet. Es genügt nicht, die alten Formeln des Glaubens lediglich zu wiederholen – wenn sie inhaltlich nicht verstanden werden, bleiben sie leer, werden sie zu einem Mantra, das man über sich ergehen lässt, das vielleicht eine gewisse Ausstrahlung besitzen kann. In erster Linie sind hier die Theologen gefordert. Was wir brauchen, ist eine verantwortungsvolle Vereinfachung der Hauptglaubensaussagen. Denn je verkopfter, lebensferner, dogmatisch-formelhafter die Sprache ist, desto geringer wird ihre Überzeugungskraft bei den Menschen sein.

Eine Stärke der evangelikalen Gruppierungen ist, dass sie eine einfache, klare Sprache sprechen. Weil sie die Bibel wörtlich auslegen und verstehen, gibt es keine nennenswerten theologischen Diskussionen. In Deutschland zählen sie nach eigenen Angaben etwa 1,3 Mio. Mitglieder, in Lateinamerika ist in jüngerer Zeit ein beachtlicher Teil der Bevölkerung, der ehemals der römisch-katholischen Kirche angehörte, zu dieser evangelikal geprägten Form des Protestantismus übergetreten. Was wäre daraus zu lernen? Die elementaren Wahrheiten müssen in einer schlichten, wenngleich nicht undifferenzierten Sprache gesagt und geglaubt werden können.

Vor Jahren schon hat Papst Johannes Paul II. zu einer Neuevangelisation Europas aufgerufen, auch Papst Benedikt XVI. hat diese zu einem

Schwerpunkt seines Pontifikats gemacht. Eine Neuevangelisierung kann aber nur dann gelingen, wenn die notwendigen Voraussetzungen geschaffen werden; die Sprache – ein lebendig sich stets weiterentwickelndes Zeichensystem – gehört unbedingt dazu. Ich habe einmal versucht, in einer Erklärung zum Katechismus nachzulesen, wie es um das »Leben nach dem Tod« bestellt ist. Mehr als zehn Seiten beschäftigten sich mit dem Thema und ich muss gestehen, sie nicht verstanden zu haben. Sollen Botschaften ankommen, müssen sie einfach und verständlich formuliert sein; sie müssen relevant sein, sich am Wissen und der Situation des Adressaten orientieren.

Einige Beispiele hierzu: Am Eröffnungsgottesdienst zum Deutschen Katholikentag in Hamburg 2000 nahmen 30.000 Personen teil. Mehr als eine Viertelstunde lang verlas der Nuntius das Grußwort des Papstes: Es waren Schachtelsätze, auch wegen der schlechten Aussprache kaum zu verstehen, voll von theologischen Aussagen, die Vorwissen voraussetzten, und Ermahnungen, die für den Alltag der Zuhörer kaum belangvoll waren. Das Publikum, darunter auch ich, spendete höflich Beifall, die Begeisterung aber hielt sich in klaren Grenzen. Der Funke sprang nicht über, es war keine Aufbruchsstimmung zu spüren, keine Ermutigung, keine Mobilisierung der Bereitwilligen. Es war eine verpasste Chance.

Ein zweites Beispiel: Vor einigen Jahren wurde ich aus der Umgebung des Vatikans gebeten, die Osterbotschaft des Papstes aus der Sicht der Adressaten zu analysieren. Ich habe sie an einen Kommunikationsexperten zur Beurteilung weitergeleitet. Sein Ergebnis: Der Text wurde von einem Italiener ins Deutsche übersetzt. Entsprechend verschachtelt waren die Sätze. Es wurde viel religiöses Wissen vorausgesetzt, obwohl die Botschaft doch an Menschen aller sozialen Niveaus rund um den Globus gerichtet war und insbesondere auch diejenigen erreichen sollte, die eher kirchenfern sind. Die Osterbotschaft sprach kaum aktuelle Fragen und Themen an, vermutlich blieb sie ohne Nachhall. Könnte man sich nicht mehr Johannes XXIII. zum Vorbild nehmen, der eine einladende, warmherzige Sprache gesprochen hat? Kaum eine päpstliche Ansprache findet jedes Jahr aufs Neue so viel Gehör wie die Osterbotschaft – wie wünschenswert wäre es da, die Aufmerksamkeit der Medienwelt und der Menschen in Osterstimmung zu nutzen.

Und ein letztes Beispiel: Vor zwei Jahren wurde ich aufgefordert, einen Vortrag zu halten zur Enzyklika *Caritas in veritate* von Benedikt XVI., mit der der Papst auf die Wirtschafts- und Finanzkrise einging. Nach zwei Stunden Lektüre gab ich auf. Viele Passagen hatte ich einfach nicht begriffen. Ich konnte zwar die Worte lesen, aber ihre Bedeutung erschloss sich mir nicht. Daraufhin gab ich die Enzyklika einem unserer Lektoren mit der Bitte, mir auf zehn Seiten ein Resümee zusammenzustellen. Nach zwei Tagen hatte ich das Ergebnis auf dem Tisch: ein spannender, revolutionärer Entwurf einer globalen Gesellschafts- und Wirtschaftsordnung des 21. Jahrhunderts. Bedauerlich ist, dass dieses wertvolle Dokument, das gerade die Mächtigen dieser Erde, die Verantwortlichen in Politik, Gesellschaft und Wirtschaft erreichen sollte, bei diesem Empfängerkreis nicht angekommen sein dürfte. Es fehlte eine klare *executive summary*, also eine Kurzbeschreibung der Idee, es fehlte eine stringente Gliederung, vor allem aber fehlte die Sprache, die jene sprechen und verstehen, die sich angesprochen fühlen sollten. Als Adressat wurden – neben Bischöfen, Priestern, Christen – »alle Menschen guten Willens« angeführt. Tatsächlich brauchte man viel guten Willen, um sich durch dieses Dokument durchzuarbeiten. Mit einer professionelleren PR-Arbeit wäre dies sicherlich ein wunderbares und viel gelesenes Dokument geworden, das Wirkung bei den Mächtigen in Politik und Wirtschaft erzielt hätte.

Unbarmherzig und schonungslos geht Friedrich Wilhelm Graf in seinem Buch *Kirchendämmerung. Wie die Kirchen unser Vertrauen verspielen* mit dem Thema Sprachlosigkeit um. Aussagen und Sprachstil der Predigten seien oft nicht rational einholbar. Gerade in Situationen, in denen man von der Predigt besonders viel erwarte, werde häufig nur noch eine religiöse Formelsprache reproduziert, die zur Deutung und Bewältigung der jeweiligen Lebenssituation nicht beitrage. Der Theologe spricht vom Niedergang christlicher Wortkultur. Noch schärfer fällt das Urteil des Pastoraltheologen Karl Schlemmer aus: »Zudem redet Kirche offenbar an den Bedürfnissen der Menschen vorbei, da sie sich ausschließlich in der ›Sprache Kanaans‹, das heißt in einem Theologenjargon oder -kauderwelsch äußert, mit dem heutzutage kaum jemand etwas anzufangen weiß. Die Sprache der Kirchenleute ist seit Langem nicht mehr die Sprache der Menschen. Sie ist völlig abgehoben, gespreizt und ›wonnebrunserisch‹ und ganz weit weg vom heutigen Menschen. In den Kirchen sollte man sich ein Beispiel nehmen an Papst Johannes XXIII., der in all seinen Predigten und Ansprachen in einer schlichten Unmittelbarkeit ausgesprochen hat, was ihn jeweils bewegte. Und dies geschah mit ungekünstelter Ungezwungenheit, mit bescheidener und überzeugender Liebenswürdigkeit: Diese Sprache kam bei den Menschen an« (Sonntagspredigt, 26.02.12).

Dass es insgesamt auch positiv geht, zeigt die Initiative youcat.org, die auf Kardinal Christoph Schönborn in Wien zurückgeht. Hier wurde der Jugend-Katechismus der katholischen Kirche durch deutschsprachige Theologen, Religionspädagogen und Geistliche unter Mitwirkung von über sechzig jungen Menschen überarbeitet, ohne etwas von seinen kirchlichen Geboten zu nehmen. Unter dem Begriff Youcat ist er zu einem Bestseller geworden, der in mehreren Sprachen vorliegt. Oberstes Ziel des Projektes war, den Band verständlich und ansprechend zu gestalten.

Denn auch kirchliche Dokumente müssen einladend und auf den Leser bezogen sein. Waren Konzilsdokumente früher dadurch gekennzeichnet, dass sie verständlich und dialogisch aufgebaut waren, so sind viele lehramtliche Verlautbarungen heute apodiktisch, befehlend, Gehorsam einfordernd. Nietzsches Ratschlag: »Mit einfachen Worten ungewöhnliche Dinge sagen« ist die klare Devise.

Medien als Partner, nicht als Feinde

Der Ausbruch aus der binnenkirchlichen Sprache und Wortwahl muss gelingen. Die Kirche erreicht nicht nur die Gesellschaft, sondern auch die große Mehrheit der Katholiken nur noch über die Medien. Die Medienberichterstattung prägt das Bild über die katholische Kirche, wobei klar getrennt wird zwischen »der Kirche vor Ort« und der Institution, vor allem der Leitungsinstanzen der Bistümer und des Vatikans. Wie steht es um die Kommunikationsfähigkeit, wie ist das Erscheinungsbild der Kirche in den Medien? Die Katholische Nachrichtenagentur KNA berichtet über einen Vortrag des ZDF-Chefredakteurs Peter Frey: Dieser »sieht die aktuelle Kirchenkrise auch in ›mangelnder Kommunikationsfähigkeit‹ der katholischen Kirche begründet. Frey wies beim 17. Europäischen Festival für religiöse TV-Programme in Berlin den Vorwurf zurück, das Fernsehen sei mitverantwortlich für das schlechte Image der

Kirche. Die Krise sei vielmehr hausgemacht. Der Chefredakteur nannte verschiedene Beispiele für Kommunikationsschwächen: Bischöfe empfänden ›die Journalisten als natürliche Feinde‹, Kardinäle täten kritische Berichterstattung als ›Geschwätz‹ und Kampagnenjournalismus ab, kirchliche Gremien kreisten um sich selbst und vergäßen die Fragen der Menschen. Nach seinen Angaben stimmen Zuschauer ›mit der Fernbedienung ab‹. Schon das Wort Kirche im Titel einer Sendung schrecke ab. Umso wichtiger sei es, dass religiöse Sendungen im Wettbewerb durch Qualität und Relevanz bestünden. Sie müssten Antworten bieten ›auf Fragen, die wirklich gestellt werden‹«.

Verkündigung ist heute Verkündigung in einer Mediengesellschaft. Wer missionarisch erfolgreich sein will, muss dies akzeptieren. Schon immer hat sich die Kirche der stets neuesten Medien bedient. Denken wir an die Papyri der ersten Jahrhunderte oder die Fresken und Altarbilder, mit denen dem breiten Volk, das nicht lesen konnte, das Evangelium bildhaft verkündet wurde. Erinnern wir uns an die barocken Passionsspiele, die das Leiden und den Tod Christi dramaturgisch nacherzählen und bis heute beliebt sind. Der Durchbruch kam freilich mit dem Buchdruck, der die massenhafte Verbreitung religiöser Literatur ermöglichte. Stand in der ersten Hälfte des 20. Jahrhunderts die Kirche den Medien eher kritisch gegenüber, so hat das Zweite Vatikanum hier eine positive Kehrtwendung vollzogen und sie als Mittel der Verkündigung erkannt: »Die Kirche erblickt in ihnen ›Geschenke Gottes‹, weil sie nach dem Ratschluss der göttlichen Vorhersehung die Menschen brüderlich verbinden« (CeP 2).

Johannes Paul II. hat in seinem apostolischen Schreiben »Die schnelle Entwicklung« ganz klar den Anspruch erhoben, in den Medien an führender Stelle zu stehen: »Die Kirche ist nämlich nicht nur dazu berufen, die Medien zur Verbreitung des Evangeliums zu nutzen, sondern die heilbringende Botschaft heute mehr denn je in die ›neue Kultur‹ zu integrieren, die die machtvollen Instrumente der Kommunikation schaffen und verbreiten. Sie ist sich bewusst, dass die Nutzung der Techniken und Technologien der Kommunikation unserer Zeit fester Bestandteil ihrer Sendung im dritten Jahrtausend ist.«

Eigentlich besitzt die Kirche die besten Voraussetzungen für eine medienwirksame Selbstvermarktung. Mit dem Evangelium hat sie wertvolle, immer aktuelle Botschaften zu verkünden, wie den Aufruf zu Nächstenliebe, zu Ehrlichkeit, zu Verantwortlichkeit. Sie dient der Gesellschaft als kritische Stimme, etwa bei Themen wie den ungezügelten Wachstumsstrategien zulasten zukünftiger Generationen. Mit ihren markanten Kirchenbauten, ihren Festen und Prozessionen ist sie visuell in einzigartiger Weise präsent. Sie verfügt über emotionale Geist und Herz gleichermaßen ansprechende Rituale. Mit dem Papst und den Bischöfen besitzt sie ein Gesicht und verfügt über profilierte Persönlichkeiten. Mit Rom als Mittelpunkt besitzt sie eine Aura, wie sie nur Königshäuser, der US-Präsident oder Dynastien beanspruchen können.

Andererseits ist ihre innere Struktur – z.b. dass Erzbischof Robert Zollitsch nicht Deutschlandchef, sondern »nur« *Primus inter pares* ist und die »Gleichheit« der anderen durch Titel und Traditionen eher »Ungleichheit« bedeutet – komplex und für Außenstehende schwer nachvollziehbar. Bei vielen Journalisten fehlt zunehmend das kirchliche und religiöse Grundwissen, bei einigen kommt durchaus eine kirchenkritische bis -feindliche – vor allem gegenüber der katholischen Kirche – Grundposition hinzu.

Wie steht es um die heutige Präsenz der Kirche in den Medien? Kirchliche Großereignisse erfreuen sich nach wie vor einer hohen Medienaufmerksamkeit. Die Wahl und der Amtsantritt von Benedikt XVI. und die Beerdigung seines Vorgängers waren für Deutschland, aber auch international bestimmende Medienereignisse. Auf allen Kanälen gab es hierzu Live-Berichte. Selbst führende Wirtschaftszeitungen brachten die neuesten Nachrichten aus dem Vatikan auf der Titelseite. Ähnlich groß war der Medienwiderhall zum Weltjugendtag 2005 in Köln und zu den Papstbesuchen 2006 und 2011 in Bayern und Deutschland. Gleichwohl will die Kritik an kirchlicher Medienarbeit nicht verstummen. Experten weisen seit Jahren auf massive Mängel hin, vor allem in der Presse- und TV-Arbeit. Die eigenen Gesetze der Welt der Medien macht man sich nicht zu eigen, befolgt sie nicht. Im Gegenteil: Man missachtet sie unbewusst oder zum Teil auch absichtlich.

Auch wenn die Stärken und Schwächen sehr differenziert zu beurteilen sind, so ist klar, dass sich wesentliche Aspekte christlichen Lebens, abgesehen von der reinen Berichterstattung mit Nachrichtencharakter, in der Medienrealität des Spielfilms kaum noch oder gar nicht mehr widerspiegeln. Dass fast 3,1 Mio. Katholiken Sonntag für Sonntag den Gottesdienst besuchen und damit noch Teil unserer Lebenswelt sind, taucht in keinem Spielfilm auf. Auch kirchliche Kasualien scheinen bis auf den Sonderfall kirchlicher Trauungen kein Thema für die Filmschaffenden zu sein. Zwar finden jährlich über 500.000 Erstkommunionen und Konfirmationen statt, im Fernsehalltag ist dafür aber kein Platz. Die Schuld allein bei den säkularen Medien zu suchen, würde jedoch deutlich zu kurz greifen.

Sieht man einmal von den nicht immer gelingenden Medienauftritten unserer Bischöfe ab, so fehlen bis auf wenige Ausnahmen eindeutig auch die prominenten katholischen Gläubigen, die in unserer personalisierten Medienkultur profiliert Zeugnis ablegen für das christliche Leben im Alltag, wie es z.b. ein Thomas Gottschalk oder eine Nina Hagen getan haben.

Je mehr Religion Thema der populären Medien wird, desto mehr sind Personen mit einem deutlichen Bekenntnis gefragt. Erfolgreiche Medienarbeit sollte den Ausbruch wagen aus der Zwangsjacke der Traditionsberichterstattung. Mehr denn je benötigt die Kirche mediengeschulte Persönlichkeiten, die sich vor allem in Fernsehen, Rundfunk und Zeitungen gut präsentieren. An ihnen fehlt es leider, von Ausnahmen abgesehen. Ein Beispiel hierfür ist das »Wort zum Sonntag«, das immer am Samstagabend nach den Tagesthemen ausgestrahlt wird und fünf Minuten dauert. Jede andere Organisation würde sich nach dieser Sendezeit die Finger lecken. Beide Kirchen haben derzeit eine hervorragende Plattform, breite gesellschaftliche Schichten anzusprechen. Werden hier nicht Grundsätze erfolgreicher Fernseharbeit gröblich verletzt, wie z.b. für ein Format nur ein Gesicht und nicht wöchentlich wechselnde zu nehmen? Könnte sich die Kirche nicht smarter und mediengerechter darstellen, als sie es derzeit tut? Zweifelsohne. Bedauerlich ist, dass die Chance, die sich der Kirche hier bietet, nicht mit voller Professionalität genutzt wird. Denn hier wird entscheidend das Bild der Kirche von heute mit geprägt.

Im Jahr 2010 untersuchte Allensbach im Auftrag der MDG, der Kommunikationsberatungsinstitution der katholischen Kirche, woher Katholiken ihre Informationen beziehen. Der Pfarrbrief und das Gemeindeblatt der jeweiligen Kirchengemeinde wurden mit großem Abstand an erster Stelle genannt (64 Prozent). Dann folgten mit Werten zwischen 36 und 45 Prozent Berichte in Tageszeitungen, das Wort zum Sonntag, Gespräche mit Pfarrern, Nachrichten und Reportagen aus der kirchlichen Welt im Fernsehen, Bücher, die sich mit Glaubensfragen beschäftigen, und Gottesdienstübertragungen in Radio und Fernsehen. Auf den hintersten Plätzen fanden sich Angebote der Kirche im Internet (elf Prozent) sowie Radiosender (sieben Prozent) wieder, die kirchliche Programme ausstrahlen (Dom-Radio, Radio Vatikan, vgl. Tab. 39, S. 246).

Wenn überhaupt, finden vor allem die Gottesdienstübertragungen im Radio Sonntag für Sonntag Anklang: Um die 855.000 Hörer und Hörerinnen in Bayern werden erreicht, immerhin zehn Prozent der Bevölkerung. Für den Sonntag ist dies im Tagesverlauf ein Spitzenwert. Etwa 50.000 Katholiken oder Protestanten fordern später sogar Manuskripte und Dateien an bzw. laden sie aus dem Internet herunter, um den Gottesdienst oder auch Predigt mehrmals hören zu können.

Erstaunlicherweise werden Pfarrerserien im Fernsehen von 44 Prozent der Katholiken als wichtige Informationsquelle angesehen. Großer Beliebtheit erfreut sich beispielsweise die Nonnen-Fernsehserie *Um Himmels willen*, die das Ansehen und die Glaubwürdigkeit der Kirche nachhaltig positiver beeinflusst als manche wohlausgefeilte Predigt. In derlei Formaten spiegelt sich das pralle Leben: Die Darsteller kämpfen mit alltäglichen Problemen und lösen sie unter persönlichem Einsatz und nach christlichen Wertvorstellungen. Das imponiert den Menschen. Der Ansatz, wie verhalten sich Christen bzw. Kirche in konkreten Lebenssituationen – z.B. ein junges Mädchen wird ungewollt schwanger, eine Muslima wird in der Schule gemobbt, eine Putzfrau wird beim Stehlen von Äpfeln im Supermarkt erwischt –, müsste viel konsequenter ausgebaut werden. Beschreiben doch die Evangelien zum großen Teil, wie sich Jesus in »solchen« Alltagssituationen verhalten hat.

Wie sehr gute Kommunikation nottut, zeigt ebenfalls die oben genannte Untersuchung von Allensbach. Es wurde überprüft, was Katholiken zu welchen Themenkreisen ungefähr wissen und wie sie glauben, dass die Haltung der katholischen Kirche dazu sei.

17 Nachholbedarf bei wichtigen Themen – In welchen Bereichen, zu welchen Themen Katholiken glauben, die Haltung der Kirche zu kennen

Hierzu kennen sie die Haltung der katholischen Kirche zumindest »ungefähr«
in Prozent

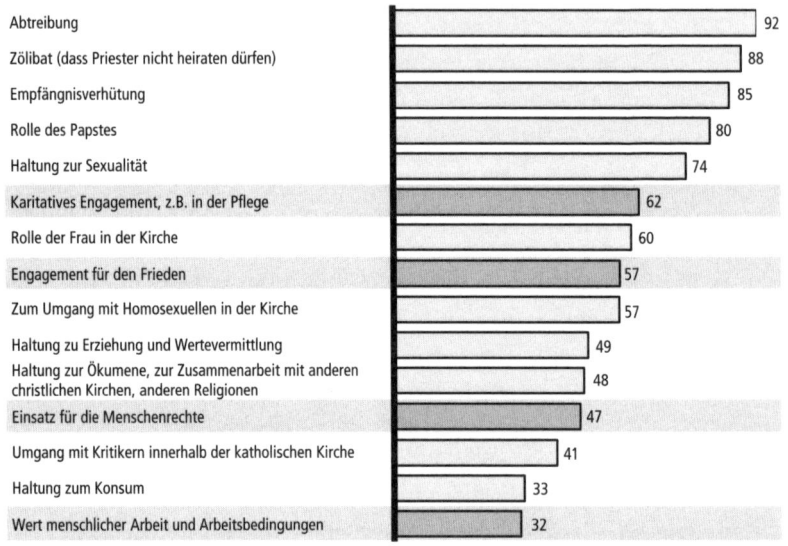

Abtreibung	92
Zölibat (dass Priester nicht heiraten dürfen)	88
Empfängnisverhütung	85
Rolle des Papstes	80
Haltung zur Sexualität	74
Karitatives Engagement, z.B. in der Pflege	62
Rolle der Frau in der Kirche	60
Engagement für den Frieden	57
Zum Umgang mit Homosexuellen in der Kirche	57
Haltung zu Erziehung und Wertevermittlung	49
Haltung zur Ökumene, zur Zusammenarbeit mit anderen christlichen Kirchen, anderen Religionen	48
Einsatz für die Menschenrechte	47
Umgang mit Kritikern innerhalb der katholischen Kirche	41
Haltung zum Konsum	33
Wert menschlicher Arbeit und Arbeitsbedingungen	32

Quelle: Allensbacher Archiv, IfD-Umfrage 5266 (Okt./Nov. 2009)

An erster Stelle standen die Themen Abtreibung, Zölibat, Empfängnisverhütung und Rolle des Papstes. Alles mit Werten über 80 Prozent, die aussagen, man kenne die Haltung. Bei den ureigensten Themen wie Engagement für den Frieden, Einsatz für Menschenrechte, Wert der menschlichen Arbeit und humane Arbeitsbedingungen lagen die Werte gut und gerne nur noch zwischen 32 und 50 Prozent. Dieses erschreckende Ergebnis zeigt, wie wenig die Position der katholischen Kirche für die großen Anliegen des Evangeliums, der Einsatz für Frieden und Gerechtigkeit, für die Schwachen wahrgenommen werden. Man glaubt dagegen, die Positionen zu eher moralischen und strukturellen Themen, die nicht im Kern des Evangeliums stehen, sehr gut zu kennen.

Der Pfarrbrief oder das Gemeindeblatt ist die wichtigste lokale Kontaktschiene auch zu den sogenannten Kirchenfernen. Viele sind hervorragend gestaltet, andere das glatte Gegenteil. Aber sind sie wirklich einladend, niederschwellig genug? Sind sie nicht zu stark ein Informationsblatt über Angebote, letztlich wie ein Theaterprogramm: Wann läuft was? Da der Leser die Wahl hat, ein Angebot, eine Veranstaltung oder auch Glaubensaussagen anzunehmen oder zu verweigern, ist es entscheidend, den Nutzen einer Veranstaltung hervorzuheben. Kommunikationstechnisch ist zuerst der Nutzen zu nennen, dann das Angebot. Er muss als ein wichtiges Instrument der Seelsorge verstanden und entsprechend professionell gestaltet werden. Ähnliches gilt für die Schaukästen.

Aus Sicht von Papst Johannes Paul II. sollten bei der kirchlichen Mediennutzung stets drei Gesichtspunkte im Vordergrund stehen: 1. Medien sind eine wertvolle Hilfe, das Evangelium und die christlichen Werte zu verbreiten. 2. Medien fördern den Dialog der Kirchen und Religionen, ökumenische und interreligiöse Zusammenarbeit. 3. Medien sind Partner bei der Verteidigung der Grundwerte unserer Gesellschaft, dem Schutz der menschlichen Würde und der Wahrung des Gemeinwohls. In diesem Sinne muss Kirche nicht nur in den Medien präsent sein, sondern diese auch prägend mitgestalten – und zwar auf der Höhe der Zeit und mit den jeweils neuesten Technologien und Kommunikationsformen – und sie zum Dialog nutzen, nicht nur zur einseitigen Verkündigung. Medienarbeit kann niemals Rückzug in einen kirchlichen Binnenraum bedeuten, in eine innerkirchliche Sprachwelt. Vielmehr hat sie nach Johannes Paul II. einen missionarischen Auftrag, sie ist »*missio ad gentes*«.

Für uns und für Deutschland bedeutet dies, dass Kirche in ihrer Medienarbeit nicht wie bisher vor allem das Bildungsbürgertum, sondern vor allem die Breite der Bevölkerung im Auge haben muss, also auch die Menschen, die nicht kirchlich gebunden sind und die über einen tendenziell geringeren Bildungsstand verfügen, sozusagen die »Bild-Zeitungsleser«. Altbundespräsident Richard von Weizsäcker greift täglich morgens als Erstes zur Bildzeitung: »Ich muss doch wissen, was Millionen Deutsche heute lesen.« Aber viele Vertreter kirchlicher Medienarbeit und Amtsträger lehnen die Boulevardpresse als unseriös, als nicht geeignetes Medium ab und vergeben damit eine Chance. Natürlich braucht man hier einen anderen Stil: einfacher, direkter. Wo bleibt der Mut, die Sprache des »einfachen Mannes auf der Straße« zu sprechen? Ursache könnte sein, dass die Angebote in Pastoralkonzepten, in Texten, in Schriften bis hin zum Kirchenbau zu stark von Akademikern gemacht werden und zu wenig die tatsächliche Situation, Bedürfnisse, Sprache und Empfinden dieser Gruppe abbilden. Gefordert ist hier durchaus der Mut zu einer Sprache, die den Bild-Zeitungsleser zurückholt: einfach und plakativ, auch wenn dies theologisch und akademisch einem völlig zuwider ist. Vielleicht ist mancher Kirchenbau zu ästhetisch, zu kalt und leer gelungen, vielleicht wäre ein bisschen mehr Kitsch notwendig, um ihn auch für einfachere Schichten als Heimat erlebbar zu machen.

Versucht man, eine nüchterne empirische Erhebung von Stärken und Schwächen kirchlicher Medienarbeit zusammenfassend zu erstellen, ergibt sich ungefähr folgendes Bild:

1. These: Die Kirche ist in klassischen Medien besser positioniert als in elektronischen. 31 Prozent informieren sich häufig aus dem Gemeindeblatt (33 Prozent ab und zu). Nachrichten und Reportagen aus der kirchlichen Welt in Tageszeitungen und Magazinen nutzen nur acht Prozent regelmäßig als Informationsquelle. Elf Prozent informieren sich ab und zu anhand der Bistumszeitung, während nur ein Prozent häufig kirchliche Internetangebote nutzt und sechs Prozent gelegentlich. Die Auflagen der katholischen Bistumszeitungen, von der offiziellen Kirchenleitung als Hauptmedium verstanden, befinden sich im steilen Sinkflug. In den letzten zehn Jahren haben sie mehr als ein Drittel an Auflagenhöhe verloren. Die Plattform www.katholisch.de erreichte Anfang 2010 im Schnitt 100.000 Besuche pro Monat. Zum Vergleich: Die Onlineversion des Nachrichtenmagazins *Der Spiegel* erreicht 74 Mio. Besuche pro Monat und hat eine Reichweite von etwa 9 Mio. registrierten Nutzern in Deutschland.

2. These: Kirchliche Medienarbeit erreicht eher kirchennahe, aber kaum kirchenferne Kreise. Nur wenige Formate wie kurze Radiobeiträge oder TV-Spots auf den Privatsendern sprechen kirchenferne Gruppen an. Meistens richtet sich Kirche von vornherein an ein schmales, kirchlich

gebundenes Publikum. Dabei nutzt sie Formen der Ansprache wie Pfarr-
und Diözesanzeitungen, katechetische Bücher und Schriften, TV-Über-
tragungen von Gottesdiensten. In aller Regel ist die verwendete Sprache
Kirchenfernen kaum noch verständlich.

3. These: Bei Kindern und Senioren ist die mediale Abdeckung gut, bei
anderen Altersgruppen teilweise sehr lückenhaft. 30 Prozent der Famili-
en interessieren sich für Neuigkeiten aus der eigenen Pfarrgemeinde,
während es bei den Singles unter 40 Jahren gerade einmal elf Prozent
sind. Bei den Singles über 40 Jahren hingegen sagen 42 Prozent, sich für
Neuigkeiten aus ihrer Kirchengemeinde zu interessieren. Was das Interesse an Informationen, vor allem über die Kirche vor Ort anbelangt, so
ist es bei Senioren besonders stark: Nur fünf Prozent der Über-60-Jäh-
rigen geben an, kein Interesse an kirchlichen Themen zu haben.

4. These: Erreicht werden eher die höheren sowie die bildungsaffinen
sozialen Schichten. Wie Untersuchungen der *Stiftung Lesen* zeigen, ist
das Interesse am Lesen gerade in den unteren Schichten vergleichsweise
gering. Mit ihrer traditionellen Fokussierung auf Printmedien, Zeit-
schriften und Bücher kommuniziert die Kirche tendenziell also an diesen
Gruppen vorbei. Das ehemalige kirchliche Leitmedium *Rheinischer
Merkur*, seit Dezember 2010 als Verlagsbeilage Christ und Welt in der
Wochenzeitung DIE ZEIT, wendet sich sogar dezidiert an die höheren
Schichten und formulierte einst sein Selbstbild so: »Wenn es darum
geht, 170.000 gebildete, konsumfreudige und einkommensstarke Leser
zu erreichen, darf der Rheinische Merkur im Medienplan nicht fehlen.«

5. These: Kehrseite dieses insgesamt eher elitären Selbstverständnisses
kirchlicher Medienarbeit ist, dass die Mehrheit der deutschen Katholiken
de facto nicht mehr erreicht wird. Kirchliche Medienarbeit funktioniert
im lokalen Bereich gut, bundesweit dagegen ist sie kaum sichtbar. Die
lokale Medienberichterstattung ist in der Regel positiv und wohlwollend.
Es dominieren Themen wie Pfarrfest, Kindergarten, Zeltlager, Senioren-
nachmittag und Sternsingeraktion. In den überregionalen Medien wird
Kirche dagegen meist mit kontroversen Themen in Verbindung gebracht.
Es geht um Kritik an den Auftritten und Äußerungen einzelner Bischöfe,

das Thema Missbrauch und Pädophilie, aber auch Dauerbrenner wie die Rolle der Frau oder die Sexualmoral in der katholischen Kirche. So brachte die *Süddeutsche Zeitung*, Aushängeschild des aufgeklärten liberalen Deutschlands, am 03.09.2007 eine Kurznachricht: »Papst trifft 400.000 Jugendliche in Loreto und spricht zu ihnen über die Wahrung der Schöpfung.« Gerade mal zehn Zeilen waren dieser Zusammenkunft gewidmet, immerhin auf einer der vorderen Seiten. Weiter hinten im Regionalteil dann beschäftigte sich eine Halbseite mit dem Bischof von Regensburg und den pädophilen Verfehlungen eines seiner Geistlichen – nichts Neues, vielmehr Fortsetzung einer tagelangen Kirchenkritik in der deutschen Presselandschaft. Dazu noch zwei kritische Kommentare, der eine mit dem Titel »Ein unbelehrbarer Bischof«, der andere mit dem Titel »Der gottlose Glaube«. Die gute Nachricht war also nur wenige Zeilen wert, über Verfehlungen und ihre Verfolgung durch die Amtskirche hingegen wurde breit und ausführlich berichtet.

Die Probleme, die die Kirche mit den säkularen Medien hat, lassen sich, so der Medienwissenschaftler Norbert Bolz bei einem Vortrag während des Mediensymposiums des Instituts für Gesellschaftswissenschaften in Bonn, durch drei Ursachen bestimmen: 1. Die niedrige Komplexitätsschranke des Leitmediums Fernsehen, in dem die anspruchsvolle christliche Glaubens- und Morallehre differenziert darzustellen allzu leicht scheitert. 2. Der mediale Negativismus, für den nur eine schlechte Nachricht eine Nachricht ist, die wert zu berichten ist. 3. Der Drang, immer Neues anbieten zu wollen, wozu die konstante Institution Kirche mit ihren tradierten Medien nicht so recht passt. Das Christentum, grundsätzlich jedenfalls auf die elektronischen Medien bezogen, sei medientauglich. Nicht zu verkennen ist, dass manche Medienmacher sich als Erben und Repräsentanten der Aufklärung sehen, einen radikalen Antiklerikalismus inklusive. Umso lieber greifen sie Themen wie Missbrauchsfälle auf, um die Kirche als permanentes Ärgernis und als ewig gestrig zu diffamieren.

Will die Kirche in den Medien im positiven Sinne präsent sein, um ihrem Auftrag gerecht zu werden, muss sie die Gesetze der Medienwelt akzeptieren und befolgen und sie nicht bekämpfen. Die Medienlandschaft verändert sich rasant, die elektronischen Medien sind heute agiler und reaktionsschneller als die klassischen Formate. Sie lassen sich weniger gut kontrollieren, ihre Nutzung ist stark fragmentiert, zugleich individueller und demokratischer. Medien werden heutzutage parallel genutzt, man hört gleichzeitig Radio und liest die Zeitung, sucht Informationen parallel im Internet. Überregionale Medien sind tendenziell relevanter als regionale, die Aufmerksamkeit der Nutzer wird nur noch über konkrete Neuigkeiten geweckt. Daraus ergeben sich klare Anforderungen an die kirchliche Medienarbeit. Sie muss spitzer und lauter werden, um bei der Vielzahl der Medien noch gehört zu werden. Sie muss sich der Vielfalt, Pluralität und Komplexität stellen. Sie muss schneller auf aktuelle Entwicklungen reagieren, sie muss die Sprache der Zeit sprechen, um verstanden zu werden. Darüber hinaus muss kirchliche Medienarbeit – will sie einfachere, bildungsferne Schichten erreichen – plakativer werden, wie z.B. die Kampagne:»Ohne Sonntag gibt es nur noch Werktage«. Sie muss insgesamt professioneller und überregionaler werden, sie muss Botschaften beinhalten, damit sie »verkaufbar« und identifizierbar ist. Damit wäre auch eine Menge Erklärungs- und Übersetzungsarbeit zu leisten, denn breite Teile der Bevölkerung verstehen die klassischen christlichen Symbole und Riten nicht mehr. Kirchliche Medienarbeit muss auch Wissensvermittlung als Schwerpunkt haben. Kirchliche Medienpolitik ist stark reagierend. Erforderlich wäre eine proaktive Medien- und Kampagnenstrategie, die auf inhaltliche, nicht strukturelle Themen setzt, offensiv darstellt und bewirbt, sie über einen längeren Zeitraum durchhält. Dazu müssten Verbände, aber vor allem Diözesen an einem Strang ziehen und sich auf ein koordiniertes und abgestimmtes Konzept einigen – eine eher utopische Vorstellung.

Die neuen Medien nutzen

»Der Geist weht, wo er will, vor allem im Netz«, könnte die Devise für zukünftige Medienarbeit sein. Im Internet wird die katholische Kirche vor allem mit den Begriffen: Missbrauch, Priester, Bistum und Opfer verbunden.

Sicher, die deutsche katholische Kirche ist auch selbst aktiv im Internet präsent. Doch weist ihre dortige Präsenz massive Defizite auf, wobei

18 Wahrnehmung im Internet von Missbrauch beherrscht

Quelle: Tag Cloud, Februar 2012

in den letzten Jahren deutliche Verbesserungen zu konstatieren sind. Augenfällig werden diese, wenn man beispielsweise das offizielle Internetportal der katholischen Kirche in Deutschland, katholisch.de, mit dem Auftritt der angelsächsischen Kirche vergleicht. Katholisch.de ist sehr umfassend und systematisch aufgebaut. Auf der Startseite finden sich unzählige Themen und Daten, Abonnementmöglichkeiten, dazu ein Newsticker, aktuelle Nachrichten und Links zu anderen Websites. Der offiziöse Charakter sowie der evidente Bezug auf Funktionärsbedürfnisse springen gleich ins Auge. Ganz anders der Aufbau von anglican.org. Hier ist alles auf das Wesentliche konzentriert. Im Mittelpunkt stehend z.b. 2009 der gekreuzigte Christus mit vertiefendem Bezug auf die Themen Glauben, Andacht und Lebensereignisse. Dazu ein Zitat aus der Bibel, fertig. Auffallend sind auch die Unterschiede bei den kirchlichen Kinderwebseiten. Die von katholisch.de orientieren sich am Layout der Seiten für Erwachsene, kommen langweilig und unübersichtlich daher. Ganz anders der Auftritt von Eternal Word Television Network, dem weltweit größten religiösen Fernsehsender. Die Website ewtn.com/ewtnkids ist bewusst kinder- und zielgruppengerecht ausgerichtet mit einer Navigation, die für Kinder höchst attraktiv und eingängig ist, sie zum Entdecken und Mitmachen einlädt.

Gerade die neuen Medien laden zum Dialog ein, ermöglichen ihn erst recht. Das Internet ist nicht nur ein Informationsinstrument, sondern vor allem ein Kommunikationsinstrument. Durch Twitter, Facebook, Chatrooms und Blogs wird jeder zum Sender, nicht nur zum Empfänger einer Nachricht. Betrachtet man die offiziellen Startseiten unserer Bistümer und Pfarrgemeinden, sind sie kaum dialogisch und interaktiv aufgebaut und haben mehr eine Form der Selbstdarstellung. Fast gewinnt man den Eindruck, als wären die Rückkoppelung, kritische Kommentare und unbequeme Fragen nicht erwünscht.

Aufschlussreich ist ferner, welchen Raum die Kirchen möglichen Themen für Kampagnen, überhaupt einer eigenen Positionierung auf ihren Webseiten einräumen. Bei katholisch.de drängt sich die Frage auf, für was die katholische Kirche in Deutschland überhaupt steht. Das ist auf den ersten (und auch auf den zweiten) Blick kaum ersichtlich. Schaut man sich vergleichbare amerikanische Websites an, so wird durchgehend das Thema Abtreibung in den Vordergrund gestellt. Und die englischen Webseiten, beispielsweise der anglikanischen Kirche, weisen einen hohen Aktualitätsbezug auf – etwa durch prominent platzierte Aktionen gegen den Klimawandel. Will Kirche sprach- und kommunikationsfähig bleiben, so muss sie das Gesetz der Medienwelt verstehen und sich zu eigen machen. Wichtig wäre, dass die verschiedenen offiziellen Webseiten bei aller wohltuenden Lebendigkeit und Vielfalt mit ihren unterschiedlichen Erscheinungsbildern wenigstens etwas Verbindendes, Gemeinsames hätten – z.B. ein Logo oder eine Farbe.

In den USA ist die Facebook-Seite »Jesus daily« die Seite mit den meisten Besuchern: mehr als vier Mio. pro Woche. Insgesamt stehen Online-Medien mit religiösen Inhalten derzeit hoch im Kurs, Papst Benedikt XVI. hat seine eigene Facebook-Seite, ist auf Twitter unterwegs und betonte die Bedeutung von sozialen Medien als große Chance. Mittlerweile hat »Jesus daily« mehr als zehn Mio. Fans auf dem Globus, zwei Drittel sind Frauen, mehr als die Hälfte kommt von außerhalb der USA; damit hat die Seite eine wahrlich universelle globale Bedeutung.

Die Norwegerin Annett besucht »Jesus daily« jeden Tag: »Die Gebete und Bibelverse haben meinen Dialog mit Gott beeinflusst, man braucht Inspiration, das ist es, was ich auf ›Jesus daily‹ suche, eine tägliche Dosis Gott« (in: Die Welt, 21.11.2011, 24). Wichtig ist jedoch, dass alle virtuellen Medien letztendlich hinführen zu einem direkten, nicht virtuellen Kontakt. Sie dürfen den direkten Austausch zwischen Menschen nicht aufheben. Man braucht kein Prophet zu sein, um festzustellen, dass die neuen Medien einen ähnlichen Einfluss auf das religiöse Leben haben werden wie die Erfindung des Buchdrucks zur Zeit der Reformation.

Zusätzlich kann man über E-Mail und Twitter leicht und mit deutlich höherer Frequenz direkt die Mitglieder einer Pfarrgemeinde ansprechen, z.B. indem der jeweilige Pfarrer einen Impuls zu einem besonderen Festtag, Anlass oder zum Beginn einer neuen Woche verschickt. Diese virtuelle Seelsorge eröffnet neue ungeahnte Möglichkeiten, hat ihre eigenen Herausforderungen, kann aber den persönlichen Kontakt nicht ersetzen. Das große Risiko besteht darin, dass die reale Welt mit der virtuellen verwechselt wird, dass die virtuelle die reale ersetzt.

Die Kirche muss wirklich kampagnenfähig werden, sie muss Themen finden, sie besetzen, sie gestalten und vor allem konsequent durchhalten. Es reicht nicht, einen Papstbesuch nur vorzubereiten, ebenso wichtig ist es, ihn zu begleiten, ihn nachzubereiten. Es reicht nicht, zu jedem Thema Stellung zu beziehen. Wichtiger ist es, Schwerpunkte zu setzen, Themen zu fokussieren. Die Kirche muss lernen, breite Bevölkerungsschichten in ihrem Alltag erfolgreich anzusprechen. Dazu gehört auch, sich einzumischen, falls es sein muss. Sie muss die neuen Medien nutzen mit aller Intensität und Energie. Sie sind wichtige Instrumente der Identitätsbildung und der Evangelisierung. Die Zukunft der Kirche im 21. Jahrhundert wird stark davon abhängen, inwieweit das »Medienapostolat« im Zentrum steht. Möglichen Kritikern möchte ich ein Zitat von Papst Paul VI. ins Gedächtnis rufen: »Die Kirche würde vor ihrem Herrn schuldig, wenn sie nicht diese machtvollen Mittel (der Massenmedien) nützte, die der menschliche Verstand immer noch weiter vervollkommnet« (*Evangelii nuntiandi 45*).

3. Neue Kultur des Miteinanders: im Dialog

> *»Dialog ist die neue Art, Kirche zu sein.«*
> (nach Papst Paul VI.)

»Wir leben in einer Stunde des Dialogs und überleben nur, wenn die wachsenden Konfrontationen durch eine Kultur der Verständigung überwunden werden können.« Dieser Satz von Eugen Biser gilt in zunehmendem Maße für die innerkirchliche Auseinandersetzung, die leider immer planloser, immer emotionaler, immer erbitterter und polarisierender, mithin immer unchristlicher geführt wird. Wenn die geistliche und mentale Erneuerung der Kirche von innen heraus aber gelingen soll, ist es unumgänglich, dass die Diskutanten zu einer Dialog-, Debatten- und Streitkultur auf der Basis gegenseitigen Respekts zurückfinden. Das Christentum ist per se eine Religion des Dialogs, des Gesprächs; so finden sich in der Bibel viele Beispiele für die verschiedenen Formen, die Gott gewählt hat, um mit dem Menschen zu kommunizieren. Im Gottesbild des personalen, dreieinigen Gottes ist Kommunikation, ist der Dialog schon angelegt. Die Wahrheit wird in Begegnungen offenbart, z.B. spricht Mose auf dem Berg Sinai mit Gott, er verhandelt sogar mit ihm; ein Engel bringt Maria die Botschaft, dass sie ein Kind vom Heiligen Geist empfangen solle; der Auferstandene begleitet die beiden Jünger auf ihrem Weg nach Emmaus und erklärt ihnen die Bedeutung der Schrift. Echte Kommunikation, ein gelungener Dialog setzt Sprachfähigkeit und Akzeptanz des anderen in seinem Anderssein voraus und verändert den oder die Dialogpartner.

Eines der Hauptanliegen des Zweiten Vatikanums war der Dialog: der Dialog innerhalb der Amtskirche durch Stärkung des synodalen Elements, der Dialog mit den Gläubigen, der Dialog mit anderen Konfessionen, der Dialog mit anderen Religionen, der Dialog mit der Welt. Die Notwendigkeit des aufrichtigen Dialogs wurde klar formuliert: »Das aber verlangt von uns, dass wir vor allem in der Kirche selbst, bei Anerkennung aller rechtmäßigen Verschiedenheit, gegenseitige Hochachtung, Ehrfurcht und Eintracht pflegen, um ein immer fruchtbareres Gespräch zwischen allen in Gang zu bringen, die das eine Volk Gottes bilden, Geistliche und Laien. Stärker ist, was die Gläubigen eint, als was sie trennt. Es gelte im Notwendigen Einheit, im Zweifel Freiheit, in allem die Liebe« (GS 92). Im November 2011 wies Kardinal Walter Kasper darauf hin, dass Dialog eines der Schlüsselworte des Zweiten Vatikanums gewesen sei – mehr als 30-mal werde es in den unterschiedlichsten Konzilsdokumenten verwendet. Die Kirche als die Gemeinschaft des Gottesvolkes solle durch einen kommunikativen, partizipativen und dialogischen Stil der Geschwisterlichkeit, der Freundschaft und des Vertrauens und durch eine lernbereite Dialogkultur geprägt sein.

Auf die Nützlichkeit einer Kultur des Austauschs hat auch mehrfach Papst Paul VI. hingewiesen. So betonte er in seiner Antrittsenzyklika *Ecclesiam Suam* (1964):»Im Dialog entdeckt man, wie verschieden die Wege sind, die zum Licht des Glaubens führen und durch die es möglich ist, alles auf dasselbe Ziel hinzulenken. Auch wenn sie voneinander abweichen, können sie doch zur Ergänzung beitragen, weil sie unsere Überlegungen auf ungewohnte Bahnen lenken und uns zwingen, unsere Forschungen zu vertiefen und unsere Ausdrücke neu zu gestalten. Die Dialektik dieses Denkens und dieser Geduld lässt uns auch in den Meinungen der anderen Wahrheitselemente entdecken.« Vor allem setzte er sich dafür ein, auch den Gläubigen eine Möglichkeit einzuräumen, gehört zu werden und mitzusprechen; in der Pastoralinstruktion *Communio et Progressio* definierte er unmissverständlich: »Als lebendiger Organismus bedarf die Kirche der öffentlichen Meinung, die aus dem Gespräch ihrer Glieder erwächst. Nur dann ist in ihrem Denken und Handeln Fortschritt möglich ... Da die Entfaltung der öffentlichen Meinung in der Kirche lebensnotwendig ist, muss jeder Gläubige das Recht und die Möglichkeit haben, sich über alles zu informieren, was erforderlich ist, um im Leben der Kirche eine aktive Rolle zu übernehmen ... Wenn die Kirche lebendig sein und ihre Aufgaben wirklich erfüllen will, muss es zwischen kirchlichen Autoritäten auf jeder Ebene, katholischen Einrichtungen und allen Gläubigen einen ständigen, wechselseitigen und weltweiten Fluss von Informationen und Meinungen geben« (115ff.). Konsequenterweise forderte er zu diesem Zweck die Schaffung entsprechender Institutionen wie Nachrichtenagenturen, Pressestellen, Begegnungszentren und Laiengremien.

Reflektierende Diskussion ist unerwünscht

Vor dieser Absichtserklärung wird die aktuelle Diskrepanz zwischen Anspruch und Wirklichkeit umso augenfälliger. Was wir brauchen, ist eine konstruktive Streit- und Diskussionskultur. Auseinandersetzungen dürfen nicht als Angriff verstanden werden, sondern als das Wirken des Heiligen Geistes im Ringen um die Wahrheit. Alles ist zu hinterfragen: Strukturen, Funktionen, Lehraussagen. Nicht zur Diskussion stehen dagegen die Grundwahrheiten des Glaubens. Viele Aussagen, die der Tradition folgen und von Kirchenvätern oder dem Lehramt getroffen worden sind, sind in einem bestimmten historischen Kontext von Menschen formuliert worden. So darf z.B. nicht vergessen werden, dass wichtige Festlegungen in den frühen Konzilien nicht durch das Gewicht des Bischofs von Rom, sondern durch den politischen Einfluss des oströmischen Kaisers getroffen wurden.

Bei allem Dialog ist immer zu unterscheiden, was unantastbare Glaubenssätze sind, *depositum fidei*, also Glaubensgrund der katholischen Kirche, und was Glaubensausdruck ist, also zeitbedingte Festlegungen zu Aussagen und Strukturen der Kirche. Wird nicht vieles als absolute, nicht veränderbare Wahrheit hingestellt, was letztlich nur Anpassungen der Kirche an den Zeitgeist einer bestimmten Epoche waren? Hat sich die Kirche nicht z.B. in ihrer Leitungsstruktur zuerst an die römisch-griechische Verwaltungspraxis der späten Antike und dann an ein feudales, hierarchisches Herrschaftssystem angepasst, wie es mittelalterliche weltliche Autoritäten ausgeübt haben? Es geht mir sicherlich nicht um die Einführung von Basisdemokratie und Mehrheitsentscheidungen. Noch betrachte ich die Kirche in ihrer sozialweltlichen Gestalt als Verein oder Partei, in der die Mehrheit über die Minderheit entscheiden kann. Vielmehr ist sie eine Gemeinschaft von Heiligen, in der alle Schwestern und Brüder sind und trotz aller Leidenschaft in der Auseinandersetzung aufgefordert oder verpflichtet sind, sich niemals die gegenseitige gute Absicht und Ernsthaftigkeit und damit auch die Treue und Loyalität zu Jesus Christus und seiner Botschaft, zu Kirche und Papst abzusprechen.

»Wenn wir Kirche im Sinne der durch das Konzil erneuerten Tradition als durch die Taufe und die Eucharistie begründete Communio verstehen, dann bedeutet das einen kommunikativen, dialogischen und brüderlichen Stil der Kirche, der sich von älteren imperialen, feudalen und obrigkeitsstaatlichen Verhaltensmustern und von einem scheinbar modernen bürokratischen Stil unterscheidet«, legte Kardinal Kasper in der bereits zitierten Rede dar. Die Form von Mitwirkung der Laien müsse diesem Communio-Gedanken entsprechen, fuhr der Kardinal fort und forderte eine Stärkung und Neubelebung synodaler Institutionen sowohl auf der Ebene der Ortskirchen wie auch in der Weltkirche. Ganz offensichtlich fürchtet der Kardinal keine Übernahme der Macht durch die Laien und eine »Rätekirche«, sondern verfolgt vielmehr eine der ältesten kirchlichen Traditionen, die der synodalen und partizipativen Prozesse der ersten fünfhundert Jahre, die es unter den heutigen Gegebenheiten neu aufzugreifen gilt, um derart den einseitigen, autoritativ hierarchischen Stil zu überwinden und der Kirche ein junges Gesicht und eine erneuerte Gestalt geben zu können.

Dieses Verständnis des Miteinanders ist auch Ausdruck einer ekklesiologischen Grundauffassung, die in unserem Land nicht unbedingt beheimatet ist. So schreibt z.B. der amerikanische Erzbischof Rembert Weakland stellvertretend für die amerikanische Bischofskonferenz: »Jene europäischen Kritiker wollen ein im hohen Maße hierarchisches Modell der Kirche, in dem die Gläubigen durch die Bischöfe unterrichtet werden, die die Gabe des Geistes zur Weitergabe der autoritativen Lehre besitzen. Die US-Bischöfe glauben an ein Modell der Kirche, in dem der Heilige Geist in allen Mitgliedern der Kirche wohnt, und sie glauben, dass die Hierarchie auf das hören muss, was der Heilige Geist der ganzen Kirche sagt.« Klingt es da nicht wie Hohn, wenn ein deutscher Diözesanbischof mit dem Verweis auf ein Paulus-Zitat – »Wer Ohren hat, der höre, was der Geist den Gemeinden sagt« – versucht, den Gläubigen Gemeindezusammenlegungen aufgrund des Priestermangels vorzuschieben, Wortgottesdienste an Samstagen und Sonntagen explizit zu verbieten, und auf seine letzte Entscheidungskompetenz pocht?

In diesem Zusammenhang darf man das Zweite Vatikanum sicherlich nicht idealisieren. Auch hier herrschte Streit, Konfrontation, Diskussion. Aber das Konzil war gekennzeichnet durch Dialogfähigkeit. Es wusste mit Konflikten umzugehen und zur Übereinstimmung zu kommen. Diese Konfliktfähigkeit und Konsensbildung, die auch auf der Würzburger Synode zum Tragen kamen, scheinen in der Zwischenzeit verloren gegangen zu sein.

Streit an sich ist nicht negativ: Auch die Kirchengeschichte ist eine Geschichte des Streits, der Meinungsverschiedenheiten. Seit es Kirche gibt, gibt es auch eine Streitkultur in ihr. Denken wir an das erste Apostelkonzil, zu dem die Apostel der Jerusalemer Urgemeinde mit Paulus und seinen Begleitern zusammenkamen – dort sind die Fetzen geflogen. Die Auseinandersetzung führte aber nicht etwa zu einer Spaltung, sondern zu Weisungen, die für das Christentum grundlegend werden sollten: die fundamentale Entscheidung, dass auch Heidenchristen, ohne sich den mosaischen Gesetzen zu unterwerfen, ewiges Heil erlangen können. Petrus und Paulus wurden Vorbilder für eine positive Streitkultur im Ringen um den richtigen Weg. Sie haben heftig miteinander gestritten, sind jedoch fair in der Sache geblieben, haben sich weder verteufelt noch trotz aller Differenzen gegenseitig den rechten Glauben abgesprochen.

Oder denken wir an die vielen Konzilien und Synoden im Verlauf der letzten beiden Jahrtausende, in denen heftig um die Wahrheit und die richtige Auslegung des Evangeliums gerungen wurde. Sie waren nicht Ausdruck von Harmonie, sondern notwendig, weil sich Unruhe, Unzufriedenheit, unterschiedliche Auffassungen ausbreiteten und zur Lösung anstanden. Und nicht selten führten sie zu Abspaltungen. So sprach man sogar Ignatius von Loyola die Rechtgläubigkeit ab und brachte ihn mehrmals vor die Inquisition. Hat nicht mancher Heilige als Ketzer und Feind der kirchlichen Obrigkeit begonnen und wurde erst später zu den Ehren der Altäre erhoben? Hatten nicht auch Hildegard von Bingen und Theresa von Ávila ihre Mühe mit den kirchlichen Autoritäten? Denken wir an Personen wie Bernhard von Clairvaux, der energisch die klösterliche Praxis infrage stellte und mit den Reformen von Cluny eine Erneuerung des Klosterlebens als eine der tragenden Säulen kirchlicher Entfaltung im frühen Mittelalter vorantrieb. Hat nicht ein Franz von Assisi in seinem radikalen Bestreben, dem armen Christus nachzufolgen, die damalige Amtskirche kräftig aufgemischt? Auch wenn er damals ein Ärgernis war, verdankt sie ihm dennoch neue Impulse, ein ansteckendes, erhellendes Feuer, die Option für die Armen. Auch um die Beschlüsse des Ersten Vatikanums wurde heftig gestritten, insbesondere über das Dogma der Unfehlbarkeit des Papstes. Immerhin hat mehr als ein Drittel der anwesenden Konzilsmitglieder dagegen gestimmt.

Wer berechtigte Fragen aufwirft etwa zu den Ursachen der Glaubenskrise, wer strukturelle und institutionelle Missstände für den Umfang der Missbrauchsaffäre verantwortlich macht, wer über die Wiederzulassung von laisierten Priestern laut nachdenkt, den Diakonat der Frau erwägt, wer über die Sinnhaftigkeit absolutistischer Machtstrukturen, ihrer Legitimation und Kontrolle, über eine zu starke Ausprägung kirchlicher Hierarchie räsoniert, wird von Neotraditionalisten und Antimodernen gerne in eine Ecke gestellt. Er wird als Verräter der katholischen Identität, als konziliarer Alt-Achtundsechziger, als Besserwisser, als Papstverräter gebrandmarkt, der nicht mehr auf dem Boden der katholischen Kirche stehe. In der aktuellen Diskussion fällt auf, dass die eher konservative Seite stark polarisiert, sich als Hüterin des vermeintlich wahren Glaubens versteht. Vor allem im Internet pflegen einige Konservative einen starken, teils aggressiven Auftritt, etwa auf der Plattform kath.net. Wenn man die Stellungnahmen und Kommentare in den dortigen Chatrooms liest, möchte man fragen, wo hier der Geist der Bergpredigt weht. Der Jesuitenpater Klaus Mertes wurde von kreuz.net im Zuge seiner Bemühungen um Aufklärung der Missbrauchsaffäre am Canisius-Kolleg als »dekadenter, deutscher Jesuit« und »Missbrauchspropagandist« bezeichnet, der der heiligen Mutter Kirche schaden wolle. Mertes hatte zuvor moniert, dass es einen »Kreis von pöbelnden Dunkelkatholiken« gebe, der jedwede Kritik an der Kirche und ihren Vertretern als illoyal tadle und von führenden Kreisen geschützt werde. Teile der Hierarchie würden vor diesen Schimpfern kuschen, da sie befürchteten, ansonsten selbst beschimpft zu werden (Der Spiegel 38/2011). Würde man sich hier nicht eine deutliche Stellungnahme zugunsten Mertes' und seiner mutigen Aufklärungsarbeit von gerade den Bischöfen wünschen, die sonst ja auch kein Problem damit haben, sich mit unangenehmen Botschaften und drastischer Wortwahl, z.B. Euthanasie in Verbindung mit der Abtreibungsdebatte, an die Öffentlichkeit zu wenden? Wäre nicht zumindest die Klarstellung angemessen, dass es unchristlich ist, einen Mitmenschen, einen Mitbruder derart zu verunglimpfen?

In der zunehmend polarisierenden Diskussion um Reformen melden sich immer häufiger auch offizielle Kirchenvertreter zu Wort. Es gibt zunehmend Kirchenleute, die sich Stellungnahmen von Theologen oder von prominenten Laien, wie dem ZdK-Präsidenten Alois Glück, als unerlaub-te Einmischung in innerkirchliche Verhältnisse verbitten. So reagierte eine Gruppe von »kirchentreuen« Katholiken unter Führung von Kardi-nal Walter Brandmüller auf das Theologen-Memorandum mit dem Titel »Kirche 2011: Ein notwendiger Aufbruch« mit einer »Petition pro eccle-sia« und rief die Bischöfe auf, den Forderungen »mit aller Entschieden-heit« entgegenzutreten. Den Unterschreibern empfahlen sie, »doch gleich protestantisch« zu werden. Ein Mitunterzeichner wurde aus einer Berufungskommission abberufen. Und auf den offenen Brief einiger CDU-Politiker (u.a. Norbert Lammert, Annette Schavan, Bernhard Vo-gel und Erwin Teufel) an die deutschen Bischöfe, den Zölibat für katholi-sche Priester doch abschaffen zu wollen, konterte Kardinal Brandmüller, ihr Appell sei eine Beleidigung Christi. Daraufhin sah sich Kardinal Karl Lehmann gezwungen, sich öffentlich »für den Ton« Brandmüllers zu schämen. »Dies ist in unserem Land nicht der Stil, mit dem wir auch bei Meinungsverschiedenheiten miteinander umgehen«, sagte Kardinal Lehmann. Der ehemalige Regensburger Bischof Gerhard Ludwig Müller bezeichnete Reformgruppen als »parasitäre Existenzen« (dpa, 20.05. 2012). Ihnen wird von anderen Amtsträgern mit Bezug auf eine Aussage des Papstes vorgeworfen, sie seien »die Feinde der Kirche«, die diese von innen heraus zerstörten. Diesen Begriff hatte Benedikt XVI. im Zusam-menhang mit den Missbrauchsfällen benutzt. Einem Bericht des Maga-zins *Der Spiegel* (38/2011) zufolge soll ein Bischof anonym beklagt haben, dass konservative Gruppen und Grüppchen, Sekten und Sektierer die Debatte prägen. Und in dem gleichen Artikel zitiert das Blatt den Sekre-tär der Deutschen Bischofskonferenz, P. Hans Langendörfer, mit den Worten, dass die innerkirchliche Atmosphäre vergiftet sei.

Schmerzende Fakten werden auch in Rom nicht gerne gehört. Vor einigen Jahren wurde ich zu einem Vortrag bei der Deutschen Botschaft am Vatikan eingeladen mit dem Titel »Zwischen Papstbegeisterung und Reformstau – zur Situation der katholischen Kirche in Deutschland«. Zwei Wochen vor der Veranstaltung erhielt ich einen Anruf: Aufgrund anderer Verpflichtungen musste der Botschafter die Veranstaltung leider absagen. Nach längerem Nachbohren erhielt ich die Auskunft, der ei-gentliche Grund sei, dass man sich möglichen Ärger mit dem Vatikan ersparen wolle. Eine andere Erfahrung ist das Verbot von Lesungen aus seinen Memoiren für Professor Hans Maier in kirchlichen Räumen der Bistümer Augsburg und Regensburg. Die evangelische Gemeinde von St. Anna in Augsburg gewährte ihm dann in ihren Räumen »Kirchenasyl«. Hier wird ein über alle Zweifel erhabener, engagierter Katholik und ehemaliger ZdK-Präsident aufgrund der öffentlichen Wiedergabe seiner Auseinandersetzung mit Kardinal Ratzinger im Zusammenhang mit dem Schwangerschaftsabbruch ausgegrenzt. Darf man dahinter etwa falsch verstandenen vorauseilenden Gehorsam gegenüber Rom vermuten?

In seiner Enzyklika *Caritas in veritate* tritt Papst Benedikt XVI. sehr überzeugend für Subsidiarität, für Partizipation und Dialog als Voraussetzung für den Aufbau einer globalen Zivilgesellschaft ein. Schwer verständlich, warum diese Forderungen in dem Moment, wenn man die Portale durchschreitet und in den Kirchenraum eintritt, an Gültigkeit verlieren sollten. Zeigt sich darin eine Debatten-, eine Diskussions- und Streitkultur im Sinne des Evangeliums? Ist dies nicht falsch verstandene Harmonie- und Beschwichtigungssucht? Bringt nicht die faire Auseinandersetzung Erkenntnisgewinn? Brauchen wir nicht vielmehr eine Diskussionskultur, die offen und angstfrei ist, integrativ und nicht ausgrenzend, von gegenseitigem Respekt geprägt, die Meinung des anderen achtet und zu verstehen versucht? Die innerkirchliche Diskussion ist vielfach gekennzeichnet von Angst, Rücksichtnahme, Profilsucht. Häufig habe ich in Gesprächen mit Kirchenvertretern unter vier Augen Antworten gehört wie: »Ja, in der Sache haben Sie ja völlig recht; aber verstehen Sie, ich muss Rücksicht nehmen auf meine Kollegen im Episkopat, ich muss Rücksicht nehmen auf meine zukünftige weitere Entwicklung, ich muss Obacht geben, dass diese Aussagen mir nicht bei meinem Bischof oder in Rom schaden ...« An sich ein ganz verständliches menschliches Verhalten. Aber darf ich nicht zu Recht von Hirten mehr erwarten als den Blick auf die eigene Person und Karriere?

Zu sehr ist die innerkirchliche Dialogpraxis auch gekennzeichnet von anonymen Anzeigen, Briefen, Denunziationen bis hin zu Tonbandmitschnitten. Hier sind ein klares Machtwort und ein eindeutiges Regelwerk notwendig. Vorbildlich weist Kardinal Joachim Meisner auf seiner Internetplattform darauf hin, dass »Beiträge mit unklarem, verworrenem oder beleidigendem Inhalt, ... Beiträge ohne vollständige Namensnennung«

nicht veröffentlicht werden könnten. Eine Revolution für innerkirchliche Informationsprozesse oder eigentlich doch eine Selbstverständlichkeit? In diesem Zusammenhang forderte der Würzburger Theologe Bernhard Spielberg bei einem Vortrag an der Ruhr-Universität Bochum im Januar 2012 die Einrichtung kirchlicher Compliance-Abteilungen, um inner-kirchliche Kommunikationsstrukturen und -praxen deutlich zu verbes-sern. Er regte auch einen Ethikkodex für Seelsorger an, wie er von öster-reichischen Moraltheologen auf den Weg gebracht wurde.

Wie Dialog gelingen kann

Dialog heißt, sich gegenseitig respektieren, auf gleicher Augenhöhe dis-kutieren, den Argumenten, Worten, Überlegungen, Sorgen eines Laien den gleichen Stellenwert wie denen eines Bischofs einräumen, ohne dabei die unterschiedlichen Positionen zu negieren. Sich respektieren heißt, auf jede Form von Schuldzuweisung und Abwertung von Kritik verzichten; das Gehörte auf sich wirken lassen, aus einem inneren Schweigen heraus verstehen wollen, Gemeinsamkeiten aufdecken, die Aussagen des anderen quasi retten. Den eigenen Standpunkt artikulieren heißt, die eigene au-thentische Sprache finden, die eigene Wahrheit aussprechen. Dialog dient zum einen dazu, eine Situation des Vertrauens und des gegenseiti-gen Verständnisses aufzubauen, zum anderen aber auch dem Zweck, ein Ergebnis erzielen zu wollen. Dialog heißt vor allem Zuhören, *active liste-ning*. Fast könnte man sagen: Nicht umsonst haben wir zwei Ohren und nur einen Mund, weil wir mehr hören als reden sollen. Der dialogische Prozess muss einladend und von Empathie und Wohlwollen für die Ge-genargumente gestaltet sein, damit er gelingen kann. Er darf aber ande-rerseits nicht von falsch verstandener Toleranz geprägt sein. »Es ist wichtig zu begreifen, dass wir der Toleranz nicht dienen, wenn wir unser Profil verwässern, sondern indem wir uns umgekehrt unserer eigenen Werte vergewissern«, erklärt Bundespräsident Joachim Gauck zu Recht.

Dialog wird innerhalb der Kirche inhaltlich nicht völlig offen sein können, er erfolgt immer von einem Standpunkt der eigenen Glaubens-gewissheit. Dialog benötigt zwei Partner, und häufig einen Vermittler, der aktiv zuhört, Fragen stellt, um das Thema voranzubringen und mögliche Interpretationen anzubieten. Dialog kann dazu beitragen, dass Selbst- und Fremdbild der Kirche wieder zusammenwachsen, und damit die Voraussetzung für Vertrauen und Glaubwürdigkeit schaffen. Es darf nicht bei reinen Gesprächsprozessen bleiben. Am Ende müssen Entscheidungen gefällt werden. Dialoge müssen ergebnisorientiert geführt werden und in Problemlösungs- und Entscheidungsprozesse münden, um sich nicht totzulaufen.

Konstruktive Kritik ist notwendig

Eine Erneuerung gelingt nicht durch Abschottung und das Pochen auf einmal getroffene Positionen und Aussagen, sondern durch das ständige Bestreben, zu überprüfen, zu hinterfragen und zu verbessern. »Nicht Ruhe ist die erste Bürgerpflicht des Christen, sondern Unruhe, Bewegung, Spannung, wie das Christusereignis höchste Unruhe, Bewegung, Spannung verursachte und verursacht. Im Bewusstsein des Unvollkommenen wächst das Neue aus Bekanntem wie Unbekanntem«, stellte Johannes Röser im *Christ in der Gegenwart* (05/2012) fest. Die christliche Botschaft ruft uns auf, unsere Welt und auch die Kirche auf dem Weg zum Reich Gottes laufend zu verbessern. Gerade innerkirchlich wird freie Meinungsäußerung häufig mit der Verletzung des Gehorsamsprinzips gleichgesetzt. Dies ist freilich ein Kennzeichen vor allem für Sekten und ähnliche Organisationen, dass jegliche kritische Äußerung als Verrat, als Nestbeschmutzung, als Schwächung der eigenen Position angesehen wird. Für erfolgreich geführte Unternehmen gilt diese Haltung schon lange nicht mehr, und für die Institution Kirche darf sie erst recht nicht gelten. Gehorsam ohne die Möglichkeit zur ehrlichen Meinungsäußerung läuft Gefahr, zu einer Vereinheitlichung zu führen, zu einer Einheit ohne Vielfalt. Auf der anderen Seite muss aber auch die freie Meinungsäußerung das Große und Ganze im Auge behalten, für die Einheit in der Vielfalt, und darf nicht verletzend sein.

In diesem Zusammenhang sollte man mehr von Verantwortung und weniger von Gehorsam sprechen. Gut geführte Unternehmen setzen deshalb bei ihren Führungskräften und Mitarbeitern auf die Unternehmenswert verankerte Handlungsmaxime »*obligation to dissent*«, die Verpflichtung zum konstruktiven Widerspruch, die beide Seiten bindet. Der Mitarbeiter kann sich zu einem späteren Zeitpunkt nicht damit herausreden, er hätte alles besser gewusst, alles anders gemacht. Der Vorgesetzte hat umgekehrt diesen Widerspruch – egal, von welcher Seite er kommt, egal, auf welcher hierarchischen Stufe der/die Mitarbeiter/in steht – zu akzeptieren und sich mit ihm auseinanderzusetzen. Ich habe selbst oft die Erfahrung gemacht, dass es nicht leichtfällt, als Vorgesetzter Argumente beispielsweise von einem jungen Mitarbeiter anzunehmen und Positionen, die man viele Jahre lang mit Nachdruck gegenüber einem Klienten vertreten hatte, womöglich infrage zu stellen. Mich erinnert dieses Prinzip an die Regel des heiligen Benedikt, der den Abt auffordert, auch die Meinung des jüngsten Bruders einzuholen, bevor er eine Entscheidung trifft, denn auch in ihm wirke der Heilige Geist. Insgesamt geben die Regeln des heiligen Benedikt eine hervorragende Blaupause für eine innere institutionelle Kommunikations-, Diskussions- und Entscheidungskultur. Zu oft sind viele Teile der Kirche weit davon entfernt. Der Jesuitenpater Klaus Mertes hat in seinem Buch »Widerspruch aus Loyalität« ausgehend von der paulinischen Theologie und den Regeln des heiligen Ignatius von Loyola theologisch begründet, warum Liebe, Treue und Gehorsam zu Kirche und Papst mit wohlmeinender Kritik an Kirche und Papst vereinbar sind bzw. warum wahre Liebe gerade loyalen Widerspruch einfordert.

Unsere Kirche muss konstruktive Kritik zulassen, ja, sie muss sie zu einem Wesensmerkmal machen, sie muss sie einfordern. Das heißt vor allem, dass die Vertreter der Kirche lernen müssen, miteinander offen zu arbeiten, ihre Kommunikations- und Dialogfähigkeit in der Liturgie, in der Seelsorge, in der Führung ihrer Mitarbeiter und in anderen Begegnungen miteinander zu verbessern. Das bedeutet brüderliches Feedback, Weiterbildung und vor allem authentisches Vorleben, wie Alois Glück es formulierte: »Was ist es denn wert, wenn wir von Nächstenliebe, Gerechtigkeit, Würde des Menschen und vom ›christlichen Menschenbild‹ reden? Wir müssen lernen, dass Verschiedenheit und Streit in der Sache nicht eine Gefährdung der Kirche sind, sondern ein Weg des Heiligen Geistes für Erneuerung und Weltentwicklung. Nicht die Meinungsverschiedenheit, der Streit um den richtigen Weg ist das Problem ... Es geht um den Geist der Auseinandersetzung. Wenn wir dies innerkirchlich nicht schaffen, haben wir auch der Welt nichts Glaubwürdiges mehr zu sagen« (SZ, 25.02.2011). Das innerkirchliche Miteinander, wenn es alle Chancen und Potenziale, die in ihm stecken, nutzen will, muss geprägt sein von Verständnis, Respekt, Brüderlichkeit, Solidarität und Liebe.

4. Gläubige in die Pflicht nehmen

»Die Verkündigung muss vor allem durch ein Zeugnis erfolgen ...
Zu diesem Zeugnis sind alle Christen aufgerufen.«
(Papst Paul VI., Evangelii nuntiandi 21)

Wenn von der Kirchenreform die Rede ist, rücken traditionell der Vatikan, die kirchlichen Verantwortungsträger und die Strukturen der Amtskirche in den Vordergrund. Übersehen wird oft die Bedeutung, die entscheidende Rolle und das Potenzial der Laien, der Gläubigen, für diesen Prozess, aber auch deren Verpflichtung, Entscheidendes dazu beizutragen. Welche Rolle sie bei der Erneuerung der Kirche spielen können und müssen, wird im Folgenden dargelegt.

Dass alle Christgläubigen, sowohl die Kleriker als auch die Laien, das Volk Gottes bilden, und dass die Amtsträger »nicht Herren über euren Glauben, sondern Diener zu eurer Freude sind« (2 Kor 1,24), hat das Zweite Vatikanum deutlich herausgestellt und mit einer Generalklausel im Kirchenrecht verankert: »Unter allen Gläubigen besteht ... eine wahre Gleichheit in ihrer Würde und Tätigkeit ...« (CIC, can. 208). Das Erste Vatikanum war noch von einem ganz anderen Kirchenverständnis geprägt. Es dachte Kirche als eine »Gesellschaft von Ungleichen«, als eine Priesterkirche, die sich in Oben und Unten unterteile, »weil es in der Kirche eine von Gott verliehene Vollmacht gibt, die den einen zum Heiligen, Lehren und Leiten gegeben ist, den anderen nicht«. So steht es im ersten Entwurf der Konstitution über die Kirche Christi (1870), der nie verabschiedet wurde. Galt im 19. Jahrhundert die Priesterweihe als das Schlüsselsakrament, kam nach dem Zweiten Vatikanum der Taufe diese Stellung zu. Das gesamte Volk Gottes ist Kirche: Getaufte, Geweihte, Beauftragte. Auch ein Kleriker, sei er Priester oder Bischof, steht in keinem anderen, z.B. näheren Verhältnis zu Gott als der einfache Gläubige. Schon die Freskenmaler im Mittelalter haben dieses Kirchenverständnis sehr deutlich zum Ausdruck gebracht, indem sie reihenweise Päpste, Kardinäle und Prälaten ins Fegefeuer schickten.

Das apostolische Bekenntnis der Laien

Es sei irreführend und hinderlich, dass der Begriff Laie im kirchenrechtlichen Bewusstsein nicht von seiner etymologischen Herkunft her, also von griechisch *laòs*, das Volk, wirksam geworden und präsent sei, sondern von seiner kirchenrechtlichen Abgrenzung: Laie gleich Nicht-Kleriker, schreibt der Theologe Manfred Belok. Viele einflussreiche, vor allem konservative Kreise sehen die Trennung von Laien und Klerus als von Gott und Jesus begründet und als einen der Markenkerne der katholischen Kirche an. Der Anonymus alias Apostel Paulus wirft der Kirche in einem seiner Briefe an »Bruder Benedikt« vor: »Die Menschen fühlen sich von euch Klerikern nicht ernst genommen, bevormundet, in ihrer Freiheit eingeengt und an den Rand gedrängt. Und dort, wo man nicht mitentscheiden kann, zerfällt das Engagement.« Gerade die Diskussion um die Kirchenreform ist stark einseitig, indem sie sich fast ausschließlich an die Amtskirche und deren Vertreter richtet. Dabei müssten die Laien gleichermaßen in den Prozess der Erneuerung nicht nur als Adressaten einbezogen werden, ja, in ihrer apostolischen Funktion als Akteure in die Pflicht genommen werden. Auch sie müssen nicht nur fordern, sondern ganz entschieden ihren Beitrag leisten, bereit sein Veränderungen zu akzeptieren – so weh es auch tun mag – und sich ebenfalls zu »erneuern«. Was einzufordern wäre, was wieder verstärkt zur Geltung gebracht werden sollte, ist, dass jeder Gläubige ein Träger und Zeuge der christlichen Botschaft ist und sich auch so verhält.

Laien sind nicht in erster Linie Konsumenten von Spiritualität, vielmehr produzieren sie durch ihr Verhalten, durch ihr Vorbild den Glauben. Zu viele Laien haben sich in Deutschland an eine komfortable pastorale Rundumversorgung durch Geistliche gewöhnt – in der Weltkirche eher eine einmalige Luxussituation –, sind auf Priester zentriert, huldigen einem Kryptoklerikalismus und zeigen sich furchtbar enttäuscht, wenn z.B. eine voll ausgebildete Pastoralreferentin sie zum Taufgespräch besucht anstelle des Pfarrers. Brauchen wir nicht auch bei den Gläubigen dringend einen Mentalitätswechsel nach dem Motto: »Frage nicht, was die Kirche für dich getan hat, sondern was du für die Kirche, für den Glauben tust«? Auf diese Weise kann Glauben auch wieder an Attraktivität gewinnen. Es sind vor allem einzelne nachdenkliche, kritische und doch gläubige Menschen, die am meisten Überzeugungskraft ausstrahlen. Ich sehe Menschen vor mir, die mitten im Leben, vielleicht aber am Rande des Betriebs Kirche stehen, und sich dennoch ihrer Glaubensgemeinschaft verbunden fühlen. Sie sind bewegt, sie ahnen etwas, sind inspiriert vom Geist des Evangeliums; sie sind authentische Zeugen. Vielleicht authentischer und überzeugender als mancher Vertreter des katholischen Milieus. Gerade für junge Menschen ist es wichtig, dass sie in Älteren überzeugende und glaubwürdige Glaubenszeugen erleben.

Von diesen, eigentlich aber von allen Christen sollte ein stärkeres Engagement eingefordert werden, vor allem ein öffentliches Bekenntnis. Jeder Einzelne kann im Alltag Zeugnisse des Glaubens ablegen. Zwei Beispiele aus meiner eigenen Biografie: Vor einigen Jahren kam meine Frau, die in unserer Gemeinde ehrenamtlich stark engagiert ist, nach Hause und teilte mir mit, wir würden nun in unserem Nachbarort den Pfarrbrief austragen. Mit »wir« meinte sie natürlich mich. Ich gebe zu, am Anfang war mir diese Aufgabe peinlich, weshalb ich in der Abenddämmerung von Briefkasten zu Briefkasten hastete in der Hoffnung, nicht bemerkt zu werden. Heute fahre ich am helllichten Tag im Cabrio durch den Ort und verteile den Pfarrbrief in aller Öffentlichkeit und Sichtbarkeit. Häufig ergibt sich das eine oder andere Gespräch und die Leute meinen: Wenn einer wie der von Mitschke den Pfarrbrief austrägt, muss an dieser katholischen Kirche etwas dran sein. Das zweite Beispiel betrifft ein Geschäftsessen, zu dem ich mit einem Kunden zum ersten Mal zusammenkam. Wir bestellten, das Essen kam, mein Gegenüber hielt einige Sekunden inne, machte das Kreuzzeichen – und wir eröffneten unsere Diskussion. Ich war zutiefst berührt über dieses Bekenntnis zum Glauben und zugleich etwas beschämt, dass ich dazu nicht fähig war. Bedeutet das in Konsequenz nicht auch, dass man als Gastgeber bei offiziellen Einladungen zum – vielleicht auch stillen – Tischgebet auffordern könnte oder eben mit gutem Beispiel voranginge?

Es sollte nicht vergessen werden, dass das frühe Christentum erst dadurch zu seiner Größe fand, dass vor allem Angehörige der gesellschaftlichen Elite im Römischen Reich eine Vorbildfunktion und Führungsaufgabe wahrnahmen und die Religion propagierten. Die heutige katholische Elite könnte sich von den Altvorderen in dieser Hinsicht inspirieren und ermutigen lassen. Wegen ihres Bekanntheitsgrades und Vorbildcharakters hätte ihr Engagement eine besondere Strahlkraft.

Alice Schwarzer z.B. ist frei von einer positiven Voreingenommenheit gegenüber der katholischen Kirche. Auf dem Höhepunkt des Missbrauchsskandals verteidigte sie jedoch in einer Talkshow die katholischen Geistlichen, indem sie sagte: »Der sexuelle Missbrauch von Kindern ist keine Erfindung katholischer Patres. Und er hat auch nichts mit dem Zölibat zu tun.« Kein anderer, kein Bischof, kein Vertreter der Kirche hätte diese Ansicht glaubwürdiger, authentischer und überzeugender kommunizieren können. Öffentliches Engagement heißt nicht nur, dass man als Mitglied einer katholischen Elite, als lokale oder internationale Größe sonntags den Gottesdienst besucht, bei der Fronleichnamsprozession vorne mitgeht und sich öffentlich zur katholischen Kirche bekennt – obwohl ich schon mehrfach mit Enttäuschung feststellen musste, dass selbst im katholischen Bayern katholische Funktionsträger der CSU – große wie kleine – häufig bei Prozessionen durch Abwesenheit glänzen. Öffentliches Engagement heißt vielmehr, sich immer und überall zur Kirche und zu seinem Glauben bekennen.

In der amerikanischen Politik ist es trotz der konsequenten Trennung von Kirche und Staat selbstverständlich, zu seinem Glauben zu stehen. Würde die Bundeskanzlerin oder der Bundespräsident die Rede zum Jahresende mit dem – natürlich auf Deutschland übertragenen – Wunsch »God bless America, God bless you« beschließen, würde augenblicklich eine langatmige, aufgeregte mediale Diskussion darüber beginnen, inwieweit diese Worte politisch korrekt seien und nicht einen Missbrauch des Staatsamtes bedeuteten. Wir brauchen aber diesen Mut der politischen und gesellschaftlichen Repräsentanten, sich zu ihrem Glauben vor einem Fernsehpublikum zu bekennen, um das Bewusstsein zu stärken, dass Religion zwar Privatsache ist, aber doch öffentlich gelebt werden kann.

Ehrenamtliches Engagement der Laien

Zu dem Ergebnis, dass Religiosität und Ehrenamt positiv miteinander korrelieren, kam unter anderem eine *Bertelsmann-Studie* vom September 2010. Während Nicht-Religiöse lediglich zu 19 Prozent ehrenamtlich engagiert sind, steigt diese Zahl bei Religiösen bzw. Menschen, die sich als religiös bezeichnen, auf 26 Prozent an und wiederum bei Menschen, die sich als hochreligiös bezeichnen, auf 43 Prozent (Tab. 40, S. 247).

Zwar ist in der Gruppe junger Menschen unter 30 Jahren der Anteil derjenigen, die sich als religiös bezeichnen, in der Minderheit – doch unterscheiden diese wenigen sich deutlich von ihren religiös eher indifferenten Altersgenossen. Sie zeichnen sich aus durch eine stärkere Familienhinwendung, eine signifikant höhere Bereitschaft, sich mit gesellschaftlichen Themen auseinanderzusetzen, ein überdurchschnittliches soziales Verantwortungsgefühl und die Bereitschaft, sich ehrenamtlich zu engagieren. Unabhängig vom Alter ist aber sicher, dass die Bereitschaft zur Übernahme eines Ehrenamts nicht auf der Basis einer traditionell von oben nach unten gerichteten Mitwirkung gewonnen werden kann – die Menschen heute erwarten Mitentscheidungs- und Mitgestaltungsmöglichkeiten.

Katholiken engagieren sich häufiger ehrenamtlich als der Rest der Bevölkerung. So gaben 31 Prozent der Katholiken in der Umfrage *Perspektive Deutschland 2004* an, dass sie mindestens einmal im Monat einen Dienst in Vereinen, Verbänden und sozialen Diensten wahrnehmen (54 Prozent bei Katholiken mit hoher Kirchenbindung; 26 Prozent in der nichtkatholischen Bevölkerung). Geht man auf die Beweggründe für dieses freiwillige Engagement ein, so lässt sich vor allem zwischen aktiven Katholiken und Gesamtbevölkerung ein wesentlicher Unterschied herausarbeiten: Ihnen sind ein Engagement für sozial Benachteiligte und gesellschaftliche Randgruppen deutlich wichtiger. Die Umfrage *Perspektive Deutschland 2005* zeigte eindrucksvoll, dass aktive Katholiken zufriedener sind, eine positivere Zukunftserwartung haben, mehr die Chancen und weniger die Risiken sehen als die Gesamtbevölkerung (Tab. 41/42, S. 248f.). Diese Befunde unterstreichen, dass kirchliches Leben auch in einer säkularisierten Umwelt für engagierte und optimistische Menschen attraktiv ist und bleiben kann. Gleichzeitig sind engagierte Katholiken, die in ihren Gemeinden und Tätigkeiten vor Ort mit Vertrauen optimistisch in die Zukunft blicken, eine gute Basis für die Erneuerung der Kirche aus sich selbst heraus.

Sie wollen aber mit entsprechenden Kompetenzen ausgestattet werden. Wer mitarbeitet, möchte auch mit entscheiden und gestalten. Hierarchie und Partizipation müssen dabei keine Gegensätze sein, sondern können die Voraussetzung dafür bieten, das volle charismatische Potenzial zu mobilisieren und transparent zu machen. In den letzten Jahren tritt jedoch zunehmend ein Hang zu Konformismus und Disziplin statt zu Kreativität zutage, Ein- und Unterordnung statt Entfaltung, Beharren auf Bewährtem statt Mut zu Neuem. Dieser starre innerkirchliche Geist kollidiert mit dem gesellschaftspolitischen Ideal von Freiheit, Individualität und Selbstverwirklichung. Sollen Gläubige für ein Engagement in der Kirche gewonnen werden, müssen wir akzeptieren, dass es eine innerkirchliche Pluralität gibt, müssen wir Freiräume gewähren, Konflikte und Meinungsdifferenzen aushalten. Nur aus dieser Vielfältigkeit entsteht Neues, wächst Vitalität. Auch ist dem Umstand gerecht zu werden, dass viele, vor allem junge Menschen, sich nicht mehr dauerhaft festlegen und in feste Strukturen einbinden lassen. Zielte das traditionelle ehrenamtliche Engagement sehr stark auf eine langfristige Bindung ab, so hat sich dies geändert. Insofern gilt es vor allem, Flexibilitätsbarrieren abzubauen. Konkret heißt das, Ehrenamtliche nicht auf ein lebenslanges Engagement festzunageln, sondern sie an bestimmte, zeitlich klar abgegrenzte Projekte zu binden. Die Mitwirkung von Laien z.B. in Pfarrgemeinderäten oder in der Katechese hat sich bewährt. Sie sind heute eigentlich eine Selbstverständlichkeit. Leider sind Gegenbewegungen festzustellen: So sollten nach Regensburg jetzt auch im Bistum Augsburg Pfarrgemeinderäte – eines der wesentlichen Ergebnisse der Würzburger Synode – durch Pastoralräte, in denen nicht mehr ein gewählter Laie, sondern der Priester den Vorsitz hat, ersetzt und damit das Laienengagement geschwächt werden.

Die Aufgabe der Priester, die immer größer werdenden pastoralen Räumen vorstehen, wird es sein, die verschiedenen Fähigkeiten und Charismen ihrer Laienmitarbeiter in ihrer Vielfältigkeit zu unterstützen, sie professionell anzuleiten und zu einem überzeugenden Ganzen zu führen. Ziel des Evangeliums ist es, den Menschen groß zu machen, ihn bei der Entfaltung seiner Begabungen, seiner Talente zu unterstützen, ihm zu helfen, zu dem zu werden, was er ist: ein Ebenbild Gottes. Die Menschen mit ihren unterschiedlichsten Fähigkeiten und Charismen müssen mobilisiert und in die Verantwortung genommen werden, um gemeinsam an einer starken, lebendigen Kirche zu bauen. Gott hat uns in unserer Vielfalt mit unterschiedlichsten Fähigkeiten und Charismen ausgestattet. Paulus zählt einige in seinem ersten Brief an die Korinther auf: »So hat Gott in der Kirche die einen als Apostel eingesetzt, die andern als Propheten, die dritten als Lehrer; ferner verlieh er die Kraft, Wunder zu tun, sodann die Gaben, Krankheiten zu heilen, zu helfen, zu leiten, endlich die verschiedenen Arten von Zungenrede« (1 Kor 12,28). Eine Randbemerkung nebenbei: Vor allem verweist er darauf, dass jeder Mensch mit anderen Talenten gesegnet ist, sie aber alle gleichwertig sind und gemeinschaftlich dem einen Ziel dienen sollen: dem Lobpreis Gottes und damit dem Einsatz für seine Kirche. Wird in der gegenwärtigen Diskussion sehr die Leitungsfunktion als wichtiges Grundelement betont, führte sie Paulus bei der Aufzählung der Charismen eher unter »ferner liefen« auf.

Aktuell gibt es aufgrund der Entwicklungen auf dem Arbeitsmarkt und einer gestiegenen Lebensalterszeit genügend Personen, die für eine ehrenamtliche Tätigkeit ansprechbar wären. Gerade in der Gruppe der 60- bis 70-Jährigen sind viele zu einem Engagement bereit. Sie warten auf ein einladendes Werben. Wir haben – noch – kein Verfügbarkeitsproblem, sondern einen Berufungs- und Ansprechmangel. Oftmals werden diese Freiwilligen vergrault, weil etwa das eingespielte Gemeindeteam Angst vor den Neuen hat, die eine höhere Kompetenz besitzen könnten, ein anderes Selbstverständnis oder auch ein fremdes Führungsverständnis mitbringen könnten. So setzt man häufig die Gutwilligen erst einmal dazu ein, für das Pfarrfest Biertische zu schleppen und Geschirr abzuräumen – um sie Demut zu lehren?

Hat man Menschen für ein ehrenamtliches Engagement gewonnen, kommt die nächste Herausforderung: den Einsatz der Ehrenamtlichen sinnvoll und umsichtig zu organisieren. Denn um das volle Potenzial dieser Hilfswilligen auszuschöpfen, muss man sie befähigen, muss man sie leiten, muss man sie koordinieren, und muss man auch in der Lage sein, Aufgaben an sie zu delegieren und notfalls zu akzeptieren, dass Ergebnisse im Detail anders ausfallen können, als man es sich vorgestellt hatte. Viele Geistliche und Hauptamtliche tun sich schwer, zu delegieren und auf Mikromanagement zu verzichten. Aber nur wenn der Betroffene das Gefühl hat, dass man sich voll auf ihn verlässt, nicht noch einmal nachkontrolliert, nicht noch einmal nachbessert, wird er sich voll einsetzen. Entscheidend ist, dass man sich über das, was geleistet werden soll, offen austauscht.

Die Mitwirkung der Laien muss professionell gestaltet und gemanagt werden entsprechend der sechs »B«: *Begeisterung* (Motivation), *Beru-*

fung, *Be*fähigung (Aus-/Weiterbildung), *Be*auftragung (Ordination), *Be*gleitung (Unterstützung/Feedback), *Be*lohnung (Anerkennung).

Beispielhaft ist in diesem Zusammenhang auf das *Stewardship*-Modell in amerikanischen Gemeinden hinzuweisen, das, hinsichtlich Professionalität und Umfang des Laienengagements, Deutschland meilenweit voraus ist. »Giving back my Gifts to the Lord« ist das Leitmotiv. *Stewardship* lässt sich am besten mit Mitverantwortung und Mitverwaltung übersetzen und geht von der theologischen Grundannahme aus, dass man alles von Gott hat, woraus sich die Verpflichtung ableitet, aus Dankbarkeit etwas zurückzugeben: an Zeit, Fähigkeiten und Geld. Man knüpft damit an die alttestamentarische Verpflichtung des Zehnten an. Mit ihrem Hirtenschreiben von 1993 haben die amerikanischen Bischöfe vor allem die spirituelle Komponente dieses Konzepts betont, ausgehend vom Petrus-Brief: »Dient einander als gute Verwalter der vielfältigen Gnade Gottes, jeder mit der Gabe, die er empfangen hat« (1 Petr 4,10). Darauf basierend, flankiert durch die Erarbeitung von Handbüchern, Institutionalisierung von Akademien und Organisation und *Best-practice*-Austausch entstand eine Bewegung, die Lebendigkeit und Spiritualität auf Gemeindeebene sicherstellt. Natürlich ist es vor der spezifischen Situation der amerikanischen Gesellschaft, in der das Ehrenamt einen deutlich höheren Stellenwert genießt, zu beurteilen, jedoch kann man als Weltkirche davon lernen.

Zu häufig noch wird die Bedeutung und Befähigung von Ehrenamtlichen vonseiten der Hauptamtlichen gering geschätzt. Sie werden schnell als Lückenfüller, als billige Arbeitskraft gesehen, während die Ehrenamtlichen selbst aufgrund der Freiwilligkeit ihres Amtes dieses mit einer gewissen Beliebigkeit und mangelnden Verbindlichkeit ausführen. Das Zukunftsforum der Erzdiözese München und Freising, Teil des Gesamtprojekts »Dem Glauben Zukunft geben! Pastoral- und Strukturplanung 2020«, hat in der Befähigung und Steuerung der Ehrenamtlichen daher folgerichtig ein brachliegendes Potenzial ausgemacht und strebt deshalb eine Ehrenamtsakademie an. Ziel dieser Einrichtung soll es sein, ein Forum des Austauschs zwischen Hauptamtlichen und Ehrenamtlichen und Ort der Qualifizierung für ehrenamtliches Engagement zu sein. Damit wird das Thema Zusammenarbeit zwischen Haupt- und Ehrenamtlichen strukturell in der Erzdiözese verankert.

Gewollte Partizipation

Wer Glaubenszeugnis abgeben soll und will, möchte als Kind dieser Zeit auch an Entscheidungsprozessen partizipieren. Ist diese Teilhabe nicht ein Wesensmerkmal unserer heutigen Kultur und treffen wir mit der Kirche nicht auf eine andere Welt, in der Selbstverantwortung, Mündigkeit und Eigenständigkeit keinen großen Stellenwert haben? In dieser Welt mag sich der Gläubige bisweilen als Objekt einer Leitung und von Belehrung fühlen, auf die er keinerlei Einfluss hat, die teilweise nicht zum Gespräch bereit ist. So antwortete mir im vergangenen Jahr ein Diözesanbischof öffentlich auf meine Frage, was er denn von dem gerade begonnenen, von der Bischofskonferenz beschlossenen Dialogprozess halte, emotional erregt: Es sei genug geredet worden, Dialog sei überflüssiger Aktionismus und lenke von den eigentlichen Problemen und vom Glauben ab. Dieser Bischof tut sich auch schwer damit, wenn sich Bürgermeister oder Gemeinderäte im Zusammenhang mit der Neustrukturierung von katholischen Pfarreien an ihn wenden und er soll sie mit dem Hinweis abgekanzelt haben, sie sollten sich aus kirchlichen Angelegenheiten heraushalten, genauso wie er sich aus politischen Dingen heraushalte. Diese hier zutage tretende Geisteshaltung macht klar: Die kirchliche Hierarchie muss ihre eigenen Mentalitäten, Selbstverständnisse und Strukturen verändern, will sie ein konsequent partnerschaftliches Miteinander zwischen Laien, Klerikern und Kirchenvertretern ermöglichen. Abblockende Hinweise, wie Kirche sei kein Verein, keine Partei, keine Demokratie und ticke entsprechend anders, verkennt bzw. leugnet bewusst die Situation. Denn es geht nicht in erster Linie um Mehrheitsentscheidungen in Glaubensdingen, sondern um mehr Partizipation, mehr beratende und synodale Prozesse im kirchlichen und Gemeindeleben. Die Orden leben erfolgreich seit Jahrhunderten eine andere Tradition der Mitbestimmung und Mitwirkung vor, ohne dass sie Gefahr laufen, den gemeinsamen Glaubensgrund zu verlieren.

Mit *Lumen gentium*, der dogmatischen Konstitution über die Kirche, gestand das Zweite Vatikanum dem Dienst der Laien eine entscheidende kirchenrechtliche Dimension zu. Es wertete den Laien in seiner Bedeutung und Verantwortung deutlich auf. Die Communio-Ekklesiologie des Konzils hebt hervor, dass alle – Laien wie Klerus – Träger kirchlichen Handelns sind und an der Sendung mitwirken, die auf dem gemeinsamen

Priestertum aller Getauften basiert: »Die geweihten Hirten wissen sehr gut, wie viel die Laien zum Wohl der ganzen Kirche beitragen. Sie wissen ja, dass sie von Christus nicht bestellt sind, um die ganze Heilsmission der Kirche an der Welt allein auf sich zu nehmen, sondern dass es ihre vornehmliche Aufgabe ist, die Gläubigen so als Hirten zu führen und ihre Dienstleistungen und Charismen so zu prüfen, dass alle in ihrer Weise zum gemeinsamen Werk einmütig zusammenarbeiten« (LG 30).

Auch wurde betont, wie hoch die Vorbildrolle der Laien in der Gesellschaft anzusiedeln ist und wie sehr die Gläubigen dazu angehalten sind, an der Ausweitung und am Wachstum des Reiches Christi in der Welt mitzuarbeiten. In seinem Schreiben *Pastores dabo vobis* von 1992 bemerkte Papst Johannes Paul II.: »Ich meine, dass unsere Kirche nur Zukunft hat, wenn die kirchlichen Grunddienste entscheidend von den Laien mitgetragen werden« (17).

Viele Dienste in und an der Kirche sind von Laien leistbar, subsidiär, wobei Laien und Priester sich in ihrem Wirken gegenseitig ergänzen. Laien dürfen nicht als Lückenbüßer verstanden werden, sie sind selbstständige, eigenverantwortliche Subjekte, auf deren kontinuierliche Mitwirkung die Kirche angewiesen ist. Papst Benedikt XVI. hat dieses Thema in seiner eigenen Diözese in Rom anlässlich der Eröffnung der Pastoraltagung »Kirchliche Zugehörigkeit und pastorale Mitverantwortung« im Mai 2009 angesprochen: »Es bedarf einer Änderung der Mentalität besonders in Bezug auf die Laien, die nicht mehr nur als ›Mitarbeiter‹ des Klerus betrachtet werden dürfen, sondern als wirklich ›mitverantwortlich‹ für das Sein und Handeln der Kirche erkannt werden müssen, um die Festigung eines reifen und engagierten Laienstandes zu fördern.« Nicht alle teilen diese Ansicht. So sollten sich im Bistum Augsburg die Mitglieder der ca. 1.000 in ihrer heutigen Funktion aufzulösenden Pfarrgemeinderäte, die künftig nicht im übergeordneten Pastoralrat vertreten sein sollen – das betrifft etwa 80 Prozent der heutigen Mitglieder –, in Zukunft nur noch um die Verwirklichung lokaler Schwerpunktthemen, »z.B. Organisation von Adventsbasar, Gemeindefeste oder der Pflege örtlicher Traditionen« kümmern, so die Handreichung des zuständigen Hauptabteilungsleiters (März 2012). Gegenwärtig diskutieren diese Laien in den Pfarrgemeinderäten auch intensiv pastorale Fragen, was in Zukunft wegfiele. Es würde ein Zwei-Klassen-System des Laienengagements institutionalisiert und vorhandenes Potenzial nicht genützt. Zudem würde ein wesentliches Element der Würzburger Synode – nach Intervention von Kardinal Julius Döpfner durch Papst Paul VI. ausdrücklich gutgeheißen – zur Organisation der Mitwirkung von Laien ohne überzeugende Argumente zugunsten eines eher priesterzentrierten Modells und ohne Abstimmung mit anderen Diözesen im Alleingang beseitigt.

Die Frau in der Kirche

Spricht man über die Bedeutung der Gläubigen bei der Erneuerung der Kirche, gilt es auch und beständig, über die Rolle der Frau in der Kirche nachzudenken. Papst Johannes XXIII. nannte die Rolle der Frau neben der Armut von Entwicklungsländern und der Durchsetzung der Menschenrechte als ein Beispiel für die viel zitierten »Zeichen der Zeit«, auf das reagiert werden müsse. Seither haben sich zahlreiche Synoden mit der benachteiligten Lage der Frau in der römisch-katholischen Kirche und deren Berufung zum geistlichen Amt beschäftigt und die Rolle von Frauen ist in mehreren päpstlichen Schreiben und Dekreten gestärkt worden. Frauen sind in der Zwischenzeit nicht nur in der Gemeindepastoral zu finden, sie nehmen in zunehmendem Umfang auch leitende Funktionen in den Ordinariaten ein. Der Zugang zum Diakonat und zum Priesteramt wird Frauen vom Vatikan weiterhin verwehrt. Solange die Leitungsfunktion aber mit dem Priesteramt verknüpft ist, existiert im Grundsatz eine Kirche, in der Frauen dienen und Männer leiten. Ohne näher auf die vorgebrachten theologischen Begründungen einzugehen, die wenig überzeugend sind und von der großen Mehrheit der Theologen deutlich infrage gestellt werden, wäre doch zu überlegen, wie eine authentische Antwort in der Nachfolge Jesu für unsere heutige Zeit mit ihrer epochalen Veränderung des jahrtausendealten Frauenbilds zu finden wäre. Zu erinnern wäre in diesem Zusammenhang noch einmal an Paulus und seinen Brief an die Galater, in dem zukunftsorientiert trennende Unterschiede zugunsten verbindender Einheit aufgelöst werden: »Es gibt nicht mehr Juden und Griechen, nicht Sklaven und Freie, nicht Mann und Frau; denn ihr alle seid ›einer‹ in Christus Jesus« (Gal 3,28).

Gerade weil die Bedeutung von Müttern und Großmüttern in der Glaubenssozialisierung bekannt ist, scheint es umso unverständlicher, dass sie im Kirchenleben nicht angemessen integriert werden. Nicht nur durch den Weihevorbehalt, sondern auch in anderen für Laien möglichen Leitungsfunktionen in Pfarrgemeinderäten, bei Lehrstühlen und Institutionen sind Frauen trotz aller zu begrüßenden Fortschritte gegenüber Männern immer noch deutlich in der Unterzahl. Ein Kardinal sprach einmal lakonisch von der Kirche als einer »Organisation, getragen weitgehend von machtlosen Frauen, geführt von einer kleinen Schar alter Männer«. Und Kardinal Walter Kasper bemerkte in einem Vortrag zum Thema »Katholische Kirche gestern, heute, morgen«, in dem er für ein kommunikatives Miteinander von Amt und Gemeinde auf allen Stufen kirchlichen Lebens plädierte: »Dass dabei auch den Frauen ihr Platz zukommen muss, sollte eigentlich selbstverständlich sein, ist aber in der römischen Kurie leider immer noch ein Desiderat.«

Die jungen Menschen in der Kirche

Eine zweite wichtige Zielgruppe, der volle Aufmerksamkeit zu schenken ist, sind junge Menschen. Darf man dem *Religionsmonitor* der Bertelsmann-Stiftung (2006) Glauben schenken, ist bei Jugendlichen ein hohes grundsätzliches Interesse an Religion vorhanden. Sagen 69 Prozent der Jugendlichen, dass es gut ist, dass es Kirche gibt, meinen 65 Prozent der gleichen Jugendlichen: Kirche hat keine Antwort auf meine Fragen.

19 Überraschend hohes grundsätzliches Interesse bei Jugendlichen, die aber keine für sie zielführenden Antworten erhalten

Einstellung von Jugendlichen zur Kirche
in Prozent

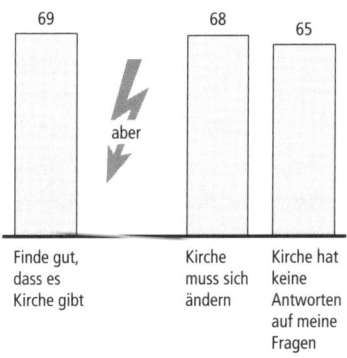

Quelle: Religionsmonitor 2006

Vor allem die Möglichkeit, Kasualien zu feiern, und die Tradition binden junge Menschen noch an die Kirche. Antworten für den Sinn des Lebens oder Kraft aus Gottesdienst und Eucharistiefeier finden nur wenige. In der *Allensbach-Untersuchung 2009* wurde diese Frage unter Katholiken stärker altersmäßig differenziert untersucht: Sagen 19 Prozent der Katholiken zwischen 16 und 29 Jahren, dass die Kirche ihnen Antworten auf die Fragen des Lebens gibt, sind es immerhin 47 Prozent bei den 60-Jährigen und Älteren. Hinsichtlich der moralischen Probleme und Nöte des Einzelnen sagen nur neun Prozent der Jugendlichen, dass die Kirche ihnen eine Antwort gibt. 34 Prozent äußern ein klares Nein (33 Prozent und 17 Prozent bei den 60-Jährigen und Älteren). Zum Thema Hilfe bei Problemen im Familienleben fällt die Antwort noch deutlicher aus. Nur acht Prozent der jungen Menschen sagen, dass sie eine Antwort finden, 43 Prozent lehnen dies kategorisch ab (25 Prozent und 23 Prozent bei den Über-60-Jährigen; vgl. auch zu diesem Themenkomplex Tab. 43/44, S. 250).

Um einen Zugang zu diesen jungen Menschen zu gewinnen, müsste es gelingen, nicht nur auf ihre Suche im Sinne einer zeitgemäßen Interpretation des Evangeliums zu reagieren, sondern die jungen Leute auch im richtigen Moment anzusprechen. Meiner Erfahrung nach ist dieser Moment vor allem gekommen, wenn sie eine Familie gründen. Auch ich begann zu dem Zeitpunkt, mich verstärkt wieder der Kirche zuzuwenden und an ihr zu partizipieren. Ich verspürte den Wunsch, meinen Glauben und mein kirchliches Leben an meine Kinder, an die nächste Generation weiterzugeben. Ein gut gestalteter Gottesdienst übt gerade auf junge Familien eine Anziehungskraft aus, das erlebe ich immer wieder. Das heißt nicht, dass der liturgische Ablauf der Messe abgeändert werden soll. Was aber Musik, Gebete oder Predigt betrifft, muss man den Erwartungen und Interessen der jungen Menschen und Familien entgegenkommen. Gemeinsam mit ihnen und den verantwortlichen Geistlichen oder Pastoralreferenten ist zu überlegen, wie ihre Altersgenossen für den Gottesdienst und den Glauben gewonnen werden können und sie daraus einen Gewinn für ihr Leben ziehen können, ohne der Versuchung zu erliegen, in Beliebigkeit und Anbiederung zu verfallen.

Einige Bistümer haben die Bedeutung der jungen Menschen für die Zukunft erkannt und investieren, durch die konjunkturbedingten Zuwächse der Kirchensteuer, in Krippen, Kindergärten, Bildungs- und Jugendarbeit. Damit stetzen sie nicht nur ein deutlichens Zeichen für die Zukunft, sondern gleichzeitig auch eine alte Tradition fort. Wie man Jugendliche begeistern kann, zeigt die seit über 50 Jahren in der ersten Januarwoche bundesweit durchgeführte Sternsinger-Aktion, in der knapp eine halbe Million Kinder und Jugendliche drei bis vier Tage zu den Menschen in deren Häuser und Wohnungen gehen, um die Botschaft von Weihnachten zu verkünden und um Solidarität mit Kindern in aller Welt zu bitten. Ein absolut authentisches und in jeder Hinsicht herausforderndes Glaubenszeugnis – auch wenn die Jugendlichen das nie so formulieren würden.

Eine Frage der Zukunft

Die Zukunft und unser Einsatz werden zeigen, ob das Christentum und der christliche Glaube in Westeuropa immer mehr ein Element einer elitären, bildungsaffinen Oberschicht wird. Die Zukunft wird entscheiden, inwieweit die gesellschaftliche Mittel- und Unterschicht wieder zurückgewonnen werden können, inwieweit die junge Generation begeistert werden kann, inwieweit die frohe Botschaft wieder zu einem Eckpfeiler des Lebens wird. Diese Zukunft kommt nicht von alleine, sondern sie muss mit Mut und Vertrauen auf das Wirken des Heiligen Geistes aktiv gesucht, vorangetrieben und gestaltet werden. Und diese Zukunft beginnt jetzt

5. Mehr Mut zur Innovation und zu neuen Wegen

»Gott selbst ist es, der unsere Verhältnisse gründlich aufmischt,
um uns auf Neuland zu locken wie Abraham, wie Mose, wie Bonifatius.«
(Der missionarische Auftrag der Kirche,
Gemeinsamer Hirtenbrief der deutschen Bischöfe, 24.09.2004)

Innovationen sind ein wesentlicher Motor gesellschaftlicher Fortschritt, die in immer kürzerer Folge den rapiden Wandel gesellschaftlicher Rahmenbedingungen bestimmen. Sie sind wie junge Pflanzen, die man sorgsam pflegen und schützen muss, da sie häufig im Wettbewerb zu anderen, vermeintlich bewährten Ideen stehen. Das Bewährte sieht sich in seiner Existenz bedroht und bekämpft deshalb die neuen Experimente heftig, wodurch diese der Möglichkeit beraubt werden, sich überhaupt erst bewähren zu können. Dahinter steckt eine Taktik des Beharrens, die die größten Verluste und das Vergeuden von Potenzialen in Kauf nimmt und die Sicherung der Zukunftsfähigkeit ernsthaft gefährdet.

Unternehmen sind stets auf der Suche nach Innovationen; sie beschäftigen sogenannte Innovationsteams, besitzen ein Innovationsmanagement, experimentieren, schaffen ein Klima und Strukturen, die innovatives Denken fördern und schützen und – so zumindest der Wunsch – zu Innovationserfolgen führen. Die Führungskräfte haben hier die Bereitschaft zum Experiment und nehmen Fehlschläge in Kauf, frei nach Václav Havels Philosophie: Entscheidend ist nicht die Erfolgswahrscheinlichkeit, sondern, dass man es ausprobiert hat. Die Überzeugung, die hinter diesen Bemühungen steht, lautet: Innovationen und Neuerungen gelten als wichtigster Hebel zur Sicherung der Zukunftsfähigkeit von Unternehmen.

Auch die Institution Kirche sollte Mut zu Experimenten, zu innovativen Neuerungen haben und das kreative Potenzial, das in ihr steckt, nutzen. Dabei ist nicht entscheidend, dass jedes Experiment gelingt, jeder neu

beschrittene Weg sofort zum Ziel führt. Vielmehr geht es um die Aufbruchsstimmung, die grundsätzliche Bereitschaft, Neues zu wagen.

In der Vergangenheit hat die Kirche gute Erfahrungen mit Veränderungen gemacht. Die größte Innovation, das größte Experiment der
Christenheit war sicherlich die sogenannte Heidenmission, die Öffnung
des zunächst jüdisch orientierten Urchristentums hin zur griechisch-römischen Welt, die ein Einzelner, der Apostel Paulus, gegen das Estab-
lishment durchsetzte. Durch diese Missionstätigkeit unter Wegfall
komplizierter jüdischer Reinheits- und Speisegesetze und Opferrituale,
ohne Verpflichtung zur Beschneidung etc. bei gleichzeitiger Beibehal-
tung der hohen ethischen Ansprüche des Judentums brach das Urchristentum auf und eroberte den Raum des von der griechischen Philosophie
geprägten östlichen Mittelmeeres. Ohne den Mut, dieses Experiment zu
wagen, wäre das Christentum wohl eine kleine innerjüdische Gruppie-
rung geblieben. Entscheidend war, dass dieses Experiment wachstumsorientiert, auf Wachstum in der Breite, vor allem aber auch auf Wachstum in der spirituellen Tiefe angelegt war.

Was bremst oder verhindert Innovation?

In vielen Unternehmen be- oder verhindern u.a. bestehende Organisati-
onsstrukturen, ausgefeilte Bürokratien, Buchhaltermentalität und Angst
vor Veränderungen, die als Bedrohung eigener Machtpositionen gesehen
werden, Experimente und Innovationen. Vor diesem Hintergrund ist ein
Blick auf die kirchliche und insbesondere die deutsche staatskirchen-
rechtliche Struktur angebracht. Diese ist ein weltkirchliches Unikum,
das er – so berichtet es Kardinal Walter Kasper – immer wieder in Rom
auch hinsichtlich seiner Vorteile erklären muss. In Deutschland führt
diese Besonderheit zu einer Überstrukturierung kirchlichen Lebens und
kirchlicher Prozesse. Insofern sind die Kritik von Papst Benedikt XVI.
und seine Forderung nach einer gewissen Entweltlichung durchaus
nachvollziehbar. Tatsächlich erschwert die Überzahl von Strukturen in
einer sich wandelnden, pluralistischen Gesellschaft häufig Anpassungsfähigkeit und Flexibilität. So droht die Kirche unter ihnen zu erstarren,
mit dem gesellschaftlichen Wandel nicht mithalten zu können und ihre
Zukunftsfähigkeit zu verlieren. Vor allem aber erschwert ein starres
Strukturkorsett, dass sich neues kirchliches Leben, z.B. in kleineren

Nischen »neben« der verfassten Kirche, entwickeln und gedeihen kann. Kommt es doch einmal dazu, so lassen Versuche nicht lange auf sich warten, diesen vermeintlichen Wildwuchs wieder in die kirchlichen Hierarchien einzubinden und auf die »rechte« Linie zurückzuführen. Das kirchliche Instrumentarium, etwas *ad experimentum* zu genehmigen, wird dabei viel zu wenig genutzt. Solche Gegebenheiten erschweren Innovationen und Neuerungen, doch machen sie sie nicht unmöglich. Felder der Innovation in der kirchlichen Arbeit gibt es genügend, z.B. die Bewältigung der Herausforderungen des demografischen Wandels durch neue Formen sozialer Solidarität. Zu denken wäre auch an die Hospizbewegung, die nicht aus dem Inneren der verfassten Kirche mit ihrer karitativen Organisation hervorgegangen ist, sondern von außen kam.

Mystik und *burning persons*

Lohnend wäre sicherlich auch, auf Altes, auf Bewährtes konsequent zurückzugreifen, das vielleicht durch Entwicklungen der vergangenen Jahrhunderte zugedeckt worden ist. Ich denke vor allem an das Thema Spiritualität. Aktuell können wir beobachten, dass gerade fernöstliche Religionen Zulauf haben, die als mystisch empfunden werden. In Deutschland sind heute Hunderte asiatische Tempel, buddhistische Zentren und Zusammenschlüsse von meditierenden Menschen zu zählen. Insbesondere die Meditation stößt auf großen Anklang. Dabei müsste das Christentum gar nicht hintanstehen: Es würde genügen, den eigenen Schatz der Mystik wieder zu heben und zu pflegen. Die Mystik entwickelte sich im Mittelalter vor allem in Klöstern, wo z.B. die monastischen Erfahrungen der östlichen Kirche in den ersten Jahrhunderten aufgegriffen und fortgeführt wurden, auch als Reaktion auf die wissenschaftliche Rationalität, die an den neu errichteten Universitäten vorherrschte. Das oberste Ziel war die *unio mystica*, die mystische Vereinigung mit Gott, das Spüren und Erfahren Gottes und seiner unmittelbaren Gegenwart. Später drängte die Scholastik die Mystik als nicht durch die Vernunft nachvollziehbar zurück. Erst die Postmoderne hat sie wiederentdeckt.

Es ist nicht zu verstehen und zu akzeptieren, dass man dieses wichtige Thema – die religiöse Erfahrung – asiatischen oder esoterischen Strömungen überlässt. Immer wieder wird in diesem Zusammenhang Karl

Rahner mit einem Ausspruch zitiert: »Der Fromme von morgen wird ein Mystiker sein, einer, der etwas erfahren hat, oder er wird nicht mehr sein.« Und der Theologe fährt fort: »… weil die Frömmigkeit von morgen nicht mehr … eine sehr sekundäre Dressur für das Religiös-Institutionelle sein kann.« Ich bin mir sicher: Die Kraft der spirituellen Ausstrahlung wird über die Zukunft der Kirche entscheiden. Die Kirchenführer der Zukunft, um die sich Gläubige scharen, werden charismatische, spirituelle Menschen sein, *burning persons*, bei denen Amt und hierarchische Strukturen in den Hintergrund treten. In der Mystik lodert das Feuer der Leidenschaft, bisweilen brennt es auch, führt zu hitzigen Debatten, weil die heißen Eisen angefasst werden. Mystik erfasst den ganzen Menschen, sie wird, so hat es der christliche spirituelle Lehrer Pierre Stutz ausgedrückt, zu einem Lebensstil, der zugleich geborgen und frei sein lässt. Vor diesem Hintergrund und der Bedeutung der Mystik für das Christentum, ganz besonders in unserer Zeit, muss die Kirche ihre Aufmerksamkeit stärker als sie es bisher tut der Mystik und der Spiritualität, dem gelebten Glauben, zuwenden.

Ein weiterer Weg könnte sein, bestimmte Gruppen noch direkter anzusprechen. Durch die zielgenaue Ansprache werden Menschen in ihrem Arbeitsumfeld, ihrer konkreten privaten, familiären oder gesellschaftlichen Situation erreichbar. Beide Kirchen in Deutschland haben dies erkannt und mit der Einrichtung der sogenannten Kategorialseelsorge reagiert. Damit ist die nicht-gemeindliche Seelsorge in besonderen Aufgabenbereichen oder für spezielle Zielgruppen gemeint, etwa Hochschul-, Krankenhaus-, Notfall- oder Behindertenseelsorge. Die evangelische Kirche hat sich in ihrem Strategiepapier »Kirche der Freiheit« sogar die Vorgabe gesetzt, künftig 50 Prozent ihrer personellen Ressourcen in Personal- und Zielgruppengemeinden einzusetzen. Auch innerhalb der katholischen Kirche hat man sich der Zielgruppenarbeit verschrieben. Ich plädiere dafür, sie weiter auszudehnen und zu eruieren, welche möglichen Zielgruppen noch nicht bzw. nicht ausreichend genug angesprochen worden sind. Andererseits sollte man sich nicht scheuen, Zielgruppen, die traditionell größere Ressourcen binden, auf den Prüfstand zu stellen, die für diese Gruppen zuständigen Mitarbeiter an der Zahl zu reduzieren oder die Zielgruppe sogar ganz aufzugeben und die dafür freigesetzten Ressourcen in anderen, neuen Zielgruppen einzusetzen.

Kirchenferne als Hauptzielgruppe

Entscheidend wird sein, mit dieser Art von Mission und Neuevangelisierung vor allem diejenigen in den Fokus zu nehmen, die vielleicht noch formell der Kirche angehören, ihr eigentlich jedoch fern sind, die vernachlässigten »80 Prozent«. Denn wir verengen den Blick zu sehr auf den Kern, die kleine Schar engagierter Kirchgänger, die »20 Prozent«, für die jedoch der Löwenanteil aller Ressourcen investiert werden und die wir durch eine erfolgreiche Neuevangelisierung – wenn überhaupt – um einen oder zwei Prozentpunkte vergrößern könnten. Hier sind aus meiner Sicht zu viele Kräfte gebunden.

Stattdessen wären neue Konzepte notwendig. Mit den überkommenen Instrumenten und den alten Ausdrucksformen des Glaubens, die sich für den Kern der Katholiken als erfolgreich erwiesen haben, kann man schlicht keinen Staat mehr machen. Dem rasch angeführten Gegenargument, man würde hierdurch das traditionelle Profil verwässern, sich von der Lehre entfernen, man würde gar den Markenkern des Katholisch-Seins vernachlässigen, sollte man nicht zu viel Gewicht beimessen. Hier sind Optimismus, eine gewisse Souveränität und Entspanntheit gefragt. Nicht in jeder Anregung darf ein »Abfall vom Glauben« vermuten werden, wie dies ein Diözesanbischof als Reaktion auf die Ideen einer österreichischen Priesterinitiative tat (Die Welt, 27.02.12). Unerlässlich ist freilich, dass all diese Aktionen rückgekoppelt sind an das Fundament des Glaubens.

Wir müssen Gelegenheiten nutzen, in denen Menschen sich anrühren lassen, in denen sie Gott erahnen, seine Liebe und sein Wirken spüren können. Geht man von der These Kardinal Kaspers aus, dass wir Christen uns in nicht allzu ferner Zukunft in einer diasporaähnlichen Situation, das heißt als Minderheit unter einer Mehrheit von Nichtchristen befinden werden, so ist diese Situation nicht als Untergang, sondern als Herausforderung und Chance zu sehen, Kirchenferne und Konfessionslose zu erreichen. Auch sie haben ein spirituelles Bedürfnis, haben transzendente Fragen. Hier sind Geistliche und Laien gleichermaßen gefragt, wenn es darum geht, die eigene Überzeugung in verständliche

Worte zu bringen, die Menschen im wahrsten Sinne anzusprechen, ausgehend von dem faktisch nicht vorhandenen Wissensstand der Zuhörer; zugleich darf sich das Unbegreifliche Gottes und des Glaubens aber nicht in Banalität auflösen.

Beispielhaft für eine unaufdringliche, zeitgemäße Ansprache von Konfessionslosen ist das spezifische Angebotsportfolio, das Bischof Joachim Wanke und Weihbischof Reinhard Hauke für Menschen der ehemaligen DDR in Erfurt aufgebaut haben, um einen niederschwelligen Einstieg, ein ungezwungenes Kennenlernen zu ermöglichen und die Barrieren, die aus vielfältigen Gründen, vor allem aber aus Unwissenheit entstehen, abzubauen. »Im Hintergrund steht die Erfahrung«, heißt es auf der Webseite des Bistums Erfurt, »dass jeder Mensch – sei er nun ein Christ oder nicht – Fragen hat, deren Beantwortung den eigenen Horizont übersteigt. Und wie viele Lebenssituationen bedürfen sie eines guten Wortes, Anstoßes oder der Hilfe von außen. Gott ist Mensch geworden, weil er die Menschen liebt und ihnen nahe sein will. Das Bistum Erfurt öffnet die Türen seiner Kirchen und Häuser weit, um Menschen einzuladen, Gottes Nähe und Segen zu erfahren …« Die Wirkung kirchlicher Innenräume ist nicht zu unterschätzen. Häufig erfahren Menschen hier Verwunderung, Staunen, Begeisterung, sind emotional gerührt und verspüren etwas Göttliches. Und: Staunen ist der erste Schritt eines mystisch-spirituellen Lebensstils.

Die pastoral-liturgischen Projekte im Bistum Erfurt sind vielfältig: So gibt es eine Lebenswende-Feier für ungetaufte Jugendliche, die sich als Alternative zur Jugendweihe versteht, einen Segnungsgottesdienst für Liebespaare, der am Valentinstag stattfindet, Begleitung von Begräbnisfeiern nicht konfessionell gebundener Mitmenschen oder das sogenannte Weihnachtslob für Konfessionslose, das seit 1987 an Heiligabend kurz vor Mitternacht im Erfurter Dom gefeiert wird. Weihbischof Hauke fordert: »Es scheint notwendig zu sein, die Chance der Segenshandlung der Kirche neu zu erkennen, die Seelsorger zu Ideen zu ermutigen und von der Angst zu befreien, bei diesen Feiern Unverständliches zu sagen und zu tun.«

Insgesamt ist, um die »treuen Kirchenfernen« überhaupt wieder in den Blick zu bekommen, ein gewisser Mentalitätswechsel notwendig.

Auch die Halbgläubigen und Halbüberzeugten gehören als Getaufte zur Kirche. Vielleicht sollte man auch nicht immer gleich auf eine vollwertige Mitgliedschaft in der Kirche abzielen. Stattdessen könnte man abgestufte Formen, etwa den Weg des Katechumenen, d.h. des erwachsenen Taufbewerbers, zum Vorbild nehmen, um Neugierige, Zögernde, Ängstliche an das kirchliche Leben heranzuführen.

Zu den Menschen von heute gehen

Ein weiterer innovativer Weg, ein spirituell-pastorales Experiment, Berührungsängste zu nehmen, ist die katholische Citykirche in Wuppertal. Ihr liegt der Gedanke zugrunde, dass die Kirche sich neue Wege der Verkündigung suchen muss, will sie in einer Zeit des gesellschaftlichen Wandels weiterhin bestehen. Citypastoral ist kirchliches Handeln »im Vorübergehen«. Mittel hierzu ist ein stringentes »Geh-hin-Konzept«. So werden in der Fußgängerzone Wuppertals Zelte aufgebaut, die als Kirche vor Ort dienen, Flyer verteilt, Angebote für Gespräche gemacht. Täglich nehmen 300 bis 500 Menschen einen Flyer mit, drei bis fünf Prozent bleiben zum Gespräch stehen. Über 1.000 Folgegespräche, die jährlich geführt werden, scheinen auf den ersten Blick nicht viel zu sein – aber doch notwendig, um neue Mitglieder zu gewinnen. Dann gibt es Segensfeiern auf öffentlichen Plätzen, Tier- oder Motorradfahrersegnungen, aber auch eine Graffiti-Krippe, die jährlich in der Adventszeit an einem zentralen Platz mit der Hilfe eines stadtbekannten Graffiti-Künstlers gesprüht wird. Der verantwortliche Leiter der Citykirche Wuppertal, Dr. Werner Klein, berichtete, dass er mit Jugendlichen in einem Zelt saß, als einer sich an einer Kerze seine Zigarette angezündet habe. Auf Kleins spaßhafte Bemerkung hin, das »koste« jetzt aber ein Vaterunser, habe der junge Mann erwidert: »Kann ich nicht, kenne ich nicht«, woraufhin sein Begleiter sagte: »Aber ich.« Im Weggehen hörte Klein, wie der Begleiter anfing, das Vaterunser zu sprechen. Darin zeigt sich für mich: Gott ist überall, man muss ihn nur suchen, nur hingehen.

Die Citykirche Wuppertal nutzt auch die neuen Medien, vor allem das Internet, als Instrument der Glaubensvermittlung. Als Beispiel sei der Blog www.kath-2-30.de genannt, in dem Kurzvideos präsentiert werden, die Inhalte des katholischen Glaubens mit den Mitteln der Videoästhetik in der internetaffinen Form von Filmen darstellen. Die Zugriffszahlen bei dieser Form der Glaubensverkündigung steigen ständig an; 2011 waren es über 180.000 Zugriffe.

Ein anderes interessantes Projekt ist das »GlaubensMobil« des Bonifatiuswerks, das seit März 2011 durch Deutschland tourt. Der Fahrer, ein Religionspädagoge, parkt den gelben Kleinbus auf öffentlichen Plätzen, wo er mit Passanten ins Gespräch zu kommen versucht. Die Aktion steht unter dem Motto »Zeig draußen, was du drinnen glaubst!« und möchte zu einem aktiven und bewussten Christsein ermutigen. Denn wie der Pädagoge Johannes Schäfers in einem Interview erläuterte, haftet dem Begriff Mission in der öffentlichen Wahrnehmung bis heute etwas Negatives an, »als würden Christen anderen Menschen ihre Überzeugung gewaltsam aufzwingen wollen und sich jeglicher Toleranz verweigern«. Das schrecke oftmals aktive Katholiken ab, sich mit dem Thema Glaubensweitergabe und Mission zu beschäftigen. Schäfers hofft, mit dem »GlaubensMobil« diese Vorurteile auflösen und zeigen zu können, was missionarische Pastoral heute bedeutet: »Wir wollen verdeutlichen, dass Glaube das Leben bereichert, und Menschen das Angebot machen, den Mehrwert des Glaubens zu erfahren.« Das »GlaubensMobil« macht außerdem in Kirchengemeinden, Schulen oder bei Verbänden halt, wo Schäfers über Glaubensweitergabe, Sprachfähigkeit im Glauben, neue Wege der missionarischen Pastoral spricht. Die heutige Gesellschaft ist insgesamt mobiler. Dies kann auch als Chance für die situationsspezifische Seelsorge gesehen werden, wie wir sie z.B. in der Tourismusseelsorge, den Gebetsräumen und Kirchen an Autobahnen und Flughäfen finden.

Die Chancen größerer pastoraler Räume

Die größeren pastoralen Räume, die vor allem aufgrund des Priestermangels geschaffen werden, sind bisher leider in der aktuellen Diskussion negativ besetzt, da sie zu sehr als ein von oben organisiertes Schrumpfen, als Rückzug wahrgenommen werden – dabei könnten sie durchaus auch als Chance begriffen werden, wenn man nicht nur die klassische Kleingemeinde, sondern auch das Altenheim, den Kindergarten, den Vereinsraum als pastoralen Raum versteht. Unterschiedlichste Formen von charismatischen Aufbrüchen, kirchlichen Bewegungen bergen Entwicklungsmöglichkeiten, können in größeren Räumen eher eine kritische lebensfähige Größe erreichen und sich Gehör verschaffen. Größere Seelsorgeeinheiten bieten die Chance, echte Kooperationsräume zu werden. Die Schwerpunktsetzung in der Territorial- und Kategorialseelsorge wird das Profil schärfen, die Qualität erhöhen und von Unnötigem entlasten. Kindergärten oder Büros der Caritas können Orte des Glaubens und Kristallisationspunkte des Glaubensvollzugs werden. Wir werden erleben, dass sich auch außerhalb der verfassten Kirche neue Glaubensmilieus entwickeln, Biotope des Glaubens, Hausgemeinschaften, Bibelkreise unterschiedlichster Gruppen, unterschiedlichster Ausrichtung, einige »progressiv«, andere »konservativ«. Entscheidend wird es sein, diese Biotope nicht als Konkurrenz, sondern als Ergänzung zur bisherigen Form des Kirche-Seins zu sehen.

Wir müssen uns angewöhnen, Kirche in größeren Räumen und umfassender zu denken, sowohl als heimatstiftende Gruppe als auch als Teil des Großen und Ganzen. Dem Gemeindeleiter wird dabei die Aufgabe zukommen, nicht Einheitlichkeit herbeizuführen, die ein lebendiges Wachstum behindern würde, sondern dieses zu fördern, zu moderieren und in der Eucharistiefeier eine gemeinsame Basis für unterschiedlichste Glaubensvollzüge zu bieten. Dass die verschiedenen Gruppierungen sich nicht abschotten, sich gegenseitig trotz aller unterschiedlichen Vorstellungen nicht ihren gemeinsamen Glaubensgrund absprechen, sondern offen und tolerant miteinander umgehen, wird eine seiner Hauptaufgaben sein. Es muss ihm gelingen, diejenigen seiner Gemeindemitglieder, die allzu sehr an der Person des Pfarrers hängen, zu mehr Selbstständigkeit und Eigenverantwortung zu ermutigen. Dazu wird auch notwendig sein, dass die Menschen einen Teil ihrer pastoralen »Rundum-und-allzeitbereit«-Versorgungsmentalität ablegen.

In größeren Räumen könnte es gelingen, dem sozialen Profil der Kirche durch eine konsequente Einbindung von Caritas-Institutionen, von ambulanter Pflege, Nachbarschaftshilfe und anderen sozial-karitativen Aktivitäten zu noch stärkerer Geltung zu verhelfen. Der Pfarrer wird hierbei zunehmend zum Integrator, Förderer, Koordinator. Da er aber nicht auf die Funktion eines Managers seiner Gemeinde reduziert werden darf, sondern genügend Raum haben sollte, um als spiritueller Leiter wirken zu können, muss man ebenfalls mit neuen Formen von Gemeindeleitung durch Laien, z.B. in Form von Delegation, Erfahrungen sammeln.

So ist in der katholischen Kirche der USA in voller Übereinstimmung mit dem Kirchenrecht der bei Weitem überwiegende Teil der kirchlichen Leitungsaufgaben faktisch an Ordensmitglieder oder Laien übergegangen. Auch in Frankreich »experimentiert« man mit der Leitung von Gemeinden durch Laien. Der Aufbau kirchlichen Lebens erfolgt dabei nicht von oben nach unten, sondern umgekehrt: Erst wenn sich der Bischof davon überzeugt hat, dass von den Gemeindemitgliedern gewählte Personen die Leitung vor Ort wahrnehmen und das kirchliche Geschehen lebendig gestalten, weist er ihnen einen Priester zur Feier der Eucharistie zu. Hier sind, wenn auch auf deutlich niedrigerem Niveau, Parallelen zur Gemeindeentwicklung in den USA, die ebenfalls von unten nach oben orientiert ist, zu sehen.

Neue Möglichkeiten für eine lebendige Pastoral würden sich eröffnen, wenn die Zahl der Zelebranten erhöht werden könnte. Der Theologe Paul M. Zulehner und Alt-Bischof Fritz Lobinger haben vorgeschlagen, als Abhilfe gegen den allgegenwärtigen Priestermangel auch in Deutschland neben dem traditionell zölibatären »Paulus-Priester« einen neuen Priestertyp einzuführen: die »Korinthpriester«. Gemeint sind damit verheiratete, in der Gemeindearbeit erfahrene Männer *(viri probati)*, die von den Gemeinden selbst ausgewählt und vom jeweiligen Bischof für das gemeindliche Presbyterium geweiht werden. »Sie stehen der Eucharistiefeier vor und leiten aus deren Mitte her die Gläubigen, indem sie die Gemeinde, die sie erwählt hat, in der Spur des Evangeliums halten« (CiG, 42/2002). Könnte man solches nicht in Abstimmung mit Rom in mehreren Gemeinden über einige Jahre erproben? Es durch eine Kommission der Kurie beobachten lassen, Erfahrungen sammeln und nach mehreren Jahren Praxis zu einem Ergebnis kommen? Das Zulehner-Lobinger-Modell mag an der Einheitlichkeit des traditionalistischen Weltbilds kratzen, der Einheit der Kirche schadet es mit Sicherheit nicht. Denn es steht in der besten Tradition christlicher, vom Apostel Paulus explizit gewürdigter Gemeindearbeit und entspricht dem, was in den mit Rom unierten Ostkirchen immer schon üblich war.

Dass große pastorale Räume für bestimmte Aufgaben wie Bildungsarbeit, Jugendgruppen, Schulung von ehrenamtlichen Mitarbeitern unverzichtbar sind, davon sind 78 Prozent der österreichischen Pfarrer laut der bereits mehrfach erwähnten Studie von Prof. Zulehner überzeugt. Gleichzeitig wird aber betont, dass die pastoralen Großräume die menschlichen Gemeinschaften nicht ersetzen dürfen. Das »Recognizing« und »Localizing« von kirchlicher Präsenz ist kein Entweder-oder, sie bedingen sich gegenseitig. Lebendiges kirchliches Leben im Dorf oder im Viertel einer Großstadt als Teil einer größeren Einheit gilt es zu denken und zu realisieren. Es ist richtig, dass nur in größeren Einheiten auch entsprechende Ressourcen zur Verfügung stehen, die etwa Akzente in der Jugendarbeit oder bei der Betreuung von Gläubigen mit Migrationshintergrund leisten können. Sehr viel spezifischer kann hier auf einzelne Zielgruppen eingegangen werden. Die größeren pastoralen Räume sind durchaus die richtige Antwort auf die Anforderungen einer pluralistischen Gesellschaft, solange die persönliche und räumliche Nähe zu den Menschen nicht aufgegeben werden. Die größeren Einheiten werden stärker ein eigenes Profil entwickeln und ein neues Macht- und Kompetenzverhältnis zwischen Zentrale und Peripherie erfordern, im Sinne von Vertrauen und Loslassen. Entscheidend wird sein, dass die Bischöfe auch bereit sind, Befugnisse aus den Ordinariaten an diese größeren Einheiten abzugeben entsprechend dem Subsidiaritätsprinzip, wie es z.B. schon erfolgreich bei den politischen Gebietsreformen der Gemeinden der 1970er-Jahre praktiziert wurde.

Die katholische Landkarte weiterentwickeln

Wir müssen nicht nur in größeren pastoralen Räumen auf Gemeindeebene denken, sondern auch das einzelne Bistum, ja mehrere Bistümer als einen großen pastoralen Raum verstehen lernen, den es durch ein Netzwerk von »Leuchttürmen des Glaubens« aktiv zu gestalten gilt. Dies könnten spirituelle Zentren für unterschiedliche Altersgruppen, auf Zielgruppen oder Schwerpunktthemen ausgerichtete Bildungseinrichtungen sein, dies könnten Orte klassischer und moderner Kirchenmusik oder zur künstlerischen Gestaltung sein. Viele Bistümer verfügen über ein Überangebot von Bildungseinrichtungen. Einige ziehen über die direkte Umgebung hinaus viele Gläubige an, andere haben eher eine mittelmäßige Qualität und kämpfen mit einer sinnvollen Auslastung. Um diese neuen, teilweise alten Zentren attraktiver zu machen, wäre es notwendig, die jeweils besten, dafür geeignetsten Fachleute mit dem entsprechenden Charisma zu bündeln, damit auch gleichzeitig für eine signifikant höhere Auslastung zu sorgen und ihnen vor allem durch eine klare Fokussierung ein entsprechendes Profil zu geben. Es ist sinnvoll, solche Zentren auf diözesaner oder sogar auf über-diözesaner Ebene zu planen oder bestehende Zentren wie etwa Wallfahrtsorte als Andockpunkte zu nutzen. Viele Zentren des Glaubens sind durch die Initiative eines Einzelnen oder einer kleinen engagierten Gruppe entstanden. Auch hier wird man engagierte Vorreiter, *burning persons*, brauchen, die von ihrer Sache überzeugt sind.

Das hätte jedoch zur Voraussetzung, dass man auch hier Neues wagen und ausprobieren müsste: neue Wege in der Zusammenarbeit über die Diözesangrenzen hinweg und auch neue, intensivere Wege in der Kooperation mit Ordensgemeinschaften. Denn gerade die Orden mit ihren Klöstern könnten eine entscheidende Rolle spielen und der Ort für solche Zentren werden. Zu oft ist zu erleben, dass klösterliche Einrichtungen und Diözesankirche sich als Wettbewerber empfinden und nicht sinnvoll kooperieren. Dabei ist in diesem Fall interner Wettbewerb nicht sinnvoll, vielmehr gilt es, alle Kräfte zu bündeln. In der Vergangenheit waren Klöster oftmals Zentren, von denen die »Christianisierung« ausging. Ließen sie sich in Zeiten der Entchristlichung allen Alltags nicht wieder zu einem überregionalen Netz von Leuchttürmen des Glaubens verknüpfen? Könnten sie nicht noch stärker und offensiv ihre Türen für Meditation und Rückzug öffnen? Nicht noch stärker zu Begegnungsstätten für engagierte Geistliche und interessierte Gläubige werden? Ähnliche Beispiele ließen sich leicht finden. Über *best practice* muss es einen Austausch geben. Man würde sich wahrscheinlich schnell auf die Art und den Umfang der Zentren in Form eines Masterplans verständigen, die eigentliche, schwierige Aufgabe wäre festzulegen, welche Einrichtung ein solches Zentrum übernimmt und was mit den anderen geschieht. Aber ich sehe hier durchaus die Chance, dem einen oder anderen Klostergebäude neues Leben einzuhauchen. Entscheidend wird aber sein, die Initiative zu ergreifen und dieses Netzwerk von »Leuchttürmen des Glaubens« bewusst als Gesamtkonzept zu gestalten und sein Entstehen nicht dem Zufall zu überlassen.

»Wir können unmöglich schweigen« (Apg 4,20)

Wie oben bereits argumentiert, bildet sich der überwiegende Teil der Gesellschaft, aber auch der Katholiken sein Bild von Kirche durch die Medien. Ein weiterer innovativer Weg könnten daher groß angelegte, professionell gestaltete Medienkampagnen sein. Anregungen dazu gibt der Bochumer Pastoraltheologe Matthias Sellmann in seinem Buch »Katholische Kirche in den USA. Was wir von ihr lernen können«. Darin beschreibt er die groß angelegte Werbe- und PR-Kampagne »Catholics come home«, an der 18 Diözesen beteiligt sind. In dreiminütigen Fernsehspots zu den besten Sendezeiten stellt sich die katholische Kirche vor und wirbt für sich. Die Aktion wird professionell nach allen Regeln modernen Marketings durchgeführt und ist eng mit den Gemeinden vor Ort verknüpft. »Ein Media-Data-Panel läuft im Hintergrund der Kampagne, sodass man immer weiß, wer die Spots wann schaltet und wie sie in der Nutzerkommunikation bewertet werden. Eine landesweite Hotline wird geschaltet, in der die Bürger sich melden und informieren können. Eine straff durchorganisierte Evaluationsstruktur misst die Wirkung in den bisher beteiligten über 15 Diözesen. Festgestellt wird etwa, dass die Diözese Phoenix etwa 92.000 inaktive Katholiken neu mobilisieren konnte, dass der Messbesuch im Bistum Sacramento um sagenhafte 16 Prozent gestiegen sei oder dass die jährliche Bistumskollekte für Chicago 2009 um mehr als 50 Prozent höher gewesen sei als im Vorjahr« (a.a.O., 69). Und er fährt fort: »Jeder, der schon einmal Ähnliches, etwa Imagekampagnen, für die deutsche Kirche vorgeschlagen hat, bekommt spätestens jetzt einen verträumten Blick und einen säuerlichen Geschmack auf der Zunge. Hier geht es professionell zu, hier bekommen die Marketing-Leute Entscheidungsrecht und hier werden Bilder produziert, die vor Selbstbewusstsein und Extroversion nur so strotzen … Man kann über die breite katholische Brust, die sich hier durch Millionen von Monitore schiebt, sicher inhaltlich diskutieren. Für den deutschen kulturellen Kontext müsste man wohl andere Botschaften senden. Aber vorgängig zu diesen Inhalten ist ja das Vertrauen zu notieren, das die amerikanische Kirche offenbar in hervorragend gesteuerte mediale Kommunikation setzt. Hier liegen instruktive Lernerfahrungen bereit, die weniger etwas mit der Höhe irgendwelcher PR-Budgets zu tun haben als vielmehr mit dem Abbau der Hemmschwellen gegenüber Medienschaffenden und Kreativen. Diese Blockaden sind in der deutschen Kirche doch nach wie vor als recht hoch zu bewerten.« Inwieweit es gelingen würde, alle Bistümer dazu zu bringen, sich auf solch ein Unterfangen zu verständigen, sei dahingestellt. Einen Versuch wäre es wert!

Loyalen Ungehorsam lernen

»Wann gehen die Katholiken endlich auf die Straße?« So betitelte die *Süddeutsche Zeitung* eine halbe Seite mit Leserzuschriften zur Berichterstattung über den stockenden Reformprozess in der Erzdiözese München und Freising. In den Leserbriefen wurde teils heftig Kritik an Politik und Positionen des Ordinariats geübt (SZ, 17.01.2012). Sich nicht in die innere Emigration zurückziehen, auftreten statt austreten ist das Gebot der Stunde. Wie können aus frustrierten Wut-Katholiken engagierte Mut-Katholiken werden? Müssen sie nicht Formen kirchlichen Ungehorsams als letztes Mittel lernen, wenn sich trotz langer Diskussionen nichts ändert? Zumindest ergreifen diese Menschen in zunehmendem Maß nicht nur in Leserbriefen das Wort, sondern wenden sich – ob als Einzelne oder in Gruppen – immer häufiger direkt an ihre Oberhirten. So war der Augsburger Bischof Konrad Zdarsa überrascht über die Flut von Zuschriften und E-Mails, die ihn anlässlich seines Hirtenworts erreichten, das er zur Fastenzeit 2010 verlesen ließ. Der überwiegende Teil der Absender äußerte deutlich Missfallen an den dort geäußerten Vorstellungen des Bischofs. Vor 20 oder 30 Jahren wäre eine solche Unmutsbekundung gegenüber einem Bischof nicht denkbar gewesen.

Auch einzelne katholische Verbände und Organisationen werden mutiger. So übte der Vorsitzende des Katholikenrats der Region München, Dr. Uwe Karrer, anlässlich des Jahresempfangs seines Gremiums im Oktober 2010 deutliche Kritik am Reformstau in der Kirche. Mit Blick auf das vom Erzbischöflichen Ordinariat initiierte Zukunftsforum sagte er: »Innerhalb der Bistumsleitung sehe ich in diesen Fragen bisher wenig bis keine Bewegung.« Und fügte provozierend hinzu: »Ich wünsche mir in der Region München in erster Linie gescheite Pfarrer, gerne verheiratet, gerne mit Kindern, gerne auch eine Diakonin oder Pfarrerin.« Ob man sich diesem Wunsch des Vorsitzenden anschließt, sei dahingestellt. Das Engagement von Laien wie Karrer aber ist sicherlich begrüßenswert und seiner Empfehlung: »Wir sollten als Ehrenamtliche

… selbstbewusst auftreten, die Chancen, die sich vor Ort für eine positive Weiterentwicklung der Kirche bieten, wahrnehmen und uns vor Ort auch mit den Problemthemen der Kirche von heute auseinandersetzen und gemeinsam nach Lösungen suchen«, kann man sich nur anschließen. Das belgische Pendant zum ZdK, der Conseil Interdiocésain des laïcs de Belgique, stellt in einem offenen Brief an das belgische Episkopat selbstbewusst fest: »Wir Laien, Männer und Frauen, werden nicht resignieren angesichts der völligen Auseinanderentwicklung zwischen unserer Amtskirche und den heutigen Lebensrealitäten. Die Zeit ist gekommen, öffentlichen Protest zu wagen, Grenzen zu überschreiten, aufzuhören immer nur passiv zu gehorchen.«

Zulauf gewaltigen Ausmaßes erhielt die Bewegung »Wir sind Kirche«, der es 1995 gelang, ein Kirchenvolksbegehren zu initiieren, an dem sich allein in Deutschland knapp 1,5 Mio. Katholikinnen und Katholiken beteiligten. Ziel des Begehrens ist die Erneuerung der römisch-katholischen Kirche auf der Basis des Zweiten Vatikanums sowie der darauf aufbauenden theologischen Forschung und pastoralen Praxis. Rein rechnerisch hatte sich etwa jeder zweite regelmäßige Gottesdienstbesucher daran beteiligt. Überall in der Weltkirche, auf allen fünf Kontinenten entstehen Netzwerke gleichgesinnter Reformgruppen.

Beim Protest wird von verschiedenen Initiativen inzwischen zu immer ausdrucksstärkeren Mitteln gegriffen. Um die geplante Schließung der Kirche St. Barbara in Duisburg zu verhindern, gründeten die Gemeindemitglieder die Initiative »Rettet St. Barbara – kein Kirchenkahlschlag im Duisburger Norden«. Bis 2015 sollen dort vier Gotteshäuser geschlossen werden, darunter die Kirche St. Norbert, die jüngst für 1,7 Mio. Euro renoviert wurde. Die Gläubigen sammelten Unterschriften, organisierten Demonstrationen und schrieben Briefe an ihren Bischof in der Hoffnung, dass die Bistumsleitung einlenken würde. Als diese Aktionen nicht fruchteten, organisierten sie gemeinsam mit solidarischen Bürgern einen Umzug mit Trommeln, Pfeifen und Plakaten durch das Stadtviertel unter dem Motto: »Wir sind hier, wir sind laut, wenn man uns die Kirchen klaut!« Anschließend »besetzten« sie ihre Kirche und übernachteten dort in Schlafsäcken. In St. Norbert wurden »Protestgottesdienste« abgehalten, an denen sich auch Muslime beteiligten. Kirchen wurden schwarz verhüllt, Protestgeläute von Kirchtürmen erklang, auf den Weihnachts-

märkten wurden T-Shirts von Katholiken verkauft, die zur Rettung ihrer
Gotteshäuser aufriefen. Schließlich verkündete der zuständige Ruhrbi-
schof Franz-Josef Overbeck, dass immerhin eine der vier Kirchen bestehen bleiben soll – ein Zugeständnis an die Gläubigen. Die haben nun
neue Hoffnung geschöpft. So sagte Christian Brans von der Protestiniti-
ative: »Es ist gut, dass das Votum des Bischofs viele Zwischentöne und
Spielräume enthält. Und in drei Jahren kann sich die Situation im Duisburger Norden noch einmal in eine ganz andere Richtung entwickeln«
(NRZ, 21.01.2012).

Als Reaktion auf die angedachte Strukturreform des Bistums Augsburg, die bei vielen Katholiken vor allem im ländlichen Bereich auf
Verunsicherung und Ablehnung stieß, kamen am ersten Märzwochenen-
de 2012 mehr als 30.000 Katholiken zusammen und bildeten Menschen-
ketten, um über 150 Gotteshäuser zu »umarmen«. Am 21. April versammelten sich mehrere Tausend Katholiken vor dem Dom in Augsburg, um
auf einer Kundgebung gegen die Pläne der Bistumsleitung zu protestie-
ren und in eindrucksvoller Weise ihre Verbundenheit zu ihrer Kirche vor
Ort zu bezeugen. »Wir lassen uns unsere Gottesdienste, egal in welcher
Form, und unsere Kirchen nicht wegnehmen«, war das Motto. Das Bistum reagierte bereits im Vorfeld u.a. mit Druck auf Mitarbeiter und
Verbände und ließ während der Veranstaltung den Dom zur Empörung
der Teilnehmenden zu sperren. Ein einmaliger Vorgang in der mehr als
tausendjährigen Geschichte des Bistums.

Aus Enttäuschten werden Wut-Christen und schließlich Mut-Christ-
ten, die sich öffentlich wehren. Es sind nicht etwa Revoluzzer, die hier
agieren, sondern vor allem engagierte Katholiken – viele von ihnen
durch das Zweite Vatikanum geprägt –, die sich mit wachsendem Selbstbewusstsein aus Sorge um die Zukunft der Kirche, und nicht um ihre
egoistischen Interessen durchzusetzen, wie es ihnen Papst Benedikt XVI.
zu Unrecht vorwarf, den Anordnungen der kirchlichen Obrigkeit wider-
setzen. Hinzu kommt, dass trotz vieler gut gemeinter Ankündigungen,
Gesprächsforen und Dialogprozesse sich in der Sache kaum etwas bewegt. Man erkennt nicht, dass sich die Mehrzahl der Oberhirten mit
Nachdruck und Deutlichkeit für die Belange ihrer Ortskirche in Rom
einsetzen, wie es die Kardinäle Döpfner und Lehmann getan haben.
Vielmehr scheinen sie Verständnis für die römische Verweigerungsposi-

tion zu zeigen. Aber die Geduld vieler loyaler Gläubiger gegenüber ihrer Amtskirche ist zunehmend erschöpft.

Der Ungehorsam bleibt aber nicht nur auf Gläubige und Laienvertreter beschränkt, auch Geistliche entscheiden sich in nicht geringer Zahl und trotz des oben beschriebenen Abhängigkeitsverhältnisses für diese Option. Zum einen setzen sie vor Ort im liturgischen Vollzug Zeichen, indem sie etwa wiederverheirateten Geschiedenen und anderen Christen die Kommunion spenden oder in ihrer Seelsorge Empfehlungen aussprechen, die nicht der offiziellen Lehrmeinung entsprechen, wohl aber dem Geist des Evangeliums und der Menschlichkeit. Zum anderen widersprechen sie zunehmend öffentlich ihrer Bistumsleitung. Damit laufen sie Gefahr, ins Ordinariat zitiert und von ihren Vorgesetzten zurechtgewiesen zu werden, meist unter Zuhilfenahme des Arguments der Macht …

In Österreich haben sich, wie bereits erwähnt, Pfarrer in einer Initiative zusammengeschlossen, die aktuell mehr als 400 Mitglieder mit wachsender Tendenz zählt. Das heißt, jeder zehnte österreichische Pfarrer hat sich ihr angeschlossen. Im Juni 2011 machte die Initiative mit ihrem »Aufruf zum Ungehorsam« von sich reden. Die Pfarrer, die unterschrieben haben, setzen sich unter anderem dafür ein, dass jedem gutwilligen Gläubigen die Eucharistie gewährt wird, dass ein Wortgottesdienst mit Kommunionspendung als priesterlose Eucharistiefeier anerkannt wird und mit dem Besuch dieser Feier das Sonntagsgebot erfüllt wird, dass kompetente Laien predigen dürfen und dass jede Pfarrei einen eigenen Vorsteher hat, ob Mann oder Frau, verheiratet oder unverheiratet, hauptamtlich oder nebenamtlich. »Wir wollen neue Wege suchen – auch, um Altbewährtes zu erhalten«, heißt es auf der Homepage der Initiative. Daneben wird der österreichische Dichter Josef Dirnbeck mit folgenden Gedanken zitiert:

»Wenn Paulus sagt: ›Löscht den Geist nicht aus‹, muss er damit gerechnet haben, dass es in der Kirche Leute gibt, die das Wirken des Geistes zu torpedieren versuchen.

Wenn Paulus so eindringlich mahnt: ›Verachtet prophetisches Reden nicht‹, war ihm zweifellos bewusst, dass es in der Kirche Leute gibt, denen prophetisches Reden gegen den Strich geht.

Wenn Paulus empfiehlt: ›Prüft alles, und behaltet das Gute‹, hat ihn offenbar der Gedanke gequält, dass es in der Kirche Leute gibt, denen die Erhaltung ihrer Vorurteile wichtiger ist als die Qualität.«

Zusätzliche Aufmerksamkeit erhält diese Initiative durch die Veröffentlichung des Buches »Aufbruch zum Ungehorsam« von Paul M. Zulehner, der diese Aktion unterstützt und beratend begleitet. In einer aktuellen Umfrage des ORF aus dem November 2011 haben 72 Prozent aller österreichischen Priester Sympathie für die Aktion ihrer Mitbrüder bekundet. Auch mehrere Gruppen von Priestern in den süddeutschen Bistümern haben sich organisiert und sich die Forderung der 400 österreichischen Priester zu eigen gemacht (Die Welt, 28.02.2012). In Irland bildete sich ebenfalls ein schnell wachsendes Priesterbündnis, das sich als Plattform für den Widerstand gegenüber Hardlinern in Rom versteht, wie das Magazin *Der Spiegel* (12/2012) berichtete.

Zwar verurteilte Papst Benedikt XVI. mit scharfen Worten in seiner Predigt am Gründonnerstag 2012 den Ungehorsam als falschen Weg zur Erneuerung der Kirche. Aber immerhin kann als Erfolg der Bewegungen verzeichnet werden, dass sich der Papst mit ihnen öffentlich auseinandersetzt. Ihnen dabei nur egoistische Interessen nachzusagen, verkennt freilich die Motivlage und ist insgesamt zu kurz gesprungen.

In gewisser Weise beruhigt ein Blick in die Kirchengeschichte. Hier gibt es genügend Beispiele von einschneidenden Veränderungen, die anfangs von Rom vehement bekämpft wurden. Heutige Katholiken werden erst Formen des Protests und Widerstands lernen müssen: Wie man mithilfe des Internets dialogische Informationsplattformen aufbaut und sich vernetzt, wie man Öffentlichkeit und Transparenz herstellt, um sich zu schützen, wie man die Medien als Verbündete nutzt und Kampagnen organisiert. Und Rückendeckung gibt es auch von prominenter Stelle; so unterzeichnete 1972 unter anderem auch Kardinal Kasper eine Denkschrift »Wider die Resignation in der Kirche«, in der fünf Schritte im Kampf für die Erneuerung vorgeschlagen werden: nicht schweigen, selbst handeln, gemeinsam vorgehen – heute würde man sagen: sich vernetzten –, Zwischenlösungen vorschlagen und schließlich nicht aufgeben.

Im Juni 2012 haben sich fast 200 Geistliche im Erzbistum Freiburg einer im Internet veröffentlichten Erklärung angeschlossen, wiederverheirateten Geschiedenen trotz kirchenrechtlichem Verbot die Kommunion zu spenden (SZ, 16./17.06.2012).

Hinter all den hier genannten Protesten stehen Menschen, denen die Zukunft der Kirche am Herzen liegt und die, um ihrer Kinder willen, nicht die Macht der Sprache, der Öffentlichkeit, der Gemeinschaft, des Widerstands, der Tat scheuen, um etwas zu bewegen; die auf die Macht des Gebetes, die Macht des Vertrauens und die Macht des Heiligen Geistes setzen. Seit Dezember 2010 ist zu erleben, wie sich scheinbar aus dem Nichts über Nacht der sogenannte arabische Frühling, eine Serie von Protesten und Revolutionen gegen die dort autoritär herrschenden Regime sowie die politischen und sozialen Strukturen dieser Länder, in der arabischen Welt ausbreitet. Ausgehend von der Revolution in Tunesien, hat diese Welle inzwischen etliche Staaten im Nahen Osten und in Nordafrika erreicht. Dem Internet, insbesondere sozialen Netzwerken wie Facebook, scheint bei der Organisation dieser Aufstände eine bedeutende Rolle zuzukommen.

Wäre es nicht vorstellbar, dass sich auch Katholiken in Deutschland verständigen, diese Instrumente nutzen, sich zusammentun und aufbegehren? Erleben wir nicht auch in der katholischen Kirche in Deutschland eine vorreformatorische Stimmung? Steine des Anstoßes, machtvolle Kommunikationsinstrumente, wütende, enttäuschte Katholiken, die etwas verändern wollen – alles ist reichlich vorhanden. Was noch fehlt, ist die Initialzündung, ist vielleicht eine charismatische Person, wie es ein Franz von Assisi oder ein Martin Luther war. Aber vielleicht ist dies alles nicht notwendig, wenn der Heilige Geist uns überraschend wieder einen »liebenswürdigen Revolutionär« auf dem Thron Petri beschert, wie Johannes XXIII. einer war.

VI. Ausblick

»Seht, ich mache alles neu.«
(Offenbarung des Johannes 21,5)

Die katholische Kirche befindet sich an einem Wendepunkt. Ihre Mitglieder, Kleriker und die große Schar der Gläubigen, vor allem die engagierten und kirchennahen Laien, haben begriffen, dass es so nicht weitergehen kann und darf. Das schweigende, bisher weitgehend loyale Kirchenvolk hat angefangen zu murren, die sogenannte Amtskirche gesteht Verbesserungsbedarf ein. Keine Frage, die Bereitschaft, sich auf den Weg zu machen, ist bei vielen vorhanden. So hat der ZdK-Präsident, Alois Glück, bereits mehrfach angemahnt, dass man einen neuen Aufbruch jetzt und ohne Verzug wagen müsse. Die vergangenen 20 Jahre seien, gemessen am Zweiten Vatikanum, ein Rückschritt gewesen, monierte er jüngst in einem Vortrag. Aufbruch bedeute, zur Dynamik des Konzils zurückzufinden.

Auch vonseiten der Amtskirche hört man Stimmen, die in diese Richtung weisen. Umkehr und Neuanfang seien notwendig, betonte etwa Kardinal Reinhard Marx. Und ergänzte in einem Interview mit der *Süddeutschen Zeitung:* »Wer nichts mehr ändern will, hat aufgehört zu leben. Wir sind gerufen, immer wieder neu aufzubrechen. Es geht darum, den Kern der Botschaft Jesu in den Mittelpunkt zu stellen. Das Evangelium zu verkündigen und zu leben in einer Zeit, die reich ist an Krisen, Armut und Elend auf der ganzen Welt« (SZ, 22.04.2010). Und Erzbischof Robert Zollitsch mahnte – mit Blick auf das Memorandum der deutschen Theologieprofessorinnen und -professoren – an, dass mehr notwendig sei als »ein kirchlicher Reparaturbetrieb, der an einigen Stellschrauben dreht, um so eine bessere Kirche hervorzubringen«. Er warnte vor »kurzschlüssigem Denken und vermeintlich einfachen Lösungen« und forderte eine echte Diskussion (WamS, 20.02.2011).

Die Einsicht ist vorhanden, doch bleibt es bisher nur bei Diskussionen. Zu Recht wird inzwischen von einer Erneuerungsrhetorik gesprochen: Zu lang hat man von der Bereitschaft gehört, die Dinge jetzt in Angriff zu nehmen, ohne dass etwas passiert wäre. Es stellt sich die Frage, ob nicht zunehmend Reform- und Dialoggerede an die Stelle eines echten Reform- und Dialogwillens getreten sind. Der Konfrontation mit der Wirklichkeit versucht man auf unterschiedlichste Weise zu entkommen: durch klerikale Gelegenheitsoptionen, gemeindliche Geborgenheitsmilieus, fantasieloses Downsizing von dezentralen Pastoralstrukturen, durch einen ressourcen- und effizienzorientierten Verwaltungskatholizismus als Reaktion auf den Priestermangel und rückläufige Kirchenbesucher. Kreative, inspirative Visionen für eine zukunftsfähige Kirche werden indes kaum entwickelt und in Angriff genommen. Was der protestantische Landesbischof Ralf Meister für seine Kirche in drei Schlagworten zusammenfasste, trifft ebenso auf die aktuelle Situation der katholischen Kirche zu: Angst vor Veränderung, Flucht in Geschäftigkeit und Verlust an Tiefe.

Traditionalistische Kreise, von denen man jahrzehntelang kaum etwas gehört hat, machen heute öffentlich wieder mobil – ich nenne z.B. nur die Piusbrüder oder das Forum deutscher Katholiken, das sich als Gegenpol zum Zentralkomitee der deutschen Katholiken versteht. Dessen Vorsitzender Hubert Gindert forderte jüngst Eltern auf, ihre Kinder vom Sexualkundeunterricht abzumelden und auch vom Religionsunterricht, falls die Religionslehrer zu reformorientiert seien (Der Spiegel, 38/2011). Manche reden bereits von einem »evangelikalen« Katholizismus, der sich als Antwort auf eine säkulare, moderne Welt und als Gegenspieler der reformorientierten Kreise versteht. Nicht wenige von ihnen verstehen defätistisch die Gegenwart, die moderne Zeit als eine Verfallsgeschichte, sie sehen die Menschheit vom moralischen Untergang bedroht, die Kirche von bösen Mächten, vor allem den feindlichen Medien, umstellt und beschwören eine heile Vergangenheit.

Ihnen sei die nach vorn weisende, Mut machende und Vertrauen vermittelnde Rede zur Eröffnung des Zweiten Vatikanischen Konzils am 11. Oktober 1962 von Papst Johannes XXIII. nachdrücklich ins Stammbuch geschrieben: »In der täglichen Ausübung unseres apostolischen

Hirtenamtes geschieht es oft, dass bisweilen Stimmen solcher Personen unser Ohr betrüben, die zwar von religiösem Eifer brennen, aber nicht genügend Sinn für die rechte Beurteilung der Dinge noch ein kluges Urteil walten lassen. Sie meinen nämlich, in den heutigen Verhältnissen der menschlichen Gesellschaft nur Untergang und Unheil zu erkennen. Sie reden unablässig davon, dass unsere Zeit im Vergleich zur Vergangenheit dauernd zum Schlechteren abgeglitten sei. Sie benehmen sich so, als hätten sie nichts aus der Geschichte gelernt, die eine Lehrmeisterin des Lebens ist, und als sei in den Zeiten früherer Konzilien, was die christliche Lehre, die Sitten und die Freiheit der Kirche betrifft, alles sauber und gerecht zugegangen.

Wir aber sind völlig anderer Meinung als die Unglückspropheten, die immer das Unheil voraussagen, als ob die Welt vor dem Untergang stünde. In der gegenwärtigen Entwicklung der menschlichen Ereignisse, durch welche die Menschheit in eine neue Ordnung einzutreten scheint, muss man viel eher einen verborgenen Plan der göttlichen Vorsehung anerkennen. Dieser verfolgt mit dem Ablauf der Zeiten, durch die Werke der Menschen und meistens über ihre Erwartungen hinaus sein eigenes Ziel, und alles, auch die entgegengesetzten menschlichen Interessen, lenkt er weise zum Heil der Kirche.« Was vor 50 Jahren galt, gilt heute genauso, wenn nicht mehr.

Der Theologe und Kirchenkritiker Hans Küng spricht von einer »Periode der Restauration des vorkonziliaren römischen Herrschaftssystems«. Bereits unter Papst Johannes Paul II. setzte eine Politik der kirchlichen und politischen Restauration ein, die durch eine rigide Personalpolitik konsequent untermauert wurde. Sein Nachfolger, Papst Benedikt XVI., scheint diesen Kurs fortzusetzen. »Jeder reformorientierte Pfarrer in Deutschland, auch jeder Bischof, muss Angst haben, dass er in Rom denunziert wird«, konstatiert Küng. Kardinal Karl Lehmann hat sich während seiner Amtszeit als Vorsitzender der Deutschen Bischofskonferenz (1987–2008) vehement für die Ideen des Konzils eingesetzt und damit einen zukunftsfähigen Katholizismus in Deutschland vertreten. Er scheute dabei auch nicht den Konflikt mit Rom.

Zunehmend aber geben konservative Vertreter des Episkopats hierzulande den Ton an. Die Spaltung in Reformbefürworter und Reformgegner reicht bis tief ins Bischofskollegium hinein, aber auch in den Klerus, wobei vor allem jüngere Kleriker einer eher rückwärtsorientierten Richtung zuneigen. Der Wandel wird kommen. Offen ist, gelingt er durch Überbrückung, Kompromiss und gegenseitige Toleranz oder nur über eine Spaltung, ein neuerliches Schisma. Immerhin eine Option, die realistisch ist. Nicht nur nach den ökumenischen Konzilien des vierten und fünften Jahrhunderts gab es Abspaltungen. Auch in der neuen Kirchengeschichte musste man diese Erfahrung machen: Die Altkatholiken haben sich in der Folge des Ersten Vatikanums abgespalten und zählen heute weltweit 70.000 Gläubige. Die Einheit der Kirche ist ein hohes Gut, das nicht leichtfertig aufs Spiel gesetzt werden darf. Umgekehrt kann die Zukunft von 1,2 Mrd. Katholiken nicht durch die Rücksichtnahme und die Erpressungen kleiner, wenn auch einflussreicher Gruppen verbaut werden.

Konnte sich die Deutsche Bischofskonferenz im September 2010 endlich dazu durchringen, einen dialogisch angelegten Erneuerungsprozess in Gang zu setzen, so bedurfte es noch mehrerer Sitzungen und offenbar langwieriger Gespräche, bis das endgültige Vorgehen in der Frühjahrssitzung 2011 verabschiedet wurde. Der vereinbarte Dialogprozess soll über fünf Jahre laufen und zum 50. Jahrestag des Abschlusses des Zweiten Vatikanums enden.

Im Juli 2011 kamen 300 Vertreter aus den Bistümern, dem Zentralkomitee der deutschen Katholiken und den Hochschulen sowie Ordensleute und Verbändevertreter in Mannheim zusammen mit dem Ziel, Glauben und Kirche in Deutschland zu verorten, zu hinterfragen und gegebenenfalls neu auszurichten. Selbst kritische Teilnehmer waren überrascht über das positive Gesprächsklima, die Fülle der angesprochenen Themen und die spirituelle Tiefe. Etwas Pfingstliches wehte durch den Raum.

Der Dialogprozess orientiert sich an den drei Themenkomplexen »Partizipatio: Gemeinsame Verantwortung aller Getauften in der Kirche«, »Compassio: Barmherziger Umgang mit gebrochenen Biografien« und »Communicatio: Kommunikationsfähigkeit der Kirche«. Dieser unter Schmerzen und großen Mühen hervorgerufene Beschluss ist ein großer Schritt für den Episkopat, ein kleiner für die Kirche in Deutschland. Dieser Dialogprozess, der auch in vielen Bistümern, leider nicht in allen, zeitgleich stattfindet, wird vor allem zu einer anderen Kultur des Miteinanders und durch gegenseitiges Verstehen einem Mentalitätswandel zu einer hörenden und lernenden Kirche führen, die die Sorgen, aber auch die Freuden des heutigen Menschen kennt und ernst nimmt.

Mit diesem Dialogprozess steht die katholische Kirche an einem Wendepunkt. Es darf freilich nicht passieren, dass der Dialogprozess ergebnislos bleibt – was durchaus möglich erscheint. Dies würde die große Zahl der Gutwilligen und Engagierten endgültig frustrieren und in die innere Emigration treten lassen. Der Rest würde zu einer kleinen Schar der »Überzeugten« schrumpfen und damit für die Mehrheit der Gesellschaft in der Belanglosigkeit verschwinden. Das Salz der Erde hätte seine Würzkraft unwiederbringlich verloren.

Was hat sich bisher tatsächlich an wirklich sichtbaren Dingen verändert? Bis dato machen vor allem Strukturmaßnahmen von sich reden, mit denen auf den Schwund an Priestern und Gläubigen reagiert wird. Es sind Maßnahmen des Abbaus, des Rückzugs. Viele Katholiken fühlen und leiden darunter, dass ganz offensichtlich eine Ära zu Ende geht. Auf der anderen Seite birgt der Umbruch auch zahlreiche Chancen und Optionen.

Die Entwicklung der Kirche in den letzten zweitausend Jahren war immer geprägt durch prophetische, charismatische Personen, die unerwartet und ungeplant aufgetaucht sind und um die herum Bewegungen entstanden sind. Ist dies das plötzliche, unerwartete oder schon nicht mehr erwartete, gar gefürchtete Einwirken des Heiligen Geistes, der so die Kirche aus der Krise führt?

Die Kirche in Deutschland war oftmals wichtige Impulsgeberin für die Weltkirche. Denken wir nur an die Reformation, die katholische Soziallehre, die Liturgiereform oder die ökumenische Bewegung. Warum sollte von uns deutschen Katholiken nicht auch diesmal ein Impuls an die Weltkirche ausgehen und dies schließlich zu einem Dritten Vatikanum führen?

Anhang

Grafiken

20 Auf dem Höhepunkt des Missbrauchsskandals bricht selbst bei Katholiken das Vertrauen in Kirche und Papst zusammen

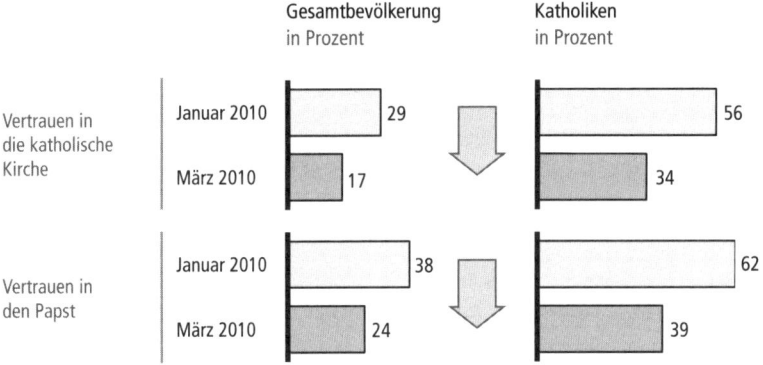

Quelle: Forsa-Umfragen Januar/März 2010

21 Missbrauchsskandal schadet der Kirche

Hat die Affäre dauerhaft dem
Ansehen der Kirche geschadet?
in Prozent

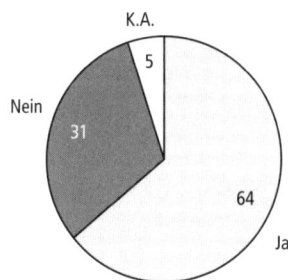

Halten Sie die Aufarbeitung der Affäre
durch die Kirche für transparent?
in Prozent

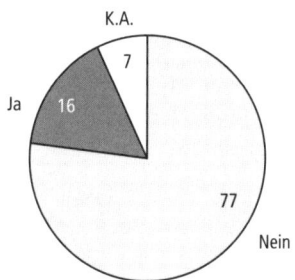

Quelle: Umfrage Forsa/Bild, April 2010

22 Was macht Sie persönlich glücklich?

Das macht mich glücklich
Auszug, in Prozent

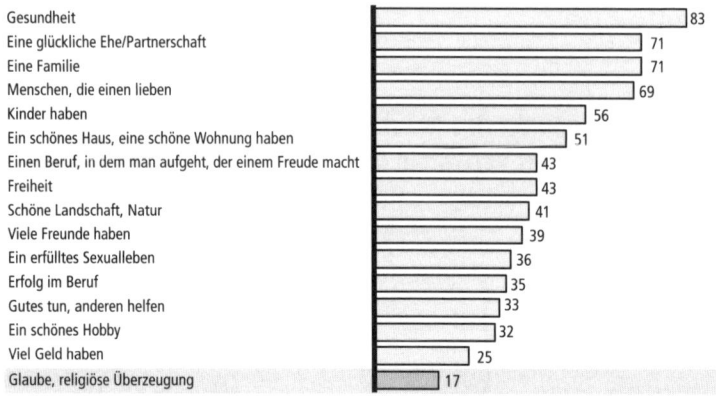

Gesundheit	83
Eine glückliche Ehe/Partnerschaft	71
Eine Familie	71
Menschen, die einen lieben	69
Kinder haben	56
Ein schönes Haus, eine schöne Wohnung haben	51
Einen Beruf, in dem man aufgeht, der einem Freude macht	43
Freiheit	43
Schöne Landschaft, Natur	41
Viele Freunde haben	39
Ein erfülltes Sexualleben	36
Erfolg im Beruf	35
Gutes tun, anderen helfen	33
Ein schönes Hobby	32
Viel Geld haben	25
Glaube, religiöse Überzeugung	17

Quelle: Allensbacher Archiv; IfD-Umfrage 7033 (2002)

23 Nur in zwei Milieus spielt Gott noch eine wesentliche Rolle

Wie wichtig ist Gott in Ihrem Leben?
Sinus-Milieu/Katholiken

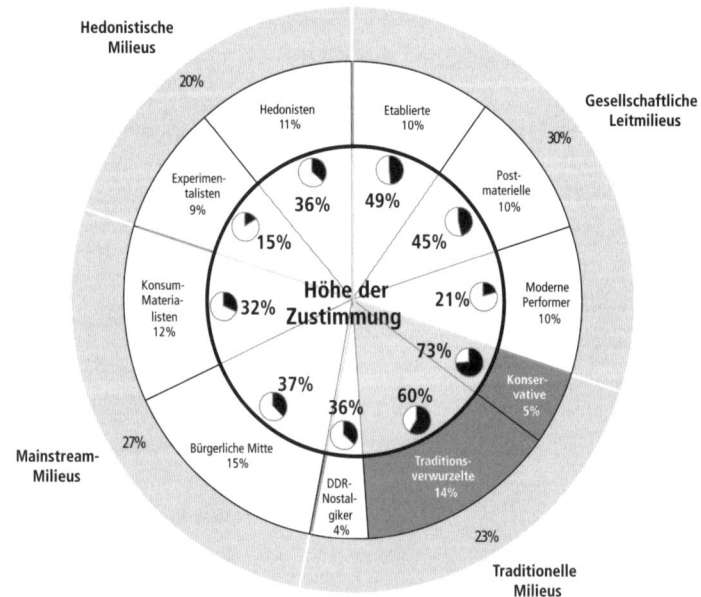

Quelle: Sinus Sociovision, MDG-Trendmonitor Religiöse Kommunikation 2010 (IfD Allensbach)

24 Dramatischer Vertrauensverfall vor allem bei nicht-katholischer Bevölkerung

Vertrauen in die katholische Kirche
in Prozent der Befragten

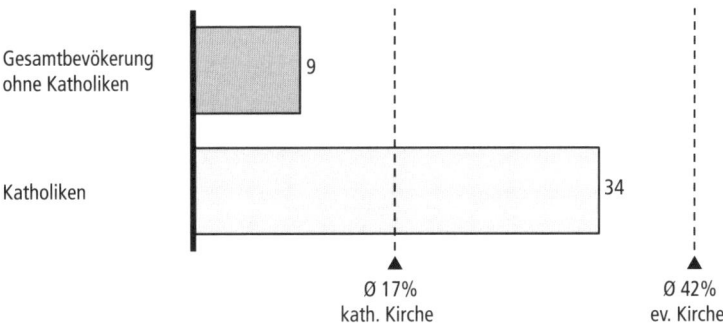

Quelle: Forsa März 2011

25 Beurteilung der Kirchen anhand verschiedener Dimensionen

in Prozent der Befragten

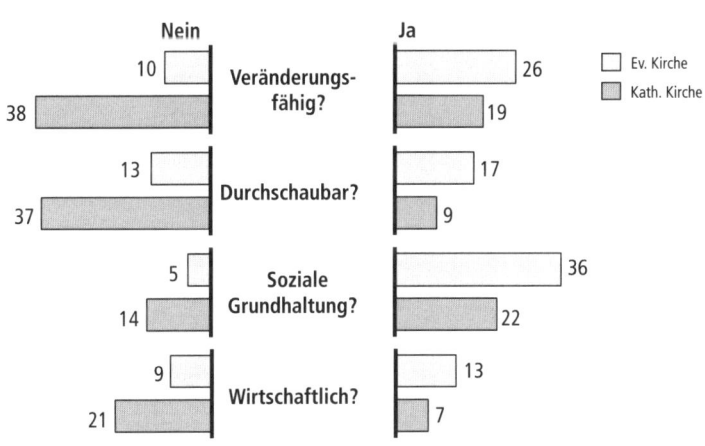

Quelle: Team Perspektive-Deutschland, gewichtete Online-Daten von 2002/03, Altersgruppe der 16- bis 69-Jährigen

26 Papst Benedikt wird nur noch von einem Drittel der Bevölkerung als Vorbild akzeptiert

Wer ist für die Deutschen ein Vorbild?
in Prozent, Januar 2012

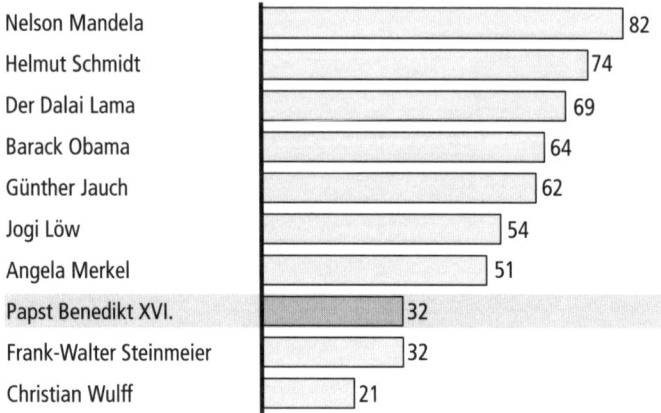

Nelson Mandela	82
Helmut Schmidt	74
Der Dalai Lama	69
Barack Obama	64
Günther Jauch	62
Jogi Löw	54
Angela Merkel	51
Papst Benedikt XVI.	32
Frank-Walter Steinmeier	32
Christian Wulff	21

Quelle: Forsa, 1.001 Befragte am 6. Januar 2012

27 Immer weniger orientieren sich an der Kirche ...

»An wem orientieren Sie sich, wenn Sie sich Ihre Meinung zu gesellschaftlichen Themen bilden?«
in Prozent der Befragten

Gesamtbevölkerung

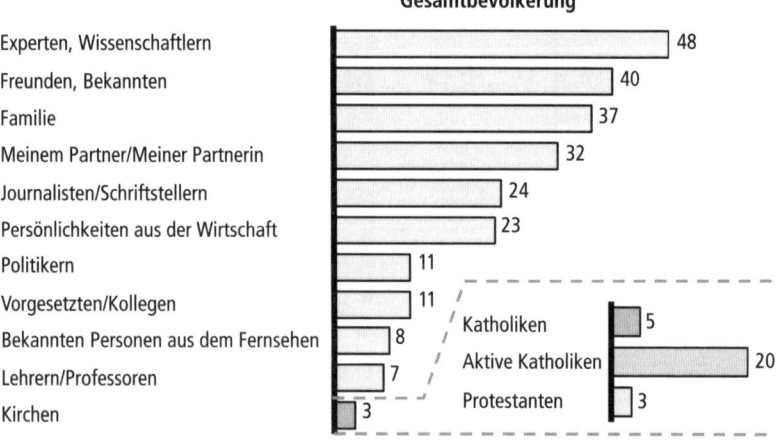

Experten, Wissenschaftlern	48
Freunden, Bekannten	40
Familie	37
Meinem Partner/Meiner Partnerin	32
Journalisten/Schriftstellern	24
Persönlichkeiten aus der Wirtschaft	23
Politikern	11
Vorgesetzten/Kollegen	11
Bekannten Personen aus dem Fernsehen	8
Lehrern/Professoren	7
Kirchen	3

Katholiken	5
Aktive Katholiken	20
Protestanten	3

Quelle: Team Perspektive Deutschland 2005/06

28 Während für die Gesamtheit der Katholiken ein stärkeres soziales Engagement im Vordergrund steht, sehen aktive Katholiken individuelle Seelsorge und intensiveres Gemeindeleben als verbesserungsfähig an

»Wo sehen Sie vor Ort den größten Verbesserungsbedarf bei der katholischen Kirche einschließlich ihrer Dienste?«

in Prozent der Befragten[1]

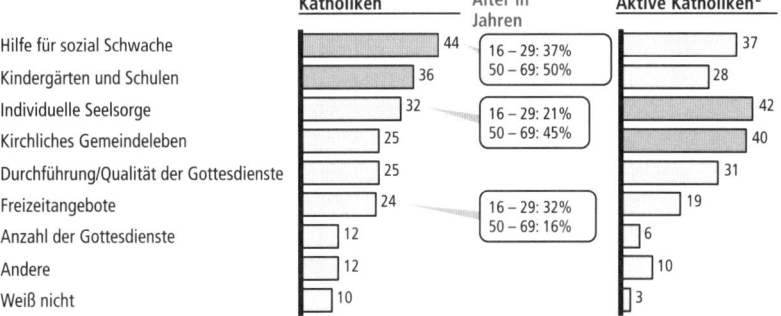

	Katholiken	Alter in Jahren	Aktive Katholiken[2]
Hilfe für sozial Schwache	44	16 – 29: 37% 50 – 69: 50%	37
Kindergärten und Schulen	36		28
Individuelle Seelsorge	32	16 – 29: 21% 50 – 69: 45%	42
Kirchliches Gemeindeleben	25		40
Durchführung/Qualität der Gottesdienste	25		31
Freizeitangebote	24	16 – 29: 32% 50 – 69: 16%	19
Anzahl der Gottesdienste	12		6
Andere	12		10
Weiß nicht	10		3

1 Bis zu drei Nennungen möglich

Quelle: Team Perspektive Deutschland, 2005/06

29 Zustimmung zu und Ablehnung von Engagements und Positionen der katholischen Kirche

»Bei welchen der folgenden Aspekte – zu denen die Kirche Stellung bezieht – sind Sie mit der offiziellen Haltung der katholischen Kirche weitgehend einverstanden und bei welchen eher unzufrieden?«

in Prozent befragte Katholiken

	Einverstanden	Unent-schieden	(Eher) un-zufrieden
Karitatives Engagement, z.B. in der Alten- und Krankenpflege	86	5	9
Engagement für den Frieden	77	7	16
Einsatz für die Menschenrechte	68	12	20
Wert der menschlichen Arbeit und humane Arbeitsbedingungen	65	15	20
Haltung zu Erziehung und Wertevermittlung	54	17	29
Rolle des Papstes	49	10	41
Haltung zur Ökumene, zur Zusammenarbeit mit anderen christlichen Kirchen, anderen Religionen	44	13	43
Haltung zum Konsum	39	22	39
Abtreibung	28	6	66
Rolle der Frau in der Kirche	18	9	73
Zum Umgang mit Homosexuellen in der Kirche	17	15	68
Umgang mit Kritikern innerhalb der katholischen Kirche	16	15	69
Haltung zur Sexualität	13	8	79
Zölibat (dass Priester nicht heiraten dürfen)	13	6	81
Empfängnisverhütung	9	6	85

100%

Quelle: Allensbacher Archiv, IfD-Umfrage 5266 (Okt./Nov. 2009)

30 Die meisten Katholiken haben Zweifel an den Führungs-
kräften der Kirche in Deutschland

»Denken Sie, dass in Deutschland heute die richtigen Leute die Führungspositionen einnehmen?«
in Prozent der Befragten

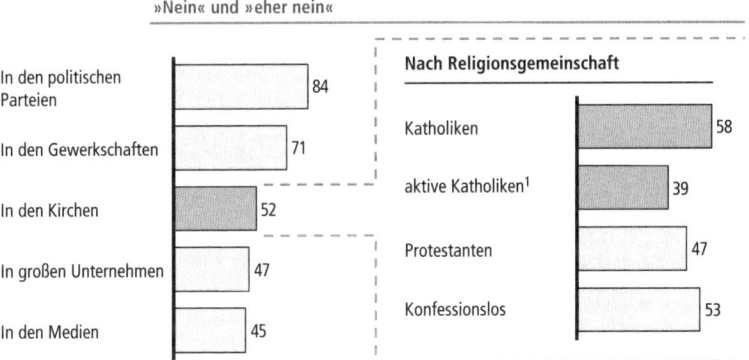

»Nein« und »eher nein«

In den politischen Parteien	84
In den Gewerkschaften	71
In den Kirchen	52
In großen Unternehmen	47
In den Medien	45

Nach Religionsgemeinschaft

Katholiken	58
aktive Katholiken[1]	39
Protestanten	47
Konfessionslos	53

1 Katholiken, die angeben, regelmäßig den Gottesdienst zu besuchen (mindestens einmal pro Monat)

Quelle: Team Perspektive Deutschland 2005/06

31 Mehr als die Hälfte der österreichischen Priester hat kein
Vertrauen in die Führungsfähigkeit ihrer Oberhirten

»Ich erlebe die Kirchenleitung hilflos/visionslos«
in Prozent befragte Priester aus Österreich, 2010

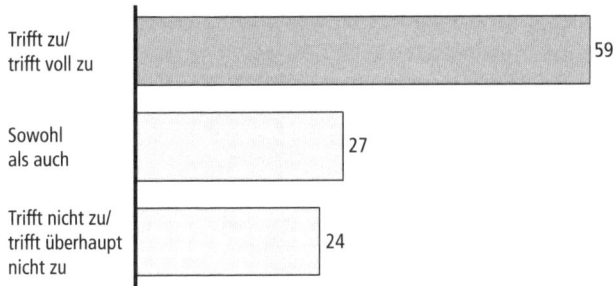

Trifft zu/ trifft voll zu	59
Sowohl als auch	27
Trifft nicht zu/ trifft überhaupt nicht zu	24

Österreich ein Sonderfall?

Quelle: Zulehner, 2011

32 Personalkosten dominieren die Ausgabenseite der Haushalte mit allen Konsequenzen für mögliche Sanierungsprogramme

Gesamtausgaben in Prozent   Schätzung 2010

Kostenstruktur Bistümer[1] ...
... nach Kostenart
... nach Empfängerbereich

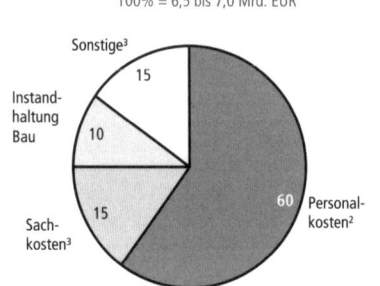

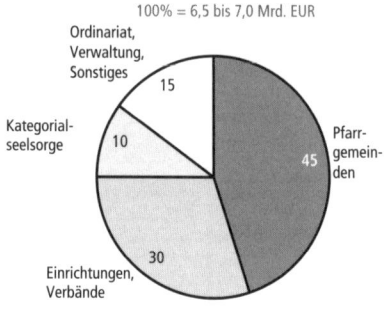

1 Nettokosten
2 Inkl. direkter Personalkostenzuschüsse
3 Teilweise unterschiedliche Abgrenzung innerhalb der Bistümer   Quelle: Recherchen Autor

33 Spendenaufkommen rückläufig, nur Missionswerk der Kinder wächst

Spenden/Kollekten kirchlicher Hilfswerke
in Mio. EUR, 2010

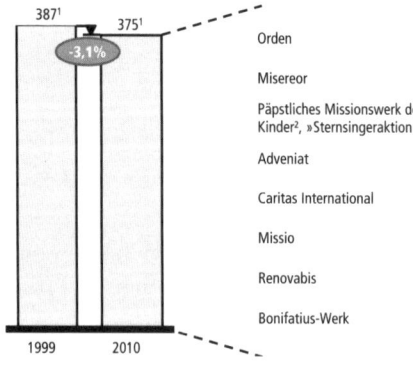

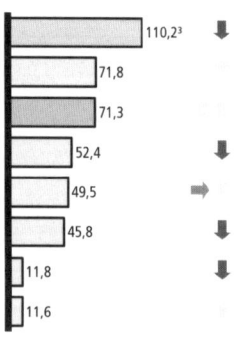

1 Ohne Caritas International
2 Seit 1990 mehr als verdreifacht
3 2009   Quelle: Deutsche Bischofskonferenz

34 Transparente und umfassende Kommunikation aller Geldflüsse in einem Bistum nicht vorhanden

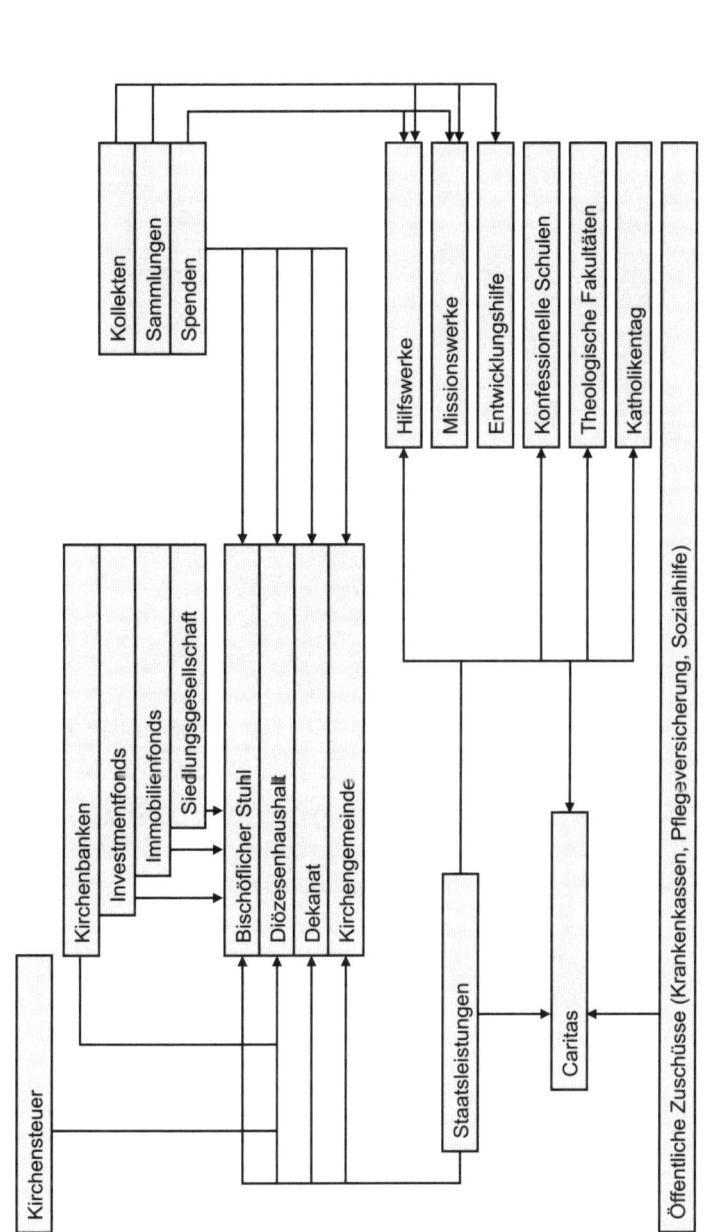

Quelle: C. Frerck, Violettbuch 2010

35 Nur noch drei Milieus mit regelmäßigem Gottesdienstbesuch

Häufigkeit Kirchenbesuch: jeden Sonntag/fast jeden Sonntag
Sinus-Milieu/Katholiken

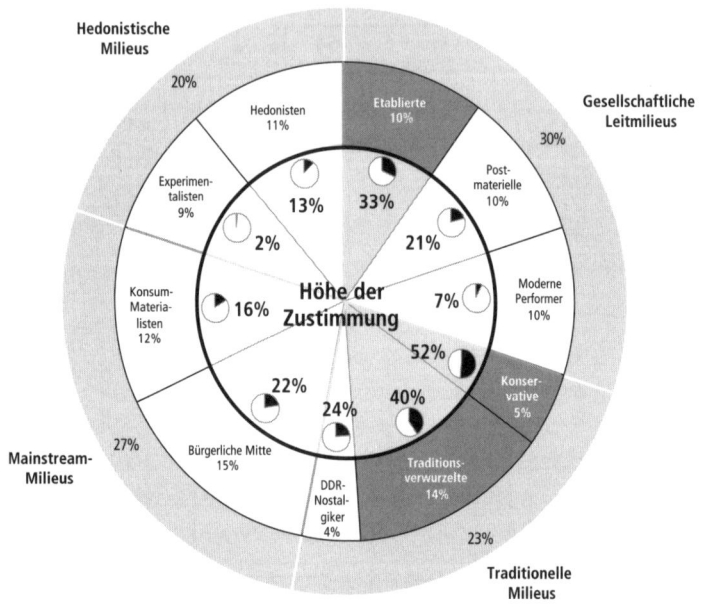

Quelle: Sinus Sociovision, MDG-Trendmonitor Religiöse Kommunikation 2010 (IfD Allensbach)

36 Durch die rapide Abnahme religiös geprägter Elternhäuser wird die Kirchenbindung zunehmend lockerer – das traditionelle religiöse Segment erodiert

Veränderungen in der Sozialisation von Katholiken

Ihr Elternhaus bezeichnen als ...
in Prozent der Katholiken

	Unentschieden	Nicht religiös	Mittelmäßig religiös	Sehr religiös
Katholiken gesamt	7	17	37	39
60-Jährige und Ältere	5	12	28	55
16- bis 29-Jährige	12	26	41	21

↓ Faktor 2

↑ 100%

Stellung Elternhaus und Religiosität
Jugendliche 12–25 Jahren,
Westdeutschland in Prozent

Frage: »Gibt es einen personalen Gott?«

☐ Ja ◼ Nein

Elternhaus	Ja	Nein
Religiös	58,0	7,0
Weniger religiös	27,0	17,0
Nicht religiös	11,0	44,0

Quelle: Allensbacher Archiv, IfD-Umfrage (Okt./Nov. 2002); Shell Jugendstudie 2006

37 Noch bieten Kasualien Zugang zu den Gläubigen – aber die Veränderung ist dramatisch

in Tsd.

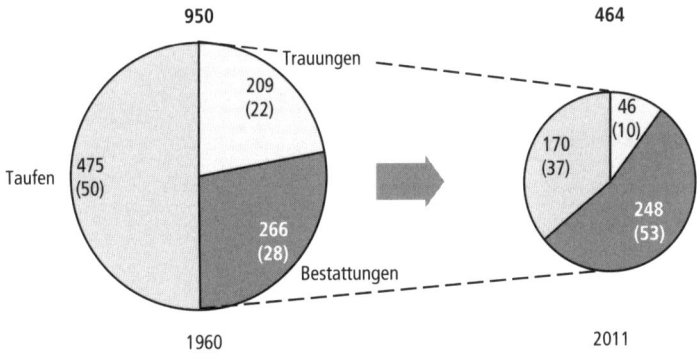

»Vom Taufbecken zu Friedhöfen«

Quelle: Deutsche Bischofskonferenz

38 Demografische Entwicklung und unterschiedliche Projektion von Taufquote und Nettoaustritten lassen Katholikenzahl langfristig deutlich unter 20 Millionen sinken

Szenarien Katholikenzahl 2050
in Mio.

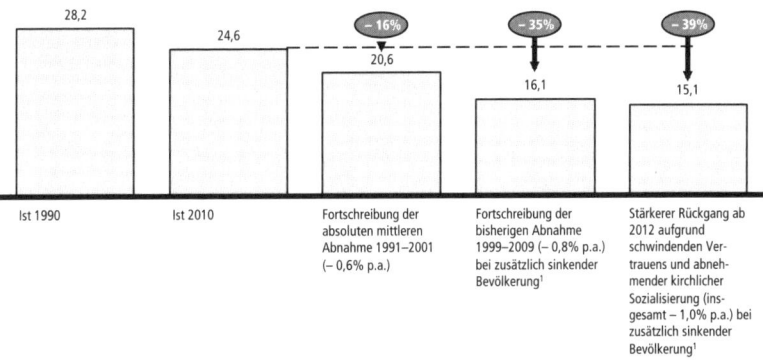

1 Mittlerer Wert Gesamtbevölkerung: 71,34 Mio.

Quelle: Bundesamt für Statistik, Deutsche Bischofskonferenz, Projektionen Autor

39 Information vor Ort mit Abstand wichtigste Quelle

Informationsquellen der Katholiken im Überblick

Es nutzen dieses Angebot …
in Prozent

Legend:
- Häufig
- Ab und zu

Quelle	Häufig	Ab und zu	Gesamt
Pfarrbrief, Gemeindeblatt mit Informationen aus meiner Kirchengemeinde	31	33	64
Berichte über Kirchen- und Glaubensfragen in Tageszeitungen und Zeitschriften (wie Spiegel, DIE ZEIT, FAZ, BILD oder einer regionalen Tageszeitung)	8	37	45
Pfarrserien im Fernsehen	12	32	44
Die Bibel	8	35	43
Das Wort zum Sonntag im Fernsehen	8	33	41
Gespräche mit Pfarrern, anderen Seelsorgern oder Aktiven in der Kirchengemeinde	10	30	40
Nachrichten und Reportagen aus der kirchlichen Welt im Fernsehen	7	33	40
Bücher, die sich mit dem Glauben, mit Religion beschäftigen	6	31	37
Gottesdienstübertragungen im Fernsehen	8	28	36
Worte für den Tag im Radio	9	22	31
Kirchenzeitung, Bistumsblatt	11	18	29
Kurzbeiträge zu kirchlichen Themen im Radio	4	23	27
Nachrichten und Reportagen aus der kirchlichen Welt im Radio	4	19	23
Zeitschriften, die sich viel mit Glauben und Kirche beschäftigen	4	16	20
Gottesdienstübertragungen im Radio	4	14	18
Wochenzeitungen, die sich viel mit kirchlichen oder religiösen Themen beschäftigen	3	13	16
Angebote der Kirche im Internet	1	10	11
Radiosender mit kirchlichen Programmen (z.B. Radio Vatikan, Radio Horeb, Dom-Radio, Radio Paradiso)	6	7	

Quelle: Allensbach, IfD-Umfrage 5266 (Okt./Nov. 2009)

40 Potenzial für ehrenamtliches Engagement vorhanden

Zusammenhang Religiosität und ehrenamtliches Engagement
in Prozent der Gesamtbevölkerung

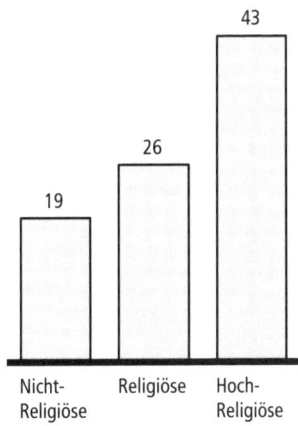

		43
	26	
19		
Nicht-Religiöse	Religiöse	Hoch-Religiöse

Felder des ehrenamtlichen Engagements
in Prozent der Gesamtbevölkerung

Sport, Freizeit, Geselligkeit	35,9
Kinder und Jugend	26,5
Kirche und Religion	21,3
Soziales, Gesundheit, Pflege	18,8
Kultur, Musik, Bildung	14,8
Lokales, z.B. Feuerwehr	14,1
Engagement für Ältere	10,7
Politik- und Interessenvertretung	7,8
Umwelt und Tierschutz	7,7

Quelle: Bertelsmann Stiftung, 2010; Engagement-Atlas 2009

41 Aktive Katholiken mit positiverer Lebenseinstellung

Zufriedenheit mit dem Leben in Deutschland und in der Region
Zustimmung in Prozent[1]

Zukunftserwartungen für zentrale Lebensbereiche
in Prozent[2] der Befragten

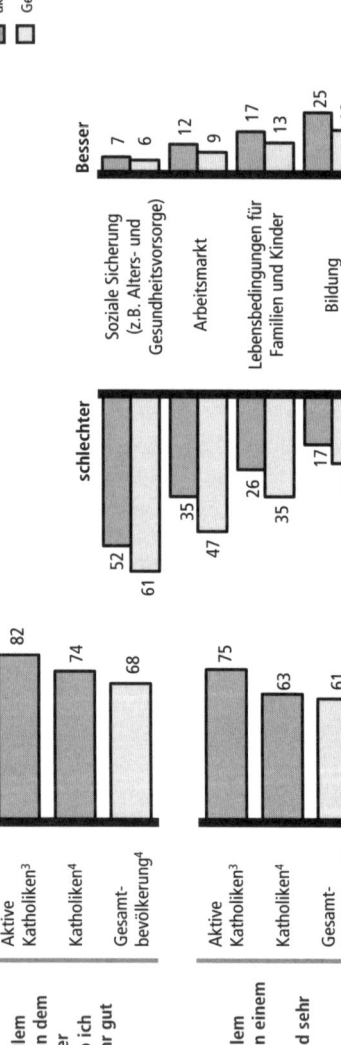

aktive Katholiken[3]
Gesamtbevölkerung[4]

»Alles in allem kann man in dem Ort oder der Region, wo ich wohne, sehr gut leben«

Aktive Katholiken[3] 82
Katholiken[4] 74
Gesamtbevölkerung[4] 68

»Alles in allem kann man in einem Land wie Deutschland sehr gut leben«

Aktive Katholiken[3] 75
Katholiken[4] 63
Gesamtbevölkerung[4] 61

Besser

Soziale Sicherung (z.B. Alters- und Gesundheitsvorsorge) 7 / 6
Arbeitsmarkt 12 / 9
Lebensbedingungen für Familien und Kinder 17 / 13
Bildung 25 / 18

schlechter

Soziale Sicherung (z.B. Alters- und Gesundheitsvorsorge) 52 / 61
Arbeitsmarkt 35 / 47
Lebensbedingungen für Familien und Kinder 26 / 35
Bildung 17 / 24

1 Anzahl der Teilnehmer, die auf einer Skala von 1 = »stimmt genau« bis 6 = »stimmt gar nicht« mit 1 oder 2 (»stimmt«) geantwortet haben, Antwort »weiß nicht« war auch möglich, in Prozent

2 Anzahl der Teilnehmer, die auf einer Skala von 1 = »viel besser« bis 6 = »viel schlechter« mit 1 oder 2 (»besser«) bzw. 5 (»schlechter«) oder 6 geantwortet haben, Antwort »weiß nicht« war auch möglich

3 Katholiken, die angeben, regelmäßig den Gottesdienst zu besuchen (mindestens einmal im Monat)

4 Ohne aktive Katholiken

Quelle: Team Perspektive Deutschland, gewichtete Online-Daten, 2005/06

42 Aktive Katholiken mit positiverer Lebenseinstellung

»Inwieweit stimmen Sie der folgenden Aussage zu?«[1]

»Wenn Sie einmal daran denken, was Sie in Ihrem Leben eigentlich anstreben, wie wichtig sind dann die folgenden Dinge für Sie persönlich?«[2]

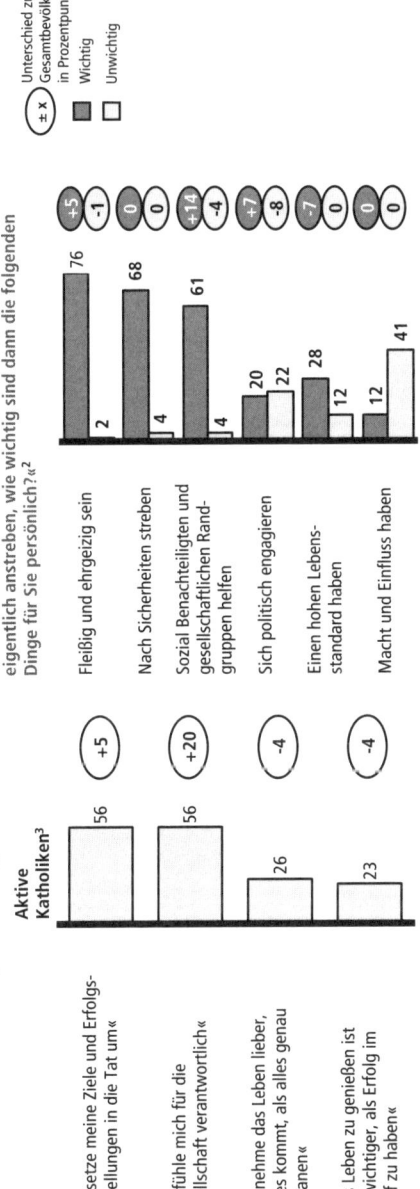

Aktive Katholiken[3]

»Ich setze meine Ziele und Erfolgs- vorstellungen in die Tat um« 56 (+5)

»Ich fühle mich für die Gesellschaft verantwortlich« 56 (+20)

»Ich nehme das Leben lieber, wie es kommt, als alles genau zu planen« 26 (−4)

»Das Leben zu genießen ist mir wichtiger, als Erfolg im Beruf zu haben« 23 (−4)

Fleißig und ehrgeizig sein 76 / 2 (+5 / −1)

Nach Sicherheiten streben 68 / 4 (0 / 0)

Sozial Benachteiligten und gesellschaftlichen Rand- gruppen helfen 61 / 4 (+14 / −4)

Sich politisch engagieren 20 / 22 (+7 / −8)

Einen hohen Lebens- standard haben 28 / 12 (−7 / 0)

Macht und Einfluss haben 12 / 41 (0 / 0)

Unterschied zur Gesamtbevölkerung[4] in Prozentpunkten (± x)

■ Wichtig □ Unwichtig

1 Anzahl der Teilnehmer, die auf einer Skala von 1 = »stimmt genau« bis 6 = »stimmt gar nicht« mit 1 oder 2 (»stimmt«) geantwortet haben, Antwort »weiß nicht« war auch möglich, in Prozent
2 Anzahl der Teilnehmer, die auf einer Skala von 1 = »s–hr wichtig« bis 6 = »unwichtig« mit 1 oder 2 (»wichtig«) bzw. 5 (»unwichtig«) oder 6 geantwortet haben, Antwort »weiß nicht« war auch möglich
3 Katholiken, die angeben, regelmäßig den Gottesdienst zu besuchen (mindestens einmal im Monat)
4 Ohne aktive Katholiken

Quelle: Team Perspektive Deutschland, 2005/06

43 Gratifikation der Kirchenmitgliedschaft – Was junge und ältere Katholiken (am ehesten) *verbindet*

in Prozent der Katholiken ab 16 Jahre in Deutschland

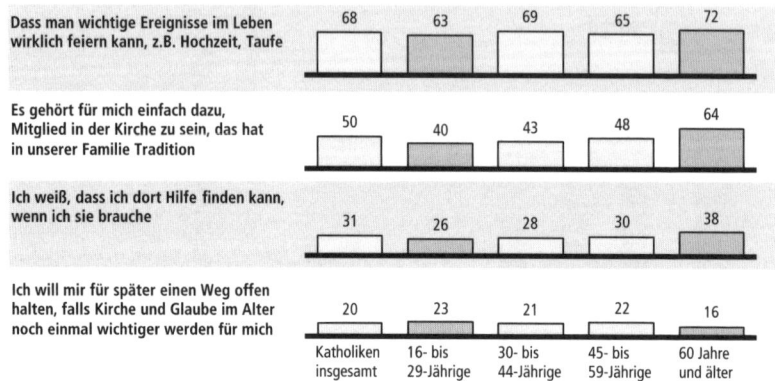

Quelle: Allensbacher Archiv, IfD-Umfrage 5266 (Okt./Nov. 2009)

44 Gratifikation der Kirchenmitgliedschaft – Was junge und ältere Katholiken in besonderem Maße *trennt*

in Prozent der Katholiken ab 16 Jahre in Deutschland

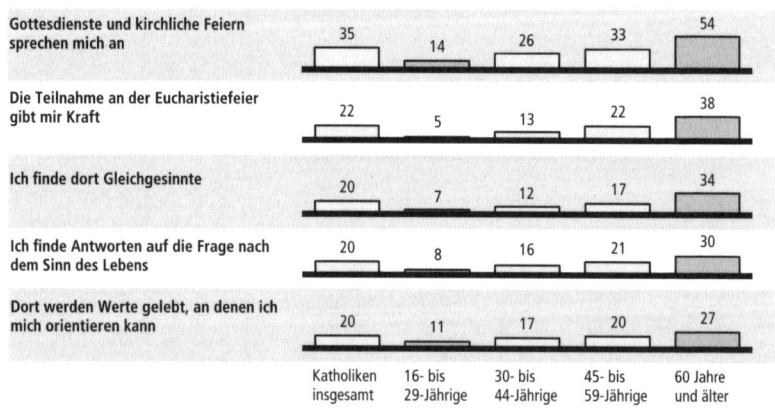

Quelle: Allensbacher Archiv, IfD-Umfrage 5266 (Okt./Nov. 2009)

Verzeichnis der verwendeten und weiterführenden Literatur

Ahrens, Petra-Angela, Uns geht's gut. Generation 60plus: Religiosität und kirchliche Bindung, Münster 2011

Bertelsmann Stiftung, Religionsmonitor 2008, Gütersloh 2007

Biser, Eugen/Heinzmann, Richard, Theologie der Zukunft. Eugen Biser im Dialog mit Richard Heinzmann, Darmstadt ³2010

Ders./ders., Mensch und Spiritualität. Eugen Biser und Richard Heinzmann im Gespräch, Darmstadt 2007

Bucher, Rainer (Hg.), Die Provokation der Krise. Zwölf Fragen und Antworten zur Lage der Kirche, Würzburg ²2003

Deutsche Bischofskonferenz, »Zeit zur Aussaat«, Bonn 11/2000

Dies., Zahlen und Fakten 2010/2011 (Arbeitshilfe 249), Bonn 2011

Drobinski, Matthias, Oh Gott, die Kirche. Versuch über das katholische Deutschland, Düsseldorf 2008

Ebner, Martin, Strukturen fallen auch in christlichen Gemeinden nicht vom Himmel. Überlegungen zu neutestamentlichen Gemeindemodellen, in: Diakonia 31 (2000), S. 60-66. 199-204

Glück, Alois, Rede vor dem ZdK am 21./22.11.2009

Glück, Alois/Zollitsch, Robert/Florin, Christiane (Hg.), Vitamin K. Warum wir die katholische Kirche brauchen, Freiburg 2012

Graf, Friedrich W., Kirchendämmerung. Wie die Kirchen unser Vertrauen verspielen, München, 2., durchgesehene Auflage 2011

Häring, Hermann, Aktuelle Kirchenkrise als Chance, in: Kirche – Idee und Wirklichkeit, Vortrag im Rahmen der Veranstaltungsreihe der Eugen-Biser-Stiftung am 28. September 2011 in München

Hauke, Reinhard, Herzlich eingeladen zum Fest des Glaubens. Projekte für Christen und Nichtchristen, Leipzig 2009

Henkelmann, Andreas (Hg.), »All are welcome!«. Berichte und Erfahrungen aus dem Erzbistum Chicago. Konturen gelebter amerikanischer Gemeindetheologie, Münster 2009

Hennecke, Christian, Glänzende Aussichten. Wie Kirche über sich hinauswächst, Münster ²2010

Kasper, Walter, Katholische Kirche heute, gestern, morgen, in: Zur Debatte 08/2011

Ders., Katholische Kirche. Wesen – Wirklichkeit – Sendung, Freiburg 2011

Küng, Hans, Ist die Kirche noch zu retten?, München [2]2011

Ders., Kleine Geschichte der katholischen Kirche, Saarbrücken 2005

Lehmann, Karl, Glauben bezeugen, Gesellschaft gestalten. Reflexionen und Positionen, Freiburg 1993

Ders., Neue Zeichen der Zeit. Eröffnungsreferat bei der Vollversammlung der DBK am 19.9.2005, in: Neue Zeichen der Zeit. Unterscheidungskriterien zur Diagnose der Kirche in der Gesellschaft und zum kirchlichen Handeln heute, Der Vorsitzende der Deutschen Bischofskonferenz Nr. 26, Bonn 2005

Ders., Zuversicht aus dem Glauben. Die Grundsatzreferate des Vorsitzenden der Deutschen Bischofskonferenz mit den Predigten der Eröffnungsgottesdienste, Freiburg 2006

Leitschuh, Marcus C. (Hg.), Gewagte Aufbrüche. Beiträge zum Dialogprozess, Kevelaer 2012

Libreria Editrice Vaticana, Katechismus der katholischen Kirche, [2]1993

McKinsey, Stern, ZDF, Perspektive Deutschland, Online-Untersuchung mit Sonderauswertungen (2001/2; 2002/3; 2003/4; 2004/5; 2005/6)

MDG Medien-Dienstleistung GmbH, Milieuhandbuch 2005

Dies., MDG-Trendmonitor, Religiöse Kommunikation (2010) 2011

Mitschke-Collande, Thomas von, Die Kirche in der schwersten Krise, in: Zur Debatte 07/2010

Ders., »Macht Glauben glücklich«, in: Herder Korrespondenz 09/2005

Ders., »Sparen darf nicht zum Dauerthema werden«, in: Herder Korrespondenz 07/2003

Ders., »Von der Volkskirche zur Kirche im Volk«, in: Herder Korrespondenz 07/2004

Österreichische Bischofskonferenz, YOUCAT DEUTSCH. Jugendkatechismus der Katholischen Kirche. Katholischer Jugendkatechismus, München 2011

Paulus, Lieber Bruder Benedikt, Ostfildern [2]2011

Ratzinger, Joseph (Benedikt XVI.), Gott und die Welt. Die Geheimnisse des christlichen Glaubens, ein Gespräch mit Peter Seewald, München 2008

Ratzinger, Joseph (Benedikt XVI.)/Schuller, Florian (Hg.), Grundsatz-Reden aus fünf Jahrhunderten, Regensburg 2005

Reinhold, Kai, Die katholischen Pfarrgemeinden in den USA in Geschichte und Gegenwart. Eine transatlantische Perspektive, Münster 2011

Sellmann, Mathias, Katholische Kirche in den USA. Was wir von ihr lernen können, Freiburg 2011

Spielberg, Bernhard, Partys, Pandas, Pastoral, oder: Wie kommen wir zu einer kirchlichen Dialogstruktur? (Skript zum Vortrag vom 13.01.2012, Bochum)

Zollitsch, Robert, Wo steht die Kirche heute? Impulsreferat zur gemeinsamen Sitzung mit dem ZdK am 04. November 2010 in Bensberg

Ders., Zukunft der Kirche – Kirche der Zukunft, Impulsreferat für VV der DBK. Pressebericht des Vorsitzenden der Deutschen Bischofskonferenz, Erzbischof Dr. Robert Zollitsch, anlässlich der Pressekonferenz zum Abschluss der Herbst-Vollversammlung der Deutschen Bischofskonferenz am 24. September 2010 in Fulda

Zulehner, Paul M., Wie geht's, Herr Pfarrer? Ergebnis einer kreuz und quer-Umfrage. Priester wollen Reformen, Wien 2010

Christsein heute

Marlis Prinzing
MEINE WUT RETTET MICH
Glaubensbekenntnisse prominenter Christen
ISBN 978-3-466-37036-8

Schwester Lea Ackermann, Bischöfin Kirsten Fehrs,
Bruder Paulus Terwitte, Benediktiner Notker Wolf,
Pfarrer Friedrich Schorlemmer und Chrismon-Chef
Arnd Brummer beziehen Position zu drängenden
Fragen des Glaubens und der Gegenwart. Sie
werden als Menschen sichtbar, die überraschende
Wege einschlugen, die entschieden handeln, an
deren Überzeugungen wir uns reiben können.

www.koesel.de   Sachbücher & Ratgeber

KÖSEL